主编◎钟启泉 崔允漷

核心素养研究

华东师范大学出版社

·上海·

图书在版编目(CIP)数据

核心素养研究/钟启泉,崔允漷主编. —上海:华东师范
大学出版社,2018
ISBN 978 - 7 - 5675 - 7450 - 2

Ⅰ.①核… Ⅱ.①钟…②崔… Ⅲ.①学校教育-研
究 Ⅳ.①G4

中国版本图书馆 CIP 数据核字(2018)第 150621 号

核心素养研究

主　　编　钟启泉　崔允漷
策划组稿　李恒平
项目编辑　师　文
审读编辑　李恒平　张　婧
责任校对　罗　丹
封面设计　庄玉侠
版式设计　俞　越

出版发行　华东师范大学出版社
社　　址　上海市中山北路 3663 号　邮编 200062
网　　址　www.ecnupress.com.cn
电　　话　021 - 60821666　行政传真 021 - 62572105
客服电话　021 - 62865537　门市(邮购)电话 021 - 62869887
地　　址　上海市中山北路 3663 号华东师范大学校内先锋路口
网　　店　http://hdsdcbs.tmall.com

印 刷 者　浙江临安曙光印务有限公司
开　　本　787 毫米×1092 毫米　1/16
印　　张　13.75
字　　数　292 千字
版　　次　2018 年 7 月第 1 版
印　　次　2023 年 12 月第 12 次
书　　号　ISBN 978 - 7 - 5675 - 7450 - 2/G·10929
定　　价　45.00 元

出 版 人　王　焰

序言|Foreword

　　立德树人是教育的根本任务。作为学校教育的专业实践,课程承载着国家的教育意志、教育目标和教育内容,培育着学生的社会主义核心价值观,直接影响人才培养的质量。为了将立德树人根本任务与学科课程教学建立内在的联系,破解教育目的与课程教学"两张皮"的世界难题,明晰课程育人、学科育人的具体路径,此次国家修订普通高中课程标准,在经过持续对话与广泛讨论之后,每一门学科都凝练了学科核心素养,这是我国中小学课程标准研制的重大突破之一。

　　核心素养是当今世界各国课程改革的风向标、主基调。世纪之交,自经济合作与发展组织(OECD)提出核心素养之后,一石激起千层浪,欧盟、联合国教科文组织、世界经济论坛等国际组织,以及美国、英国、法国、日本、澳大利亚、新加坡、韩国、芬兰、新西兰等国都提出了自己的"核心素养",并依此倡导课程改革,以回应如何培养能够在复杂多变的未来社会获得个人成功、促进社会进步的时代新人的问题。在这样的形势下,我国也在2014年启动了学生发展核心素养项目,经过专家团队的努力,建构了三个维度、六个素养、十八个基本要点的中国学生发展核心素养框架。核心素养的提出,标志着课程改革为了应对信息化、全球化与知识经济社会对人才培养需求变化而实现的一次华丽转身,即从对内容的关注转向对学习结果的关注,从对教材、标准的要素关注转向对"培养什么样的人"、"怎样培养人"、"为谁培养人"的功能的关注。

　　作为课程与评价概念,核心素养是一种完整的育人目标体系。从抽象到具体,它可以分为三层:顶层是教育目的,中层是学科育人目标,底层是课堂教学目标。这三层自上而下不断具体化,自下而上不断抽象化,构成了课程育人的完整框架,也体现了课程育人的复杂性与专业性。国际上关于核心素养的文献表明,大多数核心素养涉及的是顶层的教育目的,是关于"培养什么样的人"的问题,这是由延续教育(课程)标准研制的传统决定的,而鲜有涉及"怎样培养人"的问题。在教育目的层面,我国长期以来已经形成了共识,即"培养德、智、体、美全面发展的社会主义建设者和接班人"。基于我国的中小学教育传统与国情,我们遇到的最大挑战是"怎样培养人"和"为谁培养人"的问题,即学科课程育人的问题,也就是如何通过一门一门学科贯彻党的教育方针、落实立德树人根本任务的问题。学科核心素养就是对这一重大问题的有力回应,揭示了学科育人的价值观念。

　　学科核心素养是学科教育在全面贯彻党的教育方针、落实立德树人根本任务、发展素质教育中的独特贡献,是学科育人价值的集中体现,是学生通过学科学习之后而逐步形成的正确价值观念、必备品格和关键能力。由于学科不同,每门学科凝练的核心素养的个数也有差异,最少的有三个,最多的有六个,如地理学科核心素养有四个,即区域认知、综合思维、地理实践力与人地协调观;历史学科核心素养有五个,即唯物史观、时空观念、史料实证、历史解释、家国情怀。在同一学科中,尽管为了可理解、可操作、可测评,把核心素养分开来表述,但我们应该把它理解为一个整体,核心素养是通过整体发挥作用的,需要从整体来把握。每个学科核心素养划分为五个水平,不同的核心素养在同一水平上进行整合,形成学科学业质量标准的水平,以规范和指导过程性评价、学业水平考试或高考命题。

学科核心素养体现了学科性、科学性、教育性与人本性的特点。它厘清了学科课程的育人目标,指明了学科教学与评价的方向,规划并引领了学科教育教学实践。学科核心素养是知识与技能、过程与方法、情感态度与价值观"三维目标"的整合与提升,是学科育人目标的认知升级。学科核心素养有助于建构课程育人的专业话语,打破学科等级化的困局,提供更具教育性的问责,消解分科与整合的对立,推动课程领域的专业对话,体现了中国课程人为世界课程共同体解决同类问题所提供的"中国方案"。

为了便于各位同仁深入学习与研究上述问题,我们将近几年此领域的最新研究成果进行汇编,希冀能够为深化我国基础教育课程改革贡献一点微薄的力量!感谢各位作者的专业洞见并应允在此发表!感谢《全球教育展望》杂志社同仁为此书出版所作出的贡献!感谢华东师范大学出版社!

编者

2018 年 7 月

目录 | Content

核心素养的内涵

基于核心素养的课程设计

基于核心素养的课程标准研制

目录 | Content

国际视野中的核心素养

批判视角中的核心素养

核心素养的内涵

基于核心素养的课程发展：
挑战与课题

| 钟启泉

学校改革的核心环节是课程改革，课程改革的核心环节是课堂改革，课堂改革的核心环节是教师专业发展——这就是"内涵发展"的内涵。进一步可以说，"内涵发展"的政策指向就在于每一个学生的学力提升与人格陶冶，这就引出了"核心素养"（core competencies）的话题：如何描述新时代新型人才的形象，如何解读新时代期许的"学力"与"学习"。一句话，如何基于"核心素养"促进我国学校课程的发展。

一、 核心素养的界定： 课程发展的新阶段

（一）核心素养： 课程发展的 DNA

"核心素养"旨在勾勒新时代新型人才的形象，规约学校教育的方向、内容与方法。所谓"核心素养"指的是，同职业上的实力与人生的成功直接相关的，涵盖了社会技能与动机、人格特征在内的统整的能力。可以说，这不仅牵涉到"知晓什么"，而且关乎在现实的问题情境中"能做什么"的问题。换言之，在学校的课程与教学中，基础的、基本的知识"习得"与借助知识技能的"运用"培育思考力、判断力、表达力，应当视为"飞机的双翼"，同样需要得到重视。这样，"核心素养"的核心既不是单纯的知识技能，也不是单纯的兴趣、动机、态度，而在于重视运用知识技能、解决现实课题所必须的思考力、判断力与表达力及其人格品性。这意味着，要求学生能够运用各门学科的内容进行思考、判断，并且需要通过记录、概括、说明、论述、讨论之类的语言性活动来进行评价。学校课程与学科教学指向学会思考的"协同"、"沟通"、"表现"的活动，而不再仅仅局限于"读、写、算"技能的训练。可以说，核心素养是课程发展的 DNA。

21 世纪是知识社会的时代，在知识社会里，对于知识的习得与再现，电子计算机也能做到，然而，"创造性"（creative）学力的育成却不仅仅是知识的习得与再现的"记忆型"学力，而必须是能动的"思考型"学力。时代要求学校的课程与教学必须随着时代的变革而变革。晚近发达国家的教育目标于是出现了在学科的知识技能之上，明确学科教育固有的本质特征的动向。在这里，强调了"批判性思维"、"决策能力"、"问题解决"、"自我调整"之类的高阶认知能力，沟通与协作之类的社会技能，以及反省性思维、自律性、协作性、责任感之类的人

格特征与态度。正因为此,核心素养的研究受到国际教育界的高度关注。

经济合作与发展组织(OECD)基于"关键能力的界定与选择"的研究倡导"核心素养"或"关键能力"(Key Competency)的概念,就是一个典型(如图1所示)。它由三种能力构成:其一,使用工具进行沟通的能力(使用语言符号及文本沟通互动的能力;使用知识与信息沟通互动的能力;使用技术沟通互动的能力)。其二,在异质集体交流的能力(构筑与他者关系的能力;团队合作的能力;处理与解决冲突的能力)。其三,自律地行动的能力(在复杂的大环境中行动与决策的能力;设计与实施人生规划、个人计划的能力;伸张自己的权益、边界与需求的能力)。[1]

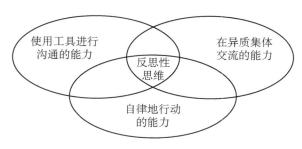

图1 "关键能力"的框架①

这里的"关键能力"概念不仅是单纯的知识技能,而是包括了运用知识、技能、态度在内的心理的社会的资源,来应对特定的境脉中复杂课题(要求)的能力。"关键能力"涵盖了三个范畴:其一,运用社会的、文化的、技术的工具进行沟通互动的能力(个人与社会的相互关系);其二,在多样化的社会集团中形成人际关系的能力(自己与他者的相互关系);其三,自律地行动的能力(个人的自律性与主体性)。居于这种"关键能力"框架核心的是个人的反思性思维与行动的能力。这种"反思性思维"不仅是指能够应对当下的状况,反复地展开特定的思维方式与方法,而且是指具备应变的能力、从经验中学习的能力、立足于批判性立场展开思考与行动的能力。其背景是应对以"变化"、"复杂性"与"相互依存"为特征的未来世界的必要性。

美国的企业界与教育界共同提出的"21世纪型能力"(21st Century Skills)的概念,则是在学科内容的知识之上加上了在21世纪社会里生存所必须的高阶认知能力——"学习与革新:4C",即"批判性思维"(critical thinking)、"沟通能力"(communication)、"协同"(collaboration)与"创造性"(creativity)。在核心学科(3Rs)及21世纪课题的基础上强调"信息、媒体、技术的能力"、"生活与生存的能力"(如图2所示)。[2]这个框架图说明,作为学生,必须形成如下四种能力——核心学科(3Rs)及21世纪课题(诸如全球认识;金融、经济、服务、创业的素养;公民素养;健康素养;环境素养);学习能力与革新能力;信息、媒体与技术能力;生存能力与职业技能。而这些能力形成的支撑系统是:(1)标准与评价;(2)课程与教学;

① 田中义隆.21世纪型能力与各国的教育实践[M].东京:明石书店,2015:20.

(3)专业性提升;(4)学习环境。学校课程的一个关键课题"不在于习得孤寡的、碎片的、僵化的、垄断的知识,而在于建构通用的、综合的、无界的、分享的知识"。[3]

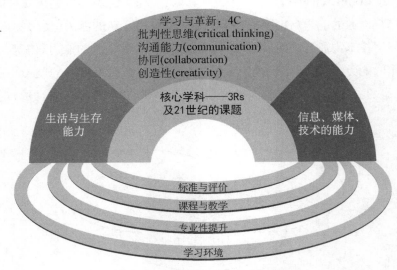

图2　21世纪的"学习"与支援系统[①]

图3　低阶与高阶认知能力的关系[②]

从布卢姆(B. S. Bloom)弟子安德森(L. W. Anderson)修订的"新版教育目标分类学"来看,教育目标是由金字塔的基底起始向塔顶发展的,是由"①记忆、②理解、③运用、④分析、⑤评价、⑥创造"6个层次构成的(如图3所示)。[4]起始的①②③是"低阶认知能力",而后的④⑤⑥是"高阶认知能力"。这个金字塔告诉我们:"低阶认知能力"与"高阶认知能力"不是二元对立的,"高阶认知能力"是从"低阶认知能力"发展起来的,然而停留于"低阶认知能力"不可能在未来社会中立足。生存于21世纪的人应当立足于基础知识,获得高阶认知能力,并且借助丰富的知识与思维能力,能够发现意义,建构并运用知识。美国的"21世纪型能力"就这样在"低阶认知能力"的基础上强调了"高阶认知能力"的培育。

日本国立教育研究所也提出了"21世纪型能力"的框架(2013年):从作为"生存能力"的智、德、体所构成的素质与能力出发,要求在凝练"学科素养"与能力的同时,以"思考力"为核心,与支撑思考力的"基础力"(语言力、数理力、信息力)以及运用知识技能的"实践力",构成三层结构(如图4所示)。[5]可以发现,日本"21世纪型能力"的界定既反映了国际"核心素养"

① 田中义隆.21世纪型能力与各国的教育实践[M].东京:明石书店,2015:23.
② 翻转课堂研究会.翻转课堂改变教育未来[M].东京:明石书店,2014:39.

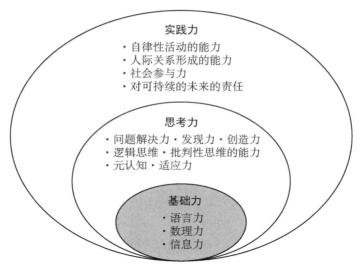

图 4　"21 世纪型能力"的框架[①]

研究的走向,也体现了其独树一帜的"学力模型"研究的积累。日本的"学力"一般界定为"通过学习获得的能力"或"作为学业成就表现出来的能力",作为教育科学界定的"学力"概念[6]强调了如下几点:(1)"学力"是人通过后天的学习而获得的。(2)构成其媒介的是借助重建了人类与民族的文化遗产(科学、技术、艺术的体系)的"学科"与"教材";借助有意图、有计划、有系统的教学活动,而获得的人的能力及其特性。(3)作为人类能力的"学力"是同学习者的主体的、内在的条件不可分割的,是在同人类诸多能力及其特性的整体发展的有机关联中形成起来的。(4)因此,"学力"是在其客体侧面(作为学习对象的教学内容)与主体侧面(学习主体的兴趣、动机、意志等)的交互作用中,以其"能动的力量",作为主体性、实践性的人的能力而形成起来的。

我国界定的"核心素养"是指"学生在接受相应学段的教育过程中逐步形成起来的适应个人终身发展与社会发展的人格品质与关键能力"。这是符合世界潮流的,也是我国课程发展的必然诉求。"核心素养"的界定是学校教育从"知识传递"转向"知识建构"的信号,标志着我国学校的课程发展进入了新的阶段。

不过,基于核心素养的课程发展需要有一个明晰界定的概念框架。事实上,国际教育界具体的界定作业一般是在如下共识的基础上展开的:(1)作为教育目标明确地界定能够应对社会变化的素养与能力。(2)教育目标必须以诸如"问题解决能力"之类的与"21 世纪生存能力"直接挂钩的形式,把教育目标结构化。(3)素养与能力的培育必须由体现了学科本质的教学来支撑。这样看来,我国"核心素养"及其形成的概念框架或许可以设想成由四层构成的同心圆结构:(1)核心层:价值形成。知识、技能是受制于价值观的。所谓"价值观"是每

① 森敏昭. 21 世纪学习的创造[M]. 京都:北大路书房,2015:133.

一个人的人格,由信念、态度、行为等塑造而成。因此,诸如信仰、责任、尊重、宽容、诚实、协作等价值的形成,应当置于"核心素养"的核心地位。(2)内层:关键能力。诸如信息处理能力、反省思维能力、沟通协同能力、革新创造能力等。(3)中层:学习领域。诸如语言学科群、数理学力群、人文科学与艺术学科群、跨学科领域。(4)外层:支持系统。即体制内外的政策性、技术性支持系统。

这种界定可以凸现两个特色:其一,强调"基础性"——基础教育不是成"家"的教育,而是成"人"的教育,是培养有社会责任感、有教养的公民的教育。其二,强调"能动性"——基础教育不能满足于"低阶认知能力",需要在"低阶认知能力"的基础上发展"高阶认知能力"。亦即强调了未来取向的"能动的学力"并不是学习之结果的"静态"的学力,而是"动态"的发展过程。

(二)核心素养界定的双重性: 可能性与危险性

国际教育界历来看重的是,如何培育能够在"经济竞争"中取胜的人力资源。不过晚近的研究越来越认识到,把教育目标单纯归结为促进"劳动力"的成长有极大的片面性,因此转而探讨如何从未来的"社会形象"出发去界定作为一个"社会人"应有的素质要求。这就是当下各国的学校教育之所以聚焦"核心素养"的背景。在这里,我们需要思考如何通过现代社会本质特征的揭示,来描绘新人的形象:[7]其一,现代社会的劳动市场大幅度地提升了唯有人才可能做到的创造性工作(问题发现、研究、设计的高阶思维能力;同异质的他者进行合作、交际与经营的复杂沟通能力)的需求。其二,在后现代社会里,人不是单纯的经济动物,需要超越经济竞争的人才形象的描绘,思考作为"社会人"的形象——项目型的协同式问题解决与知识创造,网络与集体的构筑与自律性运营,围绕论争性社会问题的决策与社会参与的活动,以及扎实的科学素养与公民教养。尽管世界各国在概念的表述上不尽一致,诸如"核心素养"、"关键能力"、"21世纪型能力",但是万变不离其宗的无非是强调了新时代的学力与学习面临转型的挑战。"核心素养"的研究不可能毕其功于一役,它需要与时俱进的多领域、多层次研究领域的支撑,诸如"人格构成及其发展"研究、"学力模型"研究、"学校愿景"研究等。

"核心素养"的界定一方面意味着课程发展的新的可能性,另一方面也隐含着一定的危险性。核心素养为我们提供了学校课程发展的思想武器:一方面,它为我们荡涤应试教育的污泥浊水提供了有力的理论支撑,另一方面,又为我们寻求新时代学校课程的创造性实践提供了清晰的指引。"核心素养"作为学校课程的灵魂,有助于学科固有的本质特征以及"学科素养"的提炼,有助于学科边界的软化以及"学科群"或"跨学科"的勾连,有助于学科教育学的重建;也可能为一线教师整体地把握学校课程,打破分科主义、消解碎片化的以知识点为中心的灌输,提供视野和机会。

这里需要区分"核心素养"与"学科素养"两者之间的区隔与关系。"不同于一般'核心素养'的理论阐述,在经营学、心理学和教育学领域,多用于指称人的职业生活上的能力之际,该术语涵盖了两种意涵。其一,不是指理论化、系统化的知识,而是指相应于具体职岗情境而运用的一连串具体知识技能的习得,谓之'关键能力';其二,与此相反,指的是构成理论性、系统性的知识基础的一连串知识、态度、思维方式等的'基础能力'"。[8]如果说,核心素养是作为新时代期许的新人形象所勾勒的一幅"蓝图",那么,各门学科则是支撑这幅蓝图得以实现的"构件",它们各自拥有其固有的本质特征及其基本概念与技能,以及各自学科所体现出来的认知方式、思维方式与表征方式。"核心素养"的界定应当具有唯一性、渗透性、整合性等特点。"核心素养与学科素养之间的关系是全局与局部、共性与特性、抽象与具象的关系。这是因为在学校课程的学科之间拥有共性、个性与多样性的特征"。[9]因此,在核心素养牵引下的"学科素养"界定的作业需要有如下三个视点的交集——学科素养的独特性、层级性与学科群三个视点的交集。倘若允许各门学科自立门户,张扬各自所谓的"学科核心素养",那就无异于允许这两个自相矛盾的说辞同时成立,在逻辑上便不具整合性,结果造成了"多核心",而"多核心"无异于"无核心"。各门学科之间的边界不应当是刚性的、僵化的,而是软性的、互通的。因此,在"核心素养"的前提下强调"学科素养"是天经地义的。超越了这个底线,无异于否定了"核心素养"本身,丧失了灵魂。一个严重的后果是容易导致分科主义思潮的泛滥。为了规避基于"核心素养"的课程发展的危险性,需要在如何实质性地形成每一个学生的现代社会所期许的学力与学习方面,秉持如下的原则:

第一,不同学科群聚焦的学科素养有所不同。诸如,语言学科群,聚焦语言能力;数理学科群,聚焦认知方略与问题解决能力;艺术学科群,聚焦艺术表现力与鉴赏力;等等。"学科素养"的界定不能陷入行为主义或新行为主义的泥沼。因此与其着力于"建构"学科素养的范畴,不如重视"引出"素养的新人形象和社会中活动的面貌。"关键能力"之类的"素养"的描述犹如X光透视照片,不过是从社会需要的"劳动力"与"社会人"的具体面貌出发显现出大体的骨骼而已。在这里重要的不是一般地叩问"××力",而是探讨如何勾勒未来社会的面貌与新人形象。在现代社会与未来社会的讨论中,关注所求的具体境脉与活动方式,在这种活动方式中,叩问各门学科的知识内容的框架与思考方式应当被置于怎样的位置。在此基础上,重新思考各门学科的目标与内容,再去设定学科应当有的课题与活动。

第二,"学科课程"是学校课程的重要组成部分,但不是全部。它需要一线教师在"核心素养—课程标准(学科素养/跨学科素养)—单元设计—学习评价"这一连串环环相扣的链环中聚焦核心素养展开运作,亦即需要围绕学校教育应当做、能够做的事情,思考学校课程所要保障的"学力"内涵,同时思考学校课程应有怎样的整体结构。现代社会所期许的学力与学习不是单纯借助学校及学科教学能够实现的,比如,"关键能力"强调的关于"合作与自律的社会能力"就是一个明显的例子,从现代社会所期许的"新人形象"的视点出发,思考社会活动实践的积累也是现代学校改革回避不了的问题。在学科课程与课外活动中可能拥有或者超越受挫与失败的经验,是有助于儿童的能力、进取心与责任感的培育的。要保障这种学习机会,从教师方面而言,就得有守望儿童受挫与失败的心态,这一点,倘若没有家庭与社区对学校与教师的信赖,是不可能产生的。具备这种有形无形的条件十分重要。

第三,核心素养不是直接由教师教出来的,而是在问题情境中借助问题解决的实践培育起来的。比如,语文的阅读能力和写作能力不是靠语文教师教出来的,而是在阅读实践与写作实践中培育起来的。因此,与其直接训练思维能力与社会能力之类的素养与能力,不如优先设定有助于自发地产生思维与沟通互动的课题及其情境。"运用知识"、"创新知识"——这些现代社会期许的高阶认知能力的培育是同跨学科、超学科的综合实践活动之类的课程相关的。传统的学校教育专注于儿童的知识技能的机械训练,而未能经历可信可靠的"真正的学习"(authentic learning,或译"真实性学习"),就从学校毕业了。然而,运用知识、创新知识的能力是难以借助教学训练来获得的。学习者的这种实力是在需要尝试、需要思维与沟通的必然性的某种问题境脉中通过合作性的"协同学习"才能培育起来,比较、类推之类的诸多普遍性的思维能力,唯有经历了反思性思维之际自然产生的过程,才能提炼出来。培育思维能力重要的在于,如何才能创造"引发思考的情境和深入思考的必然性"。思维能力唯有当思维活动产生之际,学习者才能作为一种经验,得以体悟。换言之,唯有通过"真正的学习",该领域的知识内容及其思考力乃至寻求该领域的"本质"(真、善、美)的态度,才能一体化地培育起来。

倘若借用《红楼梦》中的一副对联——"世事洞明皆学问,人情练达即文章"来表述,那么,"世事洞明"的学问功底(智商)与"人情练达"的人格修炼(情商)的融合,正是我们所要追寻的核心素养基本内涵的一种概括。

二、 把握学校课程的整体结构

(一) 学校课程结构化的视点

核心素养的形成本身是学校课程的一个目标,同时也是达成其他目标的手段。因此,世界上众多国家都把"核心素养"引进学校课程,摸索新的教育实践。基于核心素养的课程发展直面的第一个挑战是,把握学校课程的整体结构。

所谓"学校课程"一般是指,从学习者的角度,在学校教师的指导下学习者实际拥有的教育经验及其活动的整体。这就意味着,学校需要编制并实施因应学习者的发展,凭借学校自身及周遭的生态,在规定的课时内,组织目标、内容及其处置方式,综合地、系统地显示具体的教育目标、教材、时间、场所、指导、学校、媒体、评价而展开的一种教育计划。这种计划是"作为必要的、明晰的要素而使学习者汲取知识、赋予世界以意义所必要的一种捷径"。[10]那么,如何把握学校课程的整体结构,借以保障每一个学习者的知识建构与人格建构,才能有助于落实现代社会期许的"核心素养"的养成,这就牵涉到学力与学习的分类及其结构化的问题了。在这方面,基于心理学的"核心素养"研究应当是大有可为的。一系列的人格心理学、认知科学、教育神经科学、教学心理学的研究,可以为明晰学校课程的整体结构、学科素养与跨学科素养,以及"心理逻辑"、"学科逻辑"与"教学逻辑",提供必不可少的思想养分。

国际教育界大体采取了两种视点，来帮助一线教师把握学校课程的整体结构。第一种视点，能力的要素。"关键能力"的界定是旨在显示普遍适用的一种素质与能力的框架，这种框架是借助相对独立于学科内容的范畴而构成的能力要素的概念。第二种视点，能力的层级。作为能力分类的先驱性业绩，布卢姆等人开发的"教育目标分类学"就是一个典型。[11]例如，"理解欧姆法则"目标中的"理解"，可以有多种多样的解释。诸如"记住公式"（记忆水准）；"能说明电流、电压、阻抗之间的相互关系"（理解水准）；"能把欧姆法则运用于生活情境"（运用水准）。布卢姆是根据特定学科内容的学习深度的质的差异来进行分类的（能力层级的概念）。这种界定并不是脱离了学科内容而作为教育目标来设定的。这样，在教育目标中探讨"能力"概念的问题之际，涵盖了两种情形：能力的要素与能力的层级。不过，事实上这两种情形往往是难解难分的。例如"运用"的概念往往意味着"能力的层级"（学力的品质），另一方面，在同"知识"、"态度"一道表述的场合——诸如"在问题解决中能够运用既有知识，解决课题的思考力、判断力、表达力"，这里又意味着"学力的要素"。所以，我们可以从"能力要素"的角度来梳理学校课程的整体结构，也可以从"能力层级"的角度来梳理所期许的素质与能力的内涵。

（二）从构成要素的维度把握学校课程的整体结构

"学习的实践是'建构世界'（认知性、文化性实践）、'探索自我'（伦理性、存在性实践）和'结交伙伴'（社会性、政治性实践）相互媒介的三位一体的实践。"[12]学习活动总是以某种形式，涵盖了学习者同客体世界、同他者、同自身这三个基轴的对话。反复这种对话的结果是，在个体身上形成某种认知内容（知识）、认知方法（能力）。这里的"能力"，可以依据对话的三个基轴——同客观世界的认知性对话，同他者的社会性对话，同自身的伦理性对话，来加以结构化。进而以共同体的规范与文化所规定的形式，在某些情意方面也受到影响。倘若从"要素维度"展开课程结构的分析，那么，可以发现整个课程结构大体由两个领域（学习活动的层级）组成。[13]

第一领域，学科课程的领域（学科框架中的学习）：（1）知识的习得与巩固（知晓）——包括事实性知识与认知性技能（记忆与再现、机械训练与熟练）的掌握，以及自我效能感的形成。（2）知识意义的理解与凝练（理解）——包括概念性知识与方略、认知性技能（解释、关联、结构化、比较与分类、归纳性与演绎性推理）的掌握与社会性技能（协同学习与知识的合作建构）的形成，以及基于内在价值的内发性动机、对学科的兴趣与爱好。（3）知识的有意义运用与创造（运用）——包括原理性与方法论知识的掌握，问题解决、决策、假设性推理、审美表现，和基于项目的对话（沟通）与协作的形成、基于活动的社会性关联的内发动机、能倾、态度与思考习惯的形成。

第二领域，活动课程的领域（立足于跨学科的综合实践活动与超学科的学校例行活动，由学习者自主决定与重建的学习框架的学习）：（1）自律的课题设定与探究（元认知系统）——包括自律地设定课题、持续地探究、信息的收集与处理、自我评价，与基于项目的对话（沟通）与协作的形成；以及扎根于自身意愿与愿景的内发性动机的形成。（2）社会关系的自治性组织与重建（行为系统）——包括共同体及其文化意识、共同体运营的方法论的掌握；人际关系与交际、规则与分工、领导能力与经营、纷争的处理与共识的形成，以及扎根于社会责任与伦理意识的社会性动机、道德价值观与立场的确立。

课程开发的基础在于"单元设计"。在跨学科的"活动课程"的单元设计中要有效地求得多样而均衡的实践技能的培育，就得精心组织"探究"（explore）、"表达"（express）、"交流"（exchange）的活动，这就是"3E活动"的构成，这种课程开发在国外积累了丰富的经验。日本学者梳理了学校教育中基于"21世纪型能力"而开发的"综合学习"的6种模型——（1）调查研究单元模型。（2）综合表现单元模型。（3）社会参与单元模型。（4）企划实践单元模型。（5）合作交流单元模型。（6）自我实现单元模型。作为跨学科学习的单元设计具有如下特征：（1）以作业与制作活动为中心展开学习。（2）主动展开项目的规划、运作与评价。（3）具有"问题意识"与"目标意识"，实现学习者自身的想法。（4）展开"社会参与"与作品创作的设计活动。（5）通过体验，掌握综合的知识、技能与态度。整个单元学习的每一步活动系列都体现了儿童作为学习主体，借助丰富的信息与体验，致力于实践课题的探究。这里"社会参与"与"实践活动"成为活动课程设计的关键词①。

（三）从质性分析的维度把握学力与学习活动的层级性

在知识社会的学校教育中要培育学生成为知识建构的主体，首要条件是必须明确"知识"具有哪些种类与特征，需要形成怎样的"学力"，因而需要组织怎样的教学活动。根据教育目标分类学的研究，某门学科的学习的深度（知识、学力与学习的品质）是可以分成不同层级的。

1. "知识维度"的解析

安德森（L. W. Anderson）等人的"修订版教育目标分类学"对布卢姆从"知识维度"（knowledge dimension）展开的教育目标分类学进行了修正，形成了"知识与认知过程的二维结构"（如表1所示）。[14]纵轴表示不同类型的知识，横轴表示怎样运用这些知识。这里的"二元结构"有助于一线教师的教学设计。另外，这个框架就知识维度而言，在初版基础上新添了"元认知知识"。在"具体→抽象"的组织原理下形成了"A. 陈述性知识—B. 概念性知识—C. 程序性知识—D. 元认知知识"的序列；就认知过程维度而言，修正了初版的"知识—领会—运用—分析—综合—评价"的序列，新建了"记忆—理解—运用—分析—评价—创造"的序列。新版《教育目标分类学》建构的"二维框架"使得初版难以进行的分析有了可能。

---

① 田中博之. 课程编制论［M］. 千叶：放送大学教育振兴会，2013：99-102.

表 1　知识的种类与认知过程的维度①

知识维度	认知过程维度					
	1. 记忆	2. 理解	3. 运用	4. 分析	5. 评价	6. 创造
A 陈述性知识						
B 概念性知识						
C 程序性知识						
D 元认知知识						

　　"知识维度"的明确与"认知过程维度"的明确是息息相关的。倘若组合"知识维度"的 4 个范畴与"认知过程维度"的 6 个范畴,机械地说,有可能显示 24 种(4×6＝24)目标类型。不过,实际上特定的知识类型拥有易于同特定的认知过程相结合的性质。比如,"陈述性知识"同"记忆"、"概念性知识"同"理解"、"程序性知识"同"运用",拥有易于结合的性质。这样,"知识维度"一旦明确,"认知过程维度"也容易明确,从而有助于展开教育目标的分类。

　　以"能够读懂《麦克白》(Macbeth,莎士比亚四大悲剧之一)"这一目标为例。在初版《教育目标分类学》中,该目标的行为层面是明确的,诸如"能够读懂"就是指:能够背诵作品(知识);能够归纳要点(分析);能够评论作品的优劣(评价)。不过,目标内涵层面的分析是做不了的。相反,新版《教育目标分类学》却可以使目标的内涵层面得以明确化。例如,通过《麦克白》课文的教学,让学生记住《麦克白》出场人物的名字和他们的台词(陈述性知识);丰富"野心"、"悲剧英雄"、"讽刺"之类概念的表象,展开栩栩如生的作品鉴赏(概念性知识);能够抓住梗概,把握出场人物之间的关系之类、习得一般文学作品的阅读技能(程序性知识),或者掌握元认知方略——不仅教授阅读技能,而且能够随时监控自己运用阅读技能的过程。在未能很好地运用的场合,会反思产生错误的原因(元认知知识)。②

　　2. "学习维度"的解析

　　马尔扎诺(R. J. Marzano)在 1998 年提出了"思维维度"(dimensions of thinking)的概念,涵盖了元认知,批判性、创造性思维,思维过程,核心的思维技能,内容领域的知识与思维的关系。当时他设想的思维教学的计划是,分别在各种思维术语中赋予独特含义,各自分散地进行思维训练,从而开发出了"思维技能的分类学",为研究者与实践者的单元设计提供了一份有关思维教学的知识与话语系统。

　　1992 年,马尔扎诺从知识处理与思维系统的角度,又提出了"学习维度"(dimensions of learning)的概念。"学习维度"的概念把"学习"分成了如下的维度(层次):

　　第一维度,学习的态度与感受。大体可以分为对课堂氛围的态度、感受与课堂教学的课题。前者牵涉到来自教师与伙伴的接纳的感受,和创造快乐而有序的课堂氛围;后者关系到对课堂教学中课题的意义与趣味的认识,体悟到自我效能感。

① 秋田喜代美,坂本笃史[M]. 学校教育与学习心理学. 东京:岩波书店,2015:71.
② 石井英真. 现代美国学力形成论的展开[M]. 东京:东信堂,2011:93 - 94.

第二维度，知识的习得与整合。习得的知识类型大体分为概念性知识与程序性知识。前者是有关变形虫、民主主义之类的事实与知识，后者是加法运算和图表阅读之类的步骤性知识。不同的知识类型要求教师要采用不同的教学方法。

第三维度，知识的拓展与凝练。习得与整合知识并不是终结，而是借助知识模块的新的划分或错误概念的修正，来拓展与凝练知识，这样学习者就能发展深刻的理解。学习者通过分析运用比较、分类、抽象化、归纳性推理、演绎性推理、支架构成、错误分析、见解分析等思维过程，可以掌握所学的东西。

第四维度，知识的有意义运用。教授知识与技能的终极目的是使学习者在日常生活中能够运用这些知识。以决策、问题解决、发明、基于实验的探究、调查、系统分析等思维过程为中心，可以促进知识的有意义运用。

第五维度，心智习惯。获得内涵性知识当然是重要的，但要成为优秀的学习者，重要的是发展有效的心智习惯，包括批判性思维、创造性思维与自我调整思维。

图5表明了学习的五个维度之间的关系。[5]这五个维度不是彼此孤立、各自作用的，而是彼此紧密关联的。一切的学习都基于学习者"学习的态度与感受"（维度1）和有效的"心智习惯"（维度5）。它们处于其他维度的背景的地位，构成了学习得以形成的基础。诸如对学习内容有无兴趣、不同的学习态度决定了不同的学习效率与深度等。这样，在维度1和维度5的"底色"下，形成维度2、3、4紧密交错的学习过程。这个框架也表明了习得知识与培育思维能力之间的关系。首先，它反映了建构主义的知识观。知识的"习得与整合"（维度2）、"拓展与

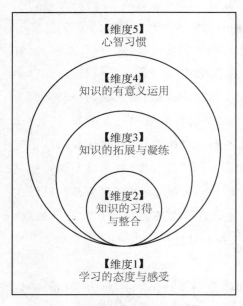

图5　"学习维度"的框架①

凝练"（维度3）清晰地传递了"知识"是被建构的，而且是不断再建构的观点。其次，它表明三个维度（维度2、3、4）之间是包摄关系。仅仅聚焦知识习得的教学是难以培育高阶思维能力的，还必须展开以维度3和维度4的思维技能的指导为轴心的学习活动。而知识的运用也往往会同时进行着知识的习得与凝练的过程。

马尔扎诺进一步划分了表达这种单元设计流程的3种模型——（1）聚焦知识的模型。其特征是以全体学生必须追问的重要知识的教授为重点，要求维度3与维度4的思维过程的课题是作为知识习得的手段来运用的。（2）聚焦论点的模型。其特征是撷取有关该单元一般性论题的论调与课题，有意义地运用知识。在这种运用中也加深了知识的理解。（3）聚焦学

---

① 石井英真. 现代美国学力形成论的展开[M]. 东京：东信堂，2011：158.

生探究的模型。其特征是,教师在决定深化理解知识的活动上有某种程度的决定权,但使用这些知识的课题由学生自行选择,教师只在学生的课题选择及问题的深度上,做出指点。这三种模型主要是从强调维度的差异来区分的,不存在哪一种理想,也不以特定的顺序展开。例如,从重视知识到重视思考力,并不是把两者二元对立起来、指向后者,而是明确知识习得与思考力培育之间不可分割的关系,而且寻求培育思考力的教育实践得以多样化。①

（四）如何看待学校课程的整体把握

学校课程的整体把握归根结底是如何去把握学力与学习的课题,这里有两点值得注意。

第一点,上面举了两种有代表性的视点,具体勾画了整体把握的大体思路。不过上述两种视点之间不存在绝对的鸿沟,两种视点往往是交融的。例如,日本学者石井英真提出了三大系统——认知系统、元认知系统、行为系统的解析,同时在认知系统的解析中对马尔扎诺的"学习维度"做了简约化的修正,得出了如图6所示的"认知系统三重圆模型",[16]即(1)知识的习得与巩固(知晓水准);(2)知识的意义理解(理解水准);(3)知识的有意义运用与创造(运用水准),加以把握。

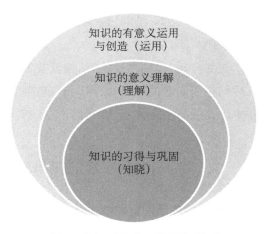

图6　认知系统"三重圆模型"②

石井用小数乘法的三道试题具体说明了所求问题与掌握水准之间的关系:

试题一:35×0.8＝（　　　）。试题二:试用35×0.8,编一道应用题。试题三:你想装修自己的房间,房间长4.2米,宽3.4米,高2.5米。打算铺设地板,去商店看中了自己中意的瓷砖。这种瓷砖边长40厘米的正方形,每块550日元。问总共需要多少钱?

这是测量学生掌握程度的试题。不过,这些试题所要测得学力的质是不同的。试题一是旨在检测小数乘法的运算技能是否掌握的课题(知晓水准);试题二是旨在考察能否把用小数乘法回答的生活情境加以表象化,理解运算意涵的课题(理解水准);试题三是对未经数学定式化的现实世界的问题,判断需要运用怎样的知识技能,抽取情境所必须的信息,动用既有知识逻辑去展开思考,考查其知识技能的综合运用能力的课题(运用水准)。图6的"三重圆模型"显示了学力与学习品质的三个层级之间的相互关系。就是说,即便"知晓水准"的课题能解了,"理解水准"的课题未必能解;即便"理解水准"的课题能解了,"运用水准"的课

① 石井英真.现代美国学力形成论的展开[M].东京:东信堂,2011:149.
② 石井英真.何谓新时代的学力与学习[M].东京:日本标准股份公司,2015:22.

题未必能解。况且,学力与学习的品质不同,相应的评价方法、时机掌握及教学方法,也会不同。[①]

第二点,把握学校课程整体结构的"视点"、"维度"是不可穷尽的。比如,日本学者从"学力维度"的视点展开"学力"构成要素的分析,[17]也未尝不是一种思路:第一,生命维度——在主体与环境的交互作用中作为主体前进能量的冲动、好奇心、需求之类的基础性反应的能力;第二,社会维度——从第一维度发展而来,通过社会交互作用习得文化而成的以知识、技能、思考力为基础的能力;第三维度,知性探究维度——从第一、第二维度发展而来,是一种更高阶的凝练的知性探究能力。这种能力是以探究过程中从问题发现到问题解决的智慧操作能力为中心的,是同有别于生命维度的知性好奇心、兴趣、心智习惯等情意性心理特征密切相关的。

正如体检,借助常规检查、血液化验和内脏透视可以把握人的身体健康状况一样,借助课程结构所隐含的"能力要素"与"能力层级"的分析,可以确立起检验学校课程发展状态的基本思路及其指标体系,也有助于一线教师更好地把握学校课程的整体结构。

三、 单元设计: 撬动课堂转型的一个支点

(一) 单元设计的关键作用

基于核心素养的课程发展直面的第二个挑战是,借助单元设计的创造,撬动课堂的转型。多年来我国一线教师大多满足于"课时主义",并不理会"单元设计"。然而在"核心素养—课程标准—单元设计—学习评价"这一环环相扣的教师教育活动的基本链环中,单元设计处于关键的地位。倘若离开了"单元"(学习的流程)这个课程设计与教学实施的基础单位,可能产生的第一个恶果是,那些开发出来的所谓"学科"、"课程"不过是一堆垃圾而已,因为构成学科的基础单位就是"单元"。可能产生的第二个恶果是,纠缠于"课时主义"。离开了单元设计的课时计划归根结底不过是聚焦碎片化的"知识点"教学而已。因为教学的"三维目标"往往是跨课时乃至跨学期、学年的,不可能在一节课时里面得到实现。"新课程改革"让我国的学校课程取得了前所未有的突破。但另一方面,很多学校往往"以不变应万变",它们的课程与课堂"基本不动",钟情于"知识点情结",把"课程标准"混同于"教学大纲"。另一些学校则是"乱说乱动",甚至撇开教育部的《课程标准》,热衷于五花八门的所谓"校本课程"的开发,少则100多门,多则1200多门,颠倒了"国家课程"与"校本课程"的主次关系,本末倒置。[18]

教学中的"单元"是基于一定的目标与主题所构成的教材与经验的模块或单位。从单元设计的历史发展看,可以大体分为基于学术与艺术等人类文化遗产的、以系统化的学科为基

---

① 石井英真.何谓新时代的学力与学习[M].东京:日本标准股份公司,2015:24.

础所构成的"教材单元"(学科单元),和以学习者的生活经验作为基础所构成的"经验单元"(生活单元)。回顾单元的历史变迁,可以发现两种思考方式。其一,重视应当理解、习得的知识模块的"教材单元",其二,基于儿童生活经验的活动模块优先的"经验单元"。"教材单元"与"经验单元"的构成方法自然有所不同:在"教材单元"的场合,是作为学科框架内的模块式的学习内容来组织的;相反,在"经验单元"的场合,是借助师生的合作或者学习者自身,打破学科的框架,作为学习者自身的经验活动的模块来计划与组织的。在佐藤学看来,可以把"单元设计"概括为两种不同的单元编制:[19]"计划型课程"的单元编制是以"目标—达成—评价"方式来设计的;"项目型课程"的单元编制是以"主题—探究—表达"的方式来设计的。传统上,"单元"是作为"目标—达成—评价"的单位来组织的,但在活动课程中其则是以"主题—探究—表达"的方式,把"活动性、协同性、反思性学习"作为一个单元来组织。确实,"目标—达成—评价"能够有效地使得儿童习得知识,求得达成度,但是,不能让学习者共同地探究课题,展开协同性、活动性学习,难以保障每一个学习者表现并反思学习成果的经验。后者的单元设计将成为世界课程发展的主流。从这个意义上说,抓住了单元设计,就抓住了撬动整个课堂转型的一个支点。

(二) 从单元设计到课时计划

传统学校教育中的教学主要把"知识的传递与再现"视为"学力"的中心,因此着力于课时计划就足够了。但在当今时代,这种历史使命业已终结,代之而起的是"通过教育内容的学习,启迪学习者的智慧,同时培育丰富的感悟,陶冶面向未来主体地生存的人格"。[20]这就需要有一个通盘的从单元设计到课时计划的实施计划。

从历史上看,学校教育中的教学是在"探究学习"与"程序学习"这两种教学谱系之间摇摆的。[21]"探究学习"原本是布鲁纳(J. S. Bruner)在《教育过程》中倡导的以"发现学习"为基础的教学模式。施瓦布(J. S. Schwab)对它做了补充完善,发展为"探究学习"。在探究学习中学习者的探究过程是一种精彩的信息处理过程。作为教学的策略,设定了如下的阶段:(1)问题的设定(信息处理目的的确认)。(2)假设的设定与验证计划(决定信息收集的范围及其种类和性质)。(3)验证过程(信息的批判性加工与创造)。(4)结论的琢磨(决策)。

"发现学习"与"探究学习"的源流是杜威(J. Dewey)倡导的基于"反省性思维"(reflective thinking)的"问题解决学习",旨在克服传统的现成学科知识的灌输与注入。这种"反省性思维"由五个阶段构成:(1)从实际生活的经验中形成问题。(2)观察调查问题,认清问题的症结所在。(3)收集解决问题所需之资料(数据、信息)。(4)考虑各种解决方案,加以研究并做出假设。(5)实际应用并验证假设。[22]经历这种过程的学习,不再是把现成的固定知识以静态的形式按照逻辑的顺序进行学习。知识,终究是在学习者出于直接的兴趣爱好,在所产生的现实问题的解决中作为解决的有用手段而习得的。而且,在这种学习中,重点被置于动态地把握社会现象,展开系统的综合的思考而形成的解决能力上。因此,在这种学习中学习者自身的社会生活起作用的知识,是经历了探究的、逻辑的思考过程而获得的。从这个意义上说,它否定了学科内容的灌输式教学,确立起学习者作为学习主体展开探究性思维活动的教学逻辑。不过,在现实展开的问题解决学习中往往会产生轻视学科的学术系统性,偏向经验主义而带来的学力低落之类的弊端。同"探究学习"相对的是由斯金纳(B. F. Skinner)开发的"程序学习",在上世纪60至80年代产生了巨大的影响。心理学的研究对于教学的影响,诸如奥苏贝尔(D. P. Ausebel)的"有意义学习"、加涅(R. M. Gagne)的"积累学习理论"、布卢姆吸纳了"形成性评价"的"精致学习"等,都是发扬心理学的见解所建构的教学理论,可以谓之"程序学习谱系"的教学模式。这种教学模式的特色是,在教学设计之际需要设定明确的教学目标,同时组织能够达到目标的教学过程。它们的共同特点是,强调学习者主体地展开思维,借以确凿地掌握教学内容。"探究学习"与"程序学习"两种教学谱系并不是二元对立的。前者有助于培育"问题解决能力",后者有助于掌握基础的、基本的教学内容。

世间不存在适合任何学习者的唯一的教学模式。如何在这种认识前提下,讲究教学的"战略"(strategy)与"策略"(tactics),[23]设计出有助于发挥学习者各自特长的教学计划,应当成为整体规划学校课程计划中的一个重要课题。因为,教学战略是"单元设计"的基础。教学战略一旦明确,就可以根据教学展开的局面,采取具体的策略。没有明确的教学战略,就不可能击中教学的靶心。日本学者超越二元对立的思维方式,倡导汇合了"内容之知"、"方法之知"、"体验之知"的"教学战略":(1)重视知识内容(内容之知)的教学战略。即重视知识技能的习得与概念、法则的理解,或是特定的技术熟练。其最大目的是确凿地习得知识、技能,但不应局限于单纯的文化传承与传递,还必须面向学习者的主体性活动与科学探究精神的培育。(2)重视方法论知识(方法之知)的教学战略。即重视探究方法与探究精神,发现法则的方法,或者问题解决方法等"方法论知识"的战略。这种战略在于以"反省性思维"为基础,如何让学习者直面现实的活生生的问题,组织怎样的活动(经验)。(3)重视"体验学习"(体验之知)的教学战略。这种战略重视学习者的生活与经验,或者跨越若干学科、超越学科的框架,整合广域的内容,设定主体性的课题展开探究,体现了两大特色:"生活化、综合化"与"体验化、活动化"。[24]

(三) 为了单元设计的创造

如前所述,"核心素养"或"关键能力"的提出意味着不能仅仅满足于学科内容的习得,而且要求形成某种"素质"与"学力"。这就产生了不仅从"结果",而且也从"过程"来把握"学习的价值"的视点。对于一线的学科教师而言,既然知识是一种建构的过程,那么,教师的教学工作就必须发挥支撑的功能——给予学习者在建构知识之际提供支架的作用,亦即意味着要求重视这样一个视点——不仅要从内容侧面把握学科的本质,而且要真正地逼近学习者的活动与思维过程的视点。秉持这样一个视点,就可以使得学校的课程与教学超越所谓的"愉快教学",进入问题层出不穷的"探究的快乐的教学"的境界。瞄准"真正的学力"(authentic achievement,或译"真实性学力")就可以使得儿童感悟到学习的意义与成就,这意味着教学模式的改进。倘若不能感悟到学习的意义、不能体悟到学科的本质性的乐趣，那么，对于学习者而言，一定是丧失了对于学科及其背后的世界与文化的兴趣，同学校学习的宗旨背道而驰。寻求"真正的学习"不仅是现代社会的需求，也是因应当下学习者的需求的。

学习的主体终究是学习者。学校的教学从"教师中心"转向"学习者中心"，实现了"活动性、协同性、反思性教学"，既不流于"网罗主义"，也不流于"活动主义"。这是因为，"活动性、协同性、反思性教学"同知识技能的习得与巩固也有着密切的关系。低阶认知能力与高阶认知能力并不是二元对立的。思考力的培育同知识的习得存在不可分割的关系。没有知识，思维就不能展开。思考与表达的活动必然伴随某种知识的习得与理解。反之，知识倘若没有联接新知识与旧知识的能动的思考，也不可能获得。不同既有知识关联、不能把授受的知识加以内化，知识是不可能巩固的，只能脱落。知识是借助主体才得以解释与建构的。即便想灌输"知识"，其实也是灌输不了的。必须认识到，知识的习得与巩固单靠活动与讨论也是不能实现的，运用知识、表达知识，才是知识的习得与巩固的有效方法。为了单元设计的创造，需要把握三个着力点：

第一，寻求学习境脉的真实性。重要的是设定具有综合既有的知识、技能展开思考的必然性及儿童乐于探究的思维课题。作为一种方法，我们需要的不是缺乏思考必然性的、不自然的"为了问题的问题"，而是基于直面现实生活与社会中的问题，来设定问题情境的方法——课题的真实性的追求。这种课题对于学习者而言具有现实性，使得他们能够体悟到学习的意义与切实性。

第二，把探究过程还给学习者。探究的过程不是简单的问答与讨论，而是一种对话。教学的课题倘若仅仅局限于教师主导的讲解，或者仅仅列举有助于理解抽象性知识、技能的具体例子，是不可能形成真正的学科教学的。在知识的建构过程中，最重要的是学习者自身经验到假设生成的过程。一般而言，真实性的课题往往并不局限于一个正解，或者并非局限于定型化的解法。这就要求学习者在问题解决过程中，一方面思考运用怎样的知识才有效，并且收集必要的信息，另一方面，面对复杂的问题情境（境脉）展开扎扎实实的对话。在这种对话过程中运用众多的知识技能，确立若干层级的下位目标，有逻辑地展开问题解决的过程。真正的学科教学的过程意味着为学习者自身提供丰富的挑战学习的机会。从某种意义上说，挑战"运用水准"的思维过程就是挑战"没有正解的问题"的过程。

第三，创造课堂中的思维文化。在传统的课堂中，决定真理的权限在于教师和教科书，其本质是由教师传递现成的知识给学习者而已。导致的结果是，儿童必然去思考正确答案——倾心于教师与教科书设定的答案，这就是所谓的"正答主义"的学习观。为了消弭这种"正答主义"的学习观，就得瓦解教师与教科书中心的"关系性"，建构学习者与教师一道直面教材（客体世界）共同探究真理的展开学科探讨的"关系性"。在这种"关系性"中，教学是在教师的帮扶之下，学习者同教材对话、同他者对话、同自我对话，展开知识的协同探究与建构的过程。在这里，学习者是知识的探讨者、建构者，从某种意义上说是研究者，而教师是作为前辈研究者同他们一道从侧面支持他们展开对话的促进者。"从开放性课题的设定到开放性结局的过程,教师发挥的作用不是'教',而是促进对话的提问,在得出结论之前给予充分思考的时间,是同学生平等地参与探究的一员"。[25]教材也不是毫无疑问地一概接纳,而是学习者与教师一道作为对话的客体世界,成为共同建构新知的源泉。这样,就变革了以教师与教科书为中心的课堂权力关系,矫正了课堂的规范与文化,从而促进学习者作为学习主体的反思性思维,形成深度学习的"思维的文化"。

学习的实践是对话性实践。"学习,是同客观世界的相遇与对话,同他者的相遇与对话,同自我的相遇与对话"——这就是"对话学习的三位一体论"。[26]我国的中小学在应试教育背景下,无论教师抑或学生都苦于"学习的异化"(教与学的异化),这种异化是从三个侧面产生的:其一是"教育对象(内容)的丧失";其二是"学习伙伴的丧失";其三是"学习意义的丧失=自我的丧失"。[27]克服这三种异化的实践也就构成了"真正的学习"的三种对话性实践。归根结底,单元设计的创造就是对话性实践的创造。

四、 表现性评价: 21 世纪型的"学习评价"

(一) 21 世纪型"学习评价"的指向

基于核心素养的课程发展直面的第三个挑战是,探索以"表现性评价"(真实性评价)为代表的新型评价模式。

20 世纪的评价是基于"学习即知识的习得"、"教育即知识的传递"的学习观与教育观,以测量教师传递给儿童"知识的量"为中心的"量化评价"。相反,重视"21 世纪型的学力"、基于"知识建构"的学习观,重视真正的学习课题,诸如地球环境问题、能源问题、粮食问题、垃圾问题等现实社会的问题。倘若同样是采用"学力即习得知识的量"的"量化评价"来评价,那是困难的。再者,"真正的学习"重视"基于倾听关系"的"协同学习"。不过这种"协同学习"所不可或缺的"知识运用力"、"语言表达力",倘若同样是采用"学力即习得知识的量"的"量化评价"来评价,也是困难的。

20 世纪的"教育评价"经历了一个历史演变过程:(1)教育测量时代。20 世纪起初的 30 年(1900—1930 年)是教育测量时代,普及了可靠性高的测量法——客观测验。(2)教育评价时代。接下来的 30 年(1930—1960 年)是教育评价时代,开发了基于教育目标这一绝对的价值标准来进行评价的方法,使得客观性、可靠性高的学力测定有了可能。(3)矫正教育评价的时代。20 世纪 60 年代以来产生了从根本上矫正教育评价意涵的新动向——开始尊重每一个儿童的个性与人权,倡导"诊断性评价"与"形成性评价",从而产生了诸多根本变革评价方式的新尝试。进入 21 世纪,随着"21 世纪型能力"的倡导,自然产生了与之配套的"学习评价"模式的探索。[1]

---

① 森敏昭. 21 世纪学习的创造[M].京都:北大路书房,2015:34-35.

那么,何谓因应学力层级的"质性评价"呢? 新时代期许的"学力"与"学习"需要有相配套的学习评价模式。正如"三重圆模型"所表明的,在"知晓水准"的评价中,借助隐含有重要语句的问题和选择性问题之类的客观测验,以及简单的技能测验就够了,但在"理解水准"的评价中,要求能够运用学到的知识内容解决适当的问题。当然学习者或者可以自由地描述自己的见解与解释,或者图示历史事件的因果关系,让学习者表达建构了怎样的表象(知识表象)应当是有效的。在日常的教学中让学习者一边思考一边借助笔记和作业单来保存思考的过程与回答的理由,对于把握每一个学习者的理解方式与困惑所在,也是有效的。尽管平日重视"理解水准"的教学,但往往在评价中仍然把重心置于"知晓水准"的教学。"理解水准"的教学要求相应的"理解水准"的评价,这是不言而喻的。

基于核心素养的课程发展隐含着一以贯之的"真实性"(authenticity)诉求:"真实性学力—真实性学习—真实性评价"。"效率性"与"真实性"的对立结构往往在日常的教学活动中表现出来,教师和学生往往处于"选择效率性的教学呢,抑或寻求真实性的教学"的两难境地。解决这一棘手问题的难点在于:谁都拥有有效教学的意向,却几乎没有真实性教学的意向。无论教师和学生都并不拥有"如何才能实现'真实性'"的明确的图景与方法。在教育学研究中,"真正的学习"(真实性学习)是旨在克服学习的虚构性的学习,借助"对象性的恢复"来实现学习的"真实性"的一种追求。"真正的学习"强调体现了学科本质的对象化了的学习,在学习中重视同教材(资料、事实、现象)的对话,从而实现据此而展开的学习活动;同时意味着,这种学习在活动主体的内部获得真实性的学习。显然,"真正的学习"是同一味追求"效率性"的原理相对立的。况且,"真正的学习",倘若没有高度凝练的、反思性的测验,其学习的成就是难以数值化的。不管怎样,在学习的"品质"中真正的学习是当今最应当受重视的一个原理。这是因为,在这里隐含着"量"与"质"之间的一种意味深长的关系:一味追求"量"的提升,是不可能求得"质"的提升的,"量"的提升本身也难以测量。然而,在寻求"质"的改革之中,随着这种"质"的提升,"量"的达成也能得以实现。[28] 显然,在应试教育背景下一味追求碎片化知识的教学,是同新时代要求的优质教学背道而驰的。

(二) 表现性评价: 学习评价的新模式

作为"运用水准"的教学的评价可举"表现性评价"(performance assessment)为例。一般而言,所谓"表现性评价"可以界定为:从质性的角度,以能够产生思维必然性的某种情境的学习者的行为与作品(表现)为线索,对概念理解的深度与知识技能的综合运用进行的评价。[29] 20 世纪 80 年代以来,欧美国家凭借对儿童实施的客观测验的结果来评价教师与学校,引发了批判客观测验的浪潮,认为客观测验不能测出学习者真实的学力,诸多客观测验是在脱离现实世界的干燥无味的境脉中,叩问碎片化的知识技能的。不过,就像知道了交通法规却不能出色地驾驶或者实际上不懂得如何驾驶一样,实际上,学习者在学科教学中学得的知识、技能也未必知道如何去运用,"表现性评价"于是应运而生。

"表现性评价"有两种解释。狭义地说,意味着设计能够引发学习者表现其实力的评价课题(表现性课题),然后对其活动的过程与成果进行评价,这就是"基于表现性课题的评价"。作为表现性课题的案例,诸如社会科中展开当地商店街的调查,制作广告用的传单,或者家政科中学习营养学,为有饮食限制的人编制食谱之类。从某种意义上说是创造"真正的学习",在学习过程及其终结部分给予充分表现的机会,从而根据由此产生出来的学习的证据,来评价"运用水准"的学力品质。广义地说,意味着对教学中的发言与行为、笔记的记录、学习者的日常学习活动过程,进行不拘形式的形成性评价。这就是"基于表现的评价"。在以纸笔测验为代表的传统的评价方法中,评价方法与时机选择是固定的,评价的对象只能是借助能够捕捉到学力。相反,"表现性评价"可以说是以课题、过程、档案袋等所体现的思维的表现为线索,在发挥其实力的情境中来捕捉评价的时机与方法的。

"表现性评价"也叫"真实性评价"(authentic assessment,或译"真正的评价"),因为两者在内涵与外延上几乎是等同的。"所谓'真实性评价'是在某种特定的语脉中直接地评价那些运用种种知识、技能的人的行为举止与作品的一种方法"。[30]通过"真实性评价"培育能动的学力,意味着在真正的现实的语脉中进行评价。这样,可以消解这样一种失衡:虽然展开了充满丰富思考的教学,却只能叩问知识技能的习得状态(容易测量的学力)。我们需要的是面向"真正的学力"(或译"真实性学业成就"),确立起"目标—教学—评价"一体化的教学体制。"真实性评价"着力于把握高阶认知能力的状态,因此,不仅关注最终的结果,而且关注导致最终结果的学习与思维的过程本身,还要展开多角度、多层次的探讨。在这里,系统地收集学习过程中产生的种种作品和记录的文件夹和卷宗,我们可以称其为"档案袋"。据此可以从不同层面协同地展开探讨,这就是一种"档案袋评价"。

"真实性评价"力图纠正标准化纸笔测验的弊端,通过复杂的、不良结构的现实任务,来检验学生适应未来生活和专业领域发展的能力。"任务驱动"的真实性评价强调评价任务与现实生活或情境的吻合程度;而"建构驱动"的真实性评价则主张不仅要关注评价任务的现实性,更要关注这些任务是否指向对真实性学业成就的考察。这种真实性评价一旦同日常的学校课程与教学相整合,就会成为促进学生真实性学业成就发展的有力手段。从这个意义上说,真实性评价属于表现性评价的一种,同基于核心素养的评价在内涵上具有一致性。①

"表现性评价"的课题一般具有两个特征:[31]其一,学习者面对的"问题"并不是教科书或习题集里的"问题"——这些问题大多是碎片化了的知识。因此,即便解答了这种问题也不会产生"知识的综合化"。要产生知识的综合化,重要的是综合实践活动面对的问题,在应对综合性问题的过程中,学习者会发现习得各门学科知识的重要性,同时超越了学科甚至单元,注重多样知识的关联。其二,重视有现实感的综合性问题。倘若学习的问题游离于日常生活,学习者就不会感觉到问题解决的现实感。没有了现实感,就不可能有动员自身力量、致力于问题解决的激情。当然,在真实性学习的场合,问题的解决未必一定能够达成。倒是

---

① 杨向东."真实性评价"之辨[J].全球教育展望,2015,5;36.

20

可以说,大多问题并不能解决。这是因为,拥有现实感的众多问题,不限于一个正确答案,是不明白定论的"劣构问题"。不过,在有现实感的综合问题的场合,问题如何解决并不重要,在这一点上,同参考书和问题集中的"良构问题"在本质上是不同的。"良构问题"的场合,问题的解决是重要的,因为,解决这种问题的目的在于通过解决问题,习得知识技能。而在有现实感问题的综合问题的场合,重要的是通过问题解决的体验,促进多样的"知识的综合化"。"表现性评价"的课题既是"评价课题",也是"学习课题",带有双重性。当我们强调"学习课题"之际,作品制作过程中教师的指导与同学之间的协同受到重视。然而倘若如此,就会产生这样一个问题——难以找到完成课题的成绩同个人能力之间相关联的证据。在这种场合,借助保障"协同作业"与"个人作业"的双重性,也许可以求得"评价课题"与"学习课题"之间的平衡。这样,在设计挑战"真实性课题"的机会的同时,就得考虑到学习者的个别差异,来构筑得以长期持续地评价每一个儿童能力成长的系统。

"表现性评价"是对"基于行为目标的评价"的一种矫正。"基于行为目标的评价"是把学习者可观测的行为制成目录单,进行检测。受行为主义心理学的影响,这种评价往往把行为目标分解为最终的目标——能够进行机械训练的要素,但是这样做,即便是目标细分化了,要素的总和也未必能够保障最终目标本身的成功。在"表现性评价"中,就像客观测验那样,用目标达成与未达成的二分法来评价,是困难的。由于学习者对于表现性课题的处置会产生多样的可能性与幅度,不得不仰赖于教师的质性的专业性判断。正因为此,在"表现性评价"中不能依靠主观性评价,而必须运用可称之为"尺度"(rubric)的评价标准,制成量表,来评价表现的品质(熟练程度)。这里所谓的"尺度"是由显示成功度的 3—5 个阶段程度的尺度,与用来表述在各自阶段所能观察到的认知与行为品质特征的描叙语,来构成评价量表的。在多数场合,各个标尺里还补充了显示各个阶段特征的典型作品案例。典型的作品案例可以为教师与学习者具体地理解标尺的描叙语的意涵助一臂之力。在这里,决定认知与行为的品质转换点的尺度的编制,一般由 3—4 名左右的评分者一道进行如下的作业步骤展开:(1)尽可能收集学生的表明其对课题的理解或熟练的表现性实例。(2)划分学生作品的各种水准(优、中、差),并写出理由。(3)从这些理由中归纳出表现的特性或重要侧面。(4)写出各自特性的定义。(5)从学生的表现性事例中,选出能体现各自特性的相应评分的例证。(6)反复操作,精益求精。[32] 因此可以认为,这种作业是教师加深对课题与学生理解的有效方法。而"尺度"作为"绝对评价"的一种,有助于使传统评价中难以捕捉的高阶认知能力"可视化",而得以直接地被评价。不过,作为表现性评价的课题的开发、实施与评分,需要花费大量的时间与精力,这是其最大的难点所在。

（三）从"过去取向的评价"走向"未来取向的评价"

在设计 21 世纪型的学习评价之际,重心在于如何从"过去取向的评价"走向"未来取向的评价"。[33] 历来的"学习评价"是在教师回顾业已终结的教育成果时展开评价的,从这个意义上说,是"过去取向的评价"。不过,在目前的"学习评价"中,维果茨基(Л. С. Выготский)的

"最近发展区"(ZPD)概念显得愈益重要。学生的"学力"与"学习"并不是他们单独能够成功的事,而是需要借助成人的帮助,亦即借助"脚手架"的助力,才能成功的,在这里存在着"潜在的发展可能性"的领域。[34]教师的作用应从"书本知识的传递者"转变为"支撑儿童学习的教练"。因为,教育的目的原本就在于支援面向未来的发展中的儿童自我形成的活动,况且这种自我形成过程对于每一个儿童而言是形形色色的。"学习评价"不是测定学习的结果,而是关注学习本身,可以说是"为学习的评价",其终极目标就是"学习的学习"。[35]这种儿童未来目标的指向,就像攀登山顶那样,不是教师冲在前头,而是引领学生自身检点、评价自身的学习状态,然后自己设计应当进击的方向,自主把舵,自我建构。就是说,每一个儿童的终身持续的自我形成的过程都是独一无二的案例研究。因此,21世纪型的"学习评价"需要从自我形成的视点出发,加深对于每一个学生的理解,这是不可或缺的。重要的是师生一道分享未来,一道畅叙希望。就是说,"学习评价"不是对学生的"过去"的终审判决,而是"始发站"。在这个始发站里,教师应当给予每一个学生个性化的"未来"希望与展望,给予他们闯入未来世界的勇气,最大限度地丰富他们作为各自的自我形成活动的学习。

变革的时代也是迷惘的时代。在这个迷惘的教育世界中倡导基于核心素养的课程发展具有划时代的意义。一线教师只要敢于直面时代的挑战,把握学校课程的整体结构,积累单元设计与学习评价的新鲜经验,就能为新时代的学力与学习的创造,闯出一片新天地。

参考文献:

[1][2][3] 田中义隆. 21世纪型能力与各国的教育实践[M]. 东京:明石书店,2015:17-21,23,22-25.

[4] 翻转课堂研究会. 翻转课堂改变教育未来[M]. 东京:明石书店,2014:39.

[5][31][33] 森敏昭. 21世纪学习的创造[M]. 京都:北大路书房,2015:133,31-32,37.

[6] 奥田真丈等. 现代学校教育大事典[M]. 东京:行政股份公司,1993:393-394.

[7] OECD教育研究革新中心. 学习的本质[M]. 立田庆裕,平泽安政,主译. 东京:明石书店,2013:29-30.

[8][10] 日矶田文雄. 站在十字路口的日本学校课程行政:基于关键能力的教育[Z]. 沈晓敏,译. 华东师范大学课程与教学研究所第13届上海国际课程论坛论文,2015.

[9][18][19] 钟启泉. 读懂课堂[M]. 上海:华东师范大学出版社,2015:205,23,21.

[11][14][15] 石井英真. 现代美国学力形成论的展开[M]. 东京:东信堂,2011:30-47,93,158.

[12][26] 日佐藤学. 学习的快乐:走向对话[M]. 钟启泉,译. 北京:教育科学出版社,2004:40,38.

[13][16] 石井英真. 何谓新时代的学力与学习[M]. 东京:日本标准股份公司,2015:7,23,22.

[17] 日本教育方法学会. 现代教育方法事典[M]. 东京:图书文化社,2004:299.

[20][23][24] 日古藤泰弘. 教育方法学的实践研究[M]. 东京:教育出版公司,2013:70,127,127-133.

[21] 高木展郎. 学力变,课堂也变[M]. 东京:三省堂,2015:201.

[22] 日佐藤正夫. 教学原理[M]. 钟启泉,译. 北京:教育科学出版社,2001:254.

[25] M. Lipman. 探究的共同体:为了思考的课堂[M]. 河野哲也等,主译. 东京:玉川大学出版部,2014:135.

[27][28] 佐藤学. 协同学习的课堂,协同成长的学校[M]. 东京:小学馆,2015:162,305.

[29] 田中智志等. 教育方法论[M]. 东京:一艺社,2014:131.

[30] 松下佳代. 真实性评价:评价儿童的思维与表达[M]. 东京:日本标准株式会社,2014:6.

［32］日本教育方法学会.教育方法学指南[M].东京：学文社,2014：367.

［34］P. Griffin, B. McGaw & E. Care. 21世纪型能力：学习与评价的新模式[M].三宅なほみ,主译.京都：北大路书房,2014：12.

［35］OECD教育研究革新中心.形成性评价与学力[M].有本昌弘,主译.东京：明石书店,2008：276.

论核心素养的内涵

| 张　华

自 2015 年 1 月起，我国普通高中课程方案和各科课程标准开始系统修订。这标志着我国基础教育课程改革进入新的发展阶段：创造信息时代的课程体系。为充分体现信息时代个人发展和社会发展的新特点、新需求，教育部一方面立足我国"立德树人"的根本要求，另一方面充分借鉴国际课程改革的先进经验，确立"核心素养"这一观念，将之作为课程改革的出发点和归宿。因此，信息时代的课程体系，亦可称为素养本位的课程体系。

核心素养既是课程目标，又是一种新的课程观。理解核心素养的内涵，是构建我国信息时代课程体系的出发点。

一、 核心素养概念诞生的时代背景

要准确理解"素养"或"核心素养"的内涵，必须把握此概念诞生的时代背景，否则难登堂奥。当今世界所有最著名的核心素养研究框架，无论源自国际组织还是特定国家，均指向于 21 世纪信息时代公民生活、职业世界和个人自我实现的新特点和新需求。因此，"核心素养"的别称即"21 世纪素养"（21st century competences）或"21 世纪技能"（21st century skills[①]）。例如，研究核心素养最著名的国际组织为经济合作与发展组织（OECD）与欧盟委员会（European Commission），前者核心素养框架的总名称为"为了新千年学习者的 21 世纪技能和素养"（21st century skills and competences for new millennium learners），后者的核心素养框架则是建立在前者研究的基础上，其名称为"为了终身学习的核心素养"（key competences for lifelong learning），两者均旨在应对 21 世纪信息时代对教育的挑战。世界上研究核心素养最著名的国家为美国，其中执牛耳的研究组织为美国教育部与苹果、微软等公司机构联合发起的"21 世纪技能伙伴协会"（Partnership for 21st Century Skills，P21），以及思科、英特尔和微软赞助成立的"21 世纪技能教学和评估委员会"（Assessment and Teaching of 21st Century Skills），两者均指向于 21 世纪信息时代的新特点和新需求。

人类进入 21 世纪以后，信息通信技术（ICT）出人意料地迅猛发展和广泛运用，使人类社

[①] 在英文中，skill 的涵义是能力，与 competence（素养）几乎同义。技能"意味着应用知识和使用专门技术（know-how）以完成任务和解决问题的能力（ability）"。参阅：Gordon, Jean et al. Key competences in Europe: Opening doors for lifelong learners across the school curriculum and teacher education [J]. Case Network Reports, 2009(87): 39.

会快速迈入信息时代，这与 20 世纪的工业时代形成鲜明对比。如果说"20 世纪素养"对应的是工业时代，那么"21 世纪素养"对应的则是信息时代。21 世纪信息时代的新特点究竟是什么？首先，由于信息通信技术的广泛运用使社会经济运作模式和人类职业世界发生深刻变化。运用新知识、新思想和新技术实现快速产品创新和全球贸易，在人类历史上第一次成为经济发展的核心。与此同时，伴随计算机和电子通信技术的发展，人类的许多工作正在被机器所代替。人类的经济模式正快速转变为全球经济和知识经济。人类社会正快速进入知识社会（knowledge society）。所谓"知识社会"，即是人的知识、思想和技术成为商品的社会。曾参与过 OECD 核心素养框架研究的美国著名经济学家列维（Frank Levy）和莫奈（Richard Murnane）这样写道："主要由常规认知工作和常规手工劳动所构成的工作，此类劳动力的份额正日益下降，因为此类任务最容易通过编程让计算机去做。国家日益增长的劳动力比例则是那些强调专家思维或复杂交往的工作，此类任务计算机不能做。"[1]这里的"专家思维"和"复杂交往"可能是对"21 世纪素养"最浓缩的概括。所谓"专家思维"（expert thinking），亦可称为"专家决策制定"（expert decision making），是指在特定情境中，当所有标准化的解决问题的方法均告失败时发明新方法以解决困难问题的能力。[2]这是一种认知性能力或素养。所谓"复杂交往"（complex communication），是指在复杂的、不可预测的社会情境中，通过提供各种解释和示例以帮助他人掌握复杂概念、促进复杂对话延续和发展的能力。[3]这显然是一种非认知性能力或素养。

当重复性的常规工作被计算机所取代的时候，人类就必须从事计算机不能代劳和胜任的复杂工作，也因此必须发展计算机所不具备的复杂能力，即以专家思维和复杂交往能力为核心的"21 世纪素养"。这类复杂工作以创造、发明、交往为核心，职业世界的从业者也就由工业时代的"常规生产工作者"转变为信息时代的"心灵工作者"（mind workers）。在知识经济时代，无论是产品还是其生产过程，均日益关注其科技创新水平、审美品质和服务意识，即关注其"附加值"。"在这种新的经济环境中，产品及其生产过程的附加值（adding value）是日益增长的职业和收入的关键。"[4]此外，由于科学技术的快速发展及由此导致的产品的快速创新，人类职业的变化日益加剧：旧职业快速淘汰，新职业不断涌现。"伴随全球经济的继续演进，从业者在其工作生涯中预计将更换七次或八次工作。"[5]因此，未来教育不仅要为创新驱动的职业做好准备，还要为尚未诞生的职业做好准备，具有广泛迁移性的核心素养因而成为教育的首要目标。

其次，信息通信技术和全球化使人的社会生活发生深刻变革。在信息时代，每一个人都是"数字公民"（digital citizenship），怎样合法地、道德地、负责任地使用信息通信技术？如今，世界各地的人工作、生活、交往在一起，社会和文化变得空前复杂和多元，怎样处理文化差异和多元化社会？怎样处理与他人的关系，并与他人合作？在日益多元化的社会中，价值观、宗教信仰、情感、观点、利益、人际关系等的冲突是不可避免的，怎样管理和化解人际冲突？在日益网络化的社会，怎样运用包括信息技术在内的各种手段发展"社会资本"（social capital）、"社会技能"（social kills）和"跨文化素养"（intercultural competencies）？[6]信息时代为社会民主和公平提供了新的机遇和挑战,怎样消除社会不公、促进社会民主？怎样在信息时代做民主社会的公民？诸如此类的问题均对世界教育提出了挑战。

再次,信息时代为个人自由或自我实现提供了前所未有的机遇与挑战。一方面,无穷尽的信息洪流、急剧加速的社会流动、快速发展的科学技术、大量涌现的新职业、变幻莫测的虚拟世界、诸如此类的新事物为个人选择和个性自由的实现提供了新的机遇和条件。另一方面,每一个人又被淹没在信息洪流中,饱受信息过载、信息焦虑和信息疲劳的折磨;虚拟世界又有可能使个人身份迷失、自我概念模糊;社会和职业的快速变化对个体的适应能力提出了空前挑战。个人如何在日益多元而快速变迁的信息时代、全球化时代和知识社会中自主行动,成为关系个人和社会发展的新课题。这意味着个体必须"拥有强大的自我概念(self-concept)和将个人的需要和需求转化为意志行为的能力。这些意志行为包括:决策、选择与行动。"[7]

正是信息时代经济新模式和职业新形态、社会生活的新特点和个人自我实现的新需求,对传统的工业时代的教育提出了挑战,核心素养概念应运而生。

二、 核心素养内涵的比较研究

为把握"素养"与"核心素养"的时代内涵,首先让我们来分析几个世界知名的核心素养框架中的相关界定,然后得出我们自己的理解。

(一) OECD 核心素养框架

经济合作与发展组织(OECD)在瑞士联邦统计局(Swiss Federal Statistical Office, SFSO)的领导下,在美国教育部教育统计中心(National Center for Education Statistics, NCES)的大力协助下,于 1997 年末启动核心素养框架项目,即"素养界定与选择:理论与概念基础"(Definition and Selection of Competences: Theoretical and Conceptual Foundations),简称"迪斯科"计划(DeSeCo)。本项目的直接目的是为 OECD 国家于同年启动的"国际学生评定计划"(Programme for International Student Assessment, PISA,简称"匹萨"计划)提供理论基础和评价框架,同时服务于另一个针对成人素养的国际评价计划"成人素养与生活技能调查"(Adult Literacy and Life Skills Survey, ALL)。"迪斯科"计划于 2003 年发表最终报告《为了成功人生和健全社会的核心素养》,[8]标志着 OECD 核心素养框架的完成。该项目历时 6 年,汇集社会学家、评价专家、哲学家、人类学家、心理学家、经济学家、历史学家、统计学家、教育学家、政策制定者、政策分析者、工会、雇主、国内和国际机构等众多专家和利益相关者,至少调动 12 个国家的专业力量,经历了多年理论与实践的检验。因此,我们有理由说,"迪斯科"计划代表国际核心素养研究的最高水平。

为适应技术的快速且持续变化、社会日益差异而多元、全球化所创造的人与人相互依赖的新形式,OECD 确立了"素养"观念。但它意识到"在社会科学中,并没有关于素养概念的单一的使用,也没有广泛接受的界定和划一的理论。"[9]既然如此,OECD在为素养下定义时采用的是一种"实用性概念取向",力图使所下定义"尽可能明确、言之成理、科学上可接受"。[10]准此,OECD将"素养"一词简洁界定如下:

素养(competency)不只是知识与技能。它是在特定情境中、通过利用和调动心理社会资源(包括技能和态度)、以满足复杂需要的能力。例如,有效交往的能力是一种素养,它可能利用一个人的语言知识、实用性信息技术技能以及对其交往的对象的态度。[11]

首先,素养的共同价值基础是民主价值观与可持续发展。"所有OECD社会均对民主价值观的重要性和实现可持续发展达成共识。"[12]这是OECD核心素养框架的价值基础,亦是"复杂需要"的价值内涵。

其次,素养是一种以创造与责任为核心的高级心智能力。"大多数OECD国家均重视灵活性、创业和个人责任心。不仅期待个体具有适应性,而且期待个体具有创新性、创造性、自我导向并自我激励。"[13]素养当然包括知识和技能因素,但绝不是其简单叠加。恰恰相反,唯有使知识和技能回到个人生活、社会生活和职业世界的具体情境中去探究与实践,方有素养的形成与发展。因此,素养的核心是反思性思考与行动。"反思性(reflectiveness)正居于核心素养之中","反思性思维需要相对复杂的心智过程,并要求思考过程的主体成为其客体。"[14]反思即回到自身,将自身作为思考的对象,通过持续思考自身而不断调整自己的思考和行动。一如杜威所言,这个过程即探究或问题解决的过程。反思性亦体现了人的心智的自主性。"核心素养拥有心智的自主性,这包含了一种对生活的主动且反思的取向。核心素养不仅要求抽象思维和自我反思,而且要求人们将自身与其社会化过程保持距离,甚至与其价值观保持距离,由此使人成为自身立场的原创者。"[15]无论反思性还是心智自主性,均体现出素养是一种复杂的高级心智能力。这种能力将创造性与责任心化为一体,是一种负责任的创造性,或道德的创造性。

再次,素养是后天习得的,而非与生俱来的心理特征。"素养本身是在有利的学习环境中习得的。"[16]这里的"学习环境"不仅包括学校环境,还包括家庭、社会、职业、经济、政治、文化等各种校外环境。非但如此,素养的获得在时间上又是一个持续终身的学习过程。

最后,素养既是跨领域的,又是多功能的。所谓"跨领域"(transversal),是指素养在学校中表现为跨学科性,在学校外则指跨越不同社会领域,如政治领域、社会网络、人际关系等。所谓"多功能"(multifunctional),是指素养能够满足个人生活、社会生活和职业世界各不相同的重要需要,帮助个人达到各不相同的重要目标、解决不同情境中的各类问题。[17]

适应不同情境之需要的素养种类繁多、难以穷尽。OECD"迪斯科"计划所采取的策略是:本着实用的目的,选择并确立最根本、最关键的素养,是谓"核心素养"(key competencies)。每一个核心素养均需满足三个条件:(1)对社会和个体产生有价值的结果;(2)帮助个体在多样化情境中满足重要需要;(3)不仅对学科专家重要,而且对所有人重要。[18]这体现出核心素养的三个特性,即价值性、迁移性、民主性。准此,OECD确立了三类核心素养:(1)交互使用工具的能力,具体包括:交互使用语言、符号和文本的能力;交互使用知识和信息的能力;交互使用技术的能力。（2）在异质群体中有效互动的能力,具体包括:与他人建立良好关系的能力;合作能力;管理并化解冲突的能力。（3）自主行动能力,具体包括:适应宏大情境的行动能力;形成并执行人生规划和个人项目的能力;维护权利、兴趣、范围和需要的能力。三类核心素养的内在逻辑是人与工具、人与社会、人与自我之关系。三类核心素养既非彼此割裂,亦非机械组合。恰恰相反,它们有机联系、互动、整合,是适应不同情境的需要而不断变化的动态结构(constellation)。[19]

由此观之,OECD核心素养框架研究起步早、站位高,理论基础雄厚,逻辑体系完整。加之同时经历"匹萨"计划针对义务教育终结阶段学生三年一次大规模检验和"成人素养与生活技能调查"计划的检验,其科学性不断获得发展与确认。总之,"迪斯科"计划引领了世界核心素养运动。

（二） 欧盟核心素养框架

第二个世界著名核心素养框架源自欧盟。为应对全球化、知识经济和信息时代的挑战,欧洲理事会(European Council)将提供"新基本技能"(the new basic skills)作为优先策略,同时强调终身学习,"让学习从学前阶段延展到退休以后"。[20]2001年3月,欧盟理事会批准成立"教育与培训2010工作项目",意为到2010年要建立起适应知识社会所需要的欧洲教育和培训新体系,其核心是形成欧洲核心素养框架。2006年12月18日,欧洲议会(European Parliament)和欧洲理事会联合批准这一框架,框架名称为"为了终身学习的核心素养:欧洲参考框架"(以下简称"欧洲参考框架"),该框架由此成为欧盟及其成员国建立信息时代教育的纲领性文件。该框架既汲取OECD"迪斯科"计划的成就,又充分体现欧洲教育的特色和发展需要。其目的在于:开发欧洲知识社会所必需的核心素养,以作为未来教育目标;为欧盟成员国实现核心素养目标提供支持。

欧盟对"素养"界定如下:"素养是适用于特定情境的知识、技能和态度的综合。"[21]这里的"情境"(context)主要指个人情境、社会情境和职业情境。与此同时,欧盟对"核心素养"这样界定:"核心素养是所有个体达成自我实现和发展、成为主动的公民、融入社会和成功就业所需要的那些素养。"[22]这显然是从具体功能的角度界定核心素养。那么,究竟哪些是所有个体所需要的核心素养? 欧盟列出了八大核心素养:（1）母语交际;（2）外语交际;（3）数学素养和基础科技素养;（4）数字素养;（5）学会学习;（6）社会与公民素养;（7）首创精神和创业意识(sense of initiative and entrepreneurship);（8）文化意识和表达。对每一核心素养,欧盟首先给出了清晰界定,然后从必要知识、技能和态度三方面做出了明确说明。这八大素养"同等重要","因为每一个都会对知识社会的成功人生做出贡献。"其中,许多素养之间相互重叠、彼此交织。由于这些素养名称均着眼于结果,且与具体学科和生活相联系,对人的具体心智过程和心智能力未予明示,故"欧洲参考框架"的制定者又特别做了如下说明:"有几个主题应用于整个参考框架之中:批判性思维、创造性、首创精神、问题解决、风险评估(risk assessment)、采取决策以及建设性管理情绪,在八个核心素养中均发挥作用。"[23]这意味着以上所列心智过程和能力作为"暗线"贯穿、渗透于八大核心素养之中。

比较 OECD 和欧盟的核心素养内涵及框架,我们可得出下列结论:第一,欧盟的核心素养是结果取向的,且具体指明其应用领域与情境;OECD 的核心素养却更加抽象、概括,且具有过程取向。第二,欧盟的核心素养框架由学科素养和跨学科素养两部分构成:母语交际、外语交际、数学素养和基础科技素养属学科素养;数字素养、学会学习、社会与公民素养、首创精神和创业意识、文化意识和表达属跨学科素养,渗透于学科学习和活动过程之中;而 OECD 的核心素养框架则只包含跨学科素养。第三,欧盟的核心素养与相应的知识、技能和态度的联系更加紧密、明确和具体;OECD 的核心素养尽管亦强调在具体情境中综合应用知识、技能和态度,但二者的联系却相对松散、灵活和抽象。这体现出两个框架对素养或核心素养与知识、技能之关系的理解,存在微妙差异。

(三) 美国核心素养框架

第三个世界知名的核心素养框架为美国的"21 世纪学习框架"(Framework for 21st Century Learning)。早在 1990 年代初,伴随个人电脑和互联网的应用,世界经济的许多方面均发生转型。尤其是中国改革开放以后,中国快速成为"世界工厂",这加速了美国经济的转型:经济发展的"外购"(outsourcing)和"离岸外包"(offshoring)时代到来。为因应经济变化,美国劳工部长于 1991 年成立了一个高端专家工作委员会,主要完成两项任务:确定 21 世纪所需要的工作技能;评估美国学校是否正在教授这些技能。该委员会于 2000 年发表《学校需要什么工作》的研究报告,指出:"学校尽管诚实而有意识地努力适应新需要,但由于缺乏清晰且一贯的指导,学校依然延续着近百年前设计的教育体制和方法论,它所满足的企业组织的需要已迥异于今天。"[24] 这对工业时代的教育体制、内容和方法提出了严峻挑战。2002 年,美国教育部连同苹果、思科、戴尔、微软、全美教育协会等有影响力的私有企业和民间研究机构,成立"21 世纪技能伙伴协会",简称"P21",开始系统研制适应信息时代和知识经济所需要的"21 世纪技能",波澜壮阔的"21 世纪技能运动"(the 21st Century Skills Movement)拉开帷幕。

经过几年努力,"21 世纪学习框架"及相应的课程体系和研究报告系统推出。如今,P21 项目已进入第二个 10 年,美国越来越多的学校、学区和州采纳并实施该框架。它已成为引领美国乃至世界构建信息时代和知识社会课程体系的重要理论和实践基础。在 P21 项目中,"21 世纪技能"相当于 OECD 和欧盟框架中的"核心素养"。P21 项目这样界定"21 世纪技能":"21 世纪素养(literacy)远超出基本的读、写、算技能。它意指如何将知识和技能应用于现代生活情境。"[25] 由此看来,"21 世纪技能"有两个基本内涵:第一,它是一种高级技能或"素养"(literacy),其对应范畴是"基本技能"(basic skills),尽管它从不否认后者;第二,它是情境关联的,是知识和技能应用于 21 世纪生活和工作情境的产物。基于这种认识,P21 项目开发出了详尽的"21 世纪学习框架"。[26] 该框架由两部分构成:(1)核心学科与 21 世纪主题;(2)21 世纪技能。前者侧重知识,后者侧重技能,两者相互依赖,彼此交融。"学习、信息和生活技能,唯有与核心学科知识建立联系的时候,才能产生意义。反之,核心学科知识唯有通过 21 世纪技能而获得的时候,才能被深入理解。"[27]

在该框架中,"核心学科"(key subjects)包括:英语、阅读或语言艺术(language arts),世界语言(world languages),艺术,数学,经济学,科学,地理,历史,政府与公民(government and civics)。值得注意的是,经济学成为核心学科之一。"伙伴协会相信,21 世纪教育必须建立在坚实的学科知识基础之上。"但这里的"学科知识"(content knowledge),"不是指储存一堆事实",[28]而是指学科观念和思维方式,其目的在于让学生像学科专家那样去思考。一如杰出心理学家、教育改革家布鲁纳(J. Bruner)所言:"知识是过程,而非产品。"[29]

"21 世纪主题"(21st century themes)包括:全球意识,金融、经济、商业和创业素养(literacy),公民素养,健康素养,环境素养。所有这些主题,均是源自 21 世纪情境的跨学科主题,旨在帮助学生解决复杂的个人、社会、经济、职业和全球问题。因此,"21 世纪主题"不仅要求建立学科知识和真实生活情境的联系,还要建立不同学科知识彼此间的内在联系,它着眼于培养学生的跨学科意识和运用多学科知识解决复杂问题的能力。

"21 世纪技能"包括相互联系的三类:(1)学习与创新技能,包含"创造性与创新"、"批判性思维与问题解决"、"交往与协作"三种技能;(2)信息、媒介和技术技能,包含"信息素养"、"媒介素养"和"信息通信技术素养"三种技能;(3)生活与生涯技能,包含"灵活性与适应性"、"首创精神与自我导向"、"社会与跨文化技能"、"生产性与责任制"(productivity and accountability)、"领导力与责任心"五种技能。三类"21 世纪技能"的逻辑关系是:运用"21 世纪工具"(21st century tools)发展学习技能与生活技能;学习技能侧重认知性素养,生活技能侧重非认知性素养,两者相互促进、相得益彰。由于"技术已经并将继续成为 21 世纪工作场所、社区发展和个人生活的驱动力量",[30]明智、负责任和创造性地选择和使用技术成为 21 世纪公民的基本素养,因此学生应发展信息素养、媒介素养和信息通信技术素养。由于创造、创新和创业已经并将继续成为 21 世纪知识社会的主旋律,学生需要发展学习和创新技能。由于全球化和信息通信技术的发展,个人生活、社会生活、文化生活、职业世界的多样性、复杂性、异质性和相互依赖性空前加剧,成功人生和健全社会要求学生必须具有生活和生涯技能。

我们可由此发现"21 世纪学习框架"的如下典型特点:第一,它把核心学科和 21 世纪主题与 21 世纪技能既做了清晰区分,又使两者有机融合,由此使知识与技能相得益彰;第二,它把核心学科与具有跨学科性质的 21 世纪主题既做了清晰区分,又使两者有机融合,由此使学科课程与跨学科课程相得益彰;第三,它对 21 世纪技能做了清晰分类,又恰当处理了彼此间关系,由此形成完整的 21 世纪技能或素养体系;第四,它为如何实施"21 世纪学习框架"提供了完备的支持系统,包括"21 世纪标准"、"21 世纪评价"、"21 世纪课程与教学"、"21 世纪专业发展"、"21 世纪学习环境"五个彼此联系的子系统,由此为框架实施提供了保障。

由此观之,美国"21 世纪学习框架"清晰、完备且操作性强。如果说 OECD 和欧盟的核心素养框架更有助于国家和地区进行教育改革的宏观规划与决策,体现出"自上而下"的特性,那么美国"21世纪学习框架"则更有助于学校和学区从事"校本化"课程与教学改革,体现出鲜明的"自下而上"的特性和教育民主的追求。

(四) 世界共同核心素养

从以上分析可以看出,世界不同国家、地区、国际组织和专业机构均根据各自需求和传统,厘定信息时代核心素养的内涵和框架。那么,人们对信息时代人类共同追求的核心素养达成了哪些共识? 荷兰学者沃格特(Joke Voogt)等人在对世界上著名的八个核心素养框架进行比较分析以后,得出如下结论:(1)所有框架共同倡导的核心素养是四个,即协作,交往,信息通信技术素养,社会和(或)文化技能、公民素养;(2)大多数框架倡导的核心素养是另外四个,即创造性,批判性思维,问题解决,开发高质量产品的能力或生产性。[31]

这八大素养是人类在信息时代的共同追求,可称为"世界共同核心素养"。它们将认知性素养和非认知性素养同时关注,体现了知识社会的新要求。我们倘若对它们做进一步提炼,可化约为四大素养,即协作(collaboration),交往(communication),创造性(creativity),批判性思维(critical thinking),由此构成享誉世界的"21世纪4C's"。其中,前两者属非认知性素养,后两者属认知性素养。这也呼应了前述列维和莫奈提出的"复杂交往"与"专家思维"两大核心素养。

世界共同核心素养即世界对信息时代人的发展目标的共同追求,体现了世界教育的发展趋势。我国要构建自己的核心素养体系和信息时代教育,必须顺应此趋势。

三、 核心素养内涵的再认识

究竟该如何理解"素养"与"核心素养"? 让我们先从词源学分析入手。"素养",其英文为 competence 或 competency,[①]其拉丁文词根为 *competere*,从词源学上看,它是指各种能力或力量(powers)的聚合,以使人恰当应对情境。[32]其中,*com*-是指"聚合"(together),petere 是指"追求、奋力向前"(to seek, drive forward),合起来看,competere 即指"合力奋斗"(to strive together)。[33]这里清晰表明"人为适应环境而合力奋斗"的原初意涵。质言之,"素养"最初是指人恰当应对情境之需要的综合能力。它本质上是人的存在状态(a state of being)或能力。一个有素养的人,就是当他或她置身于特定情境的时候,有满足情境之需要的"恰当性、充分性或态度"。[34]

---

① 这两个英文单词的内涵几无区别,只是 competence 更常用些。国际教育文献中,欧盟更多使用 competence,OECD 更多使用 competency。至于两者的细微区别,欧盟的著名报告《核心素养在欧洲》中写道:"复数形态的 competences 更多指人的特征、能力和素质(qualities)的整体观念,而 competencies 更接近于将技能(skills)用作能力,它通常是习得的,指操作某种行动以达到期望的结果。"参阅:Gordon, Jean et al. (2009): Key competences in Europe: Opening doors for lifelong learners across the school curriculum and teacher education, Case Network Reports, No. 87, ISBN 978 – 83 – 7178 – 497 – 2, p.39. 倘若如此,competences 更强调人的能力或心理特征的综合性,它具有内在性;competencies 更强调习得的技能或能力,更具结果取向。但从 OECD、欧盟或其他核心素养的文献来看,未必一直存在这种区分,选择哪一个词汇,还存在使用习惯问题。

无论是 OECD 的素养界定"运用知识、技能和态度满足特定情境中复杂需要的能力",还是欧盟的界定"适用于特定情境的知识、技能和态度的综合",均体现了素养概念的原初涵义。

据此,我们对"素养"与"核心素养"尝试界定如下:

素养是人在特定情境中综合运用知识、技能和态度解决问题的高级能力与人性能力。核心素养亦称"21世纪素养",是人适应信息时代和知识社会的需要,解决复杂问题和适应不可预测情境的高级能力与人性能力。核心素养是对农业和工业时代"基本技能"的发展与超越,其核心是创造性思维能力和复杂交往能力。核心素养具有时代性、综合性、跨领域性与复杂性。

对此定义首先做两点说明:

第一,素养与核心素养是高级能力与人性能力。所谓"高级能力"是人面对复杂问题情境时做出明智而富有创造性的判断、决策和行动能力。此即前述列维和莫奈所谓的"专家思维",即像专家一样去思考。知识记忆能力、技能熟练操作等凡机器能替代的能力均不在"高级能力"之列。所谓"人性能力"即建立在人性、情感、道德与责任基础上的能力。素养作为能力,是道德的、负责任的。"'人性能力'……其中便包括'道德'。"[35]有素养的人,不仅是有创造性的人,而且是对其行为负责任的人。一如 OECD 对核心素养的规定之一:对个体和社会产生有价值的结果(valued outcomes)。因此,制造大规模杀伤性武器的能力不属于素养或核心素养的范畴。

第二,核心素养的"时代性"意指它是因应信息时代需要而诞生的"新能力"。用欧盟的说法,它是"新基本技能"。核心素养的"综合性"意指它是知识与技能、过程与方法、情感态度价值观"三维目标"化为一体的整体表现。核心素养的"跨领域性"(transversality)既指其超越学科边界的跨学科性,又指其应用于不同情境的可迁移性,还指其连接学科知识与生活世界(真实情境)的"可连接性"。核心素养的"复杂性"既指其立足复杂情境、满足复杂需要的特性,又指其为复杂的、高级的心智能力,即"心智的复杂性"(mental complexity)。

进一步理解素养与核心素养的内涵,尚需处理如下四对关系。

(一) 素养与知识

素养不是知识,知识的积累不必然带来素养的发展。倘若秉持僵化、凝固的知识观,并以灌输、训练的方式教授知识,知识的积累反而导致素养的衰减甚至泯灭。但素养离不开知识,没有知识,素养就是无源之水、无本之木。伴随知识社会的到来,知识的价值正与日俱增。在信息时代,怎样让知识学习过程成为素养形成过程?首先,转变知识观,不再把知识当作"客观真理"或"固定事实",而使之成为探究的对象和使用的资源。即使处在工业时代的杜威都说:"知识不再是稳定的固体,它已然液态化了。"[36]那么在今天的信息时代,知识就更加变动不居了。再把学生当"活的图书馆"(布鲁纳语)去储存知识,非但不能发展素养,还会从根本上摧毁学生人格。

其次,将知识提升为观念(ideas)。就学科而言,将学科知识提升为学科观念

(disciplinary ideas)。信息时代,知识的衰减和更新速度空前加快,但知识所体现的观念或思想却相对稳定。因此,舍弃繁琐却无法穷尽的"知识点",精选核心学科的"大观念"(big ideas),并联系学生的真实生活情境展开深度学习,是信息时代课程内容选择的基本原则——"少而精"(less is more)原则。

再次,尊重学生的个人知识。所谓"个人知识",即个体在与学科知识和生活世界互动时所产生的自己的思想或经验。信息时代即自由创造知识的时代。尊重个人自由就是尊重个人创造知识的权利。如果说工业时代的波兰尼(Michael Polanyi)就已经敏锐意识到"个人知识"(personal knowledge)的重要性的话,那么在今日的信息时代,崇尚个人知识已成为时代特征之一。学生的个人知识是其素养的基础、前提和载体。没有个人知识,断无素养形成。学生的学科素养建基于其学科思想。学生的跨学科素养建基于其生活理解与体验。因此,尊重学生的个人知识是发展学生素养的关键。

最后,转变知识学习方式,倡导深度学习与协作学习。知识 + 实践 = 素养。一切知识,唯有成为学生探究与实践对象的时候,其学习过程才有可能成为素养发展过程。因此,转变知识学习方式是素养发展的前提。让知识学习过程实现批判性思维与社会协作的连接。为此,一要倡导深度学习(deeper learning),让知识学习成为批判性思维和问题解决的过程;二要倡导协作学习(collaborative learning),让知识学习成为交往与协作,即集体创造知识的过程。

(二) 素养与情境

实践乃素养之母。一切实践均植根于情境之中。因此,素养的形成和发展与情境存在密不可分的关系。首先,素养依赖情境。素养是一种复杂、高级、综合、人性化的能力。其形成与发展只能在智力、情感和道德上真实的情境之中。倘离开真实情境,可能有知识技能熟练,断无素养发展。"21世纪的工作,知识植根于情境,且分布于共同体之中,而非抽象的、孤立于个体的。"[37]随着信息时代的到来,知识的情境性日益增强。核心素养的培养与发展,离不开情境学习。所谓"情境学习"(situated learning),即"通过学徒制与导师制,基于真实的、现实世界的任务而学习。"[38]这一方面是指将知识与真实的、现实世界的情境连接起来去学习,另一方面是指学习者能够与特定领域的专家(如科学家、工程师等)结成共同体,接受专家的指导,对真实任务进行"合法的边缘参与",由此从事真实的学习。正是在真实的情境和真实的学习中,知识得以创造,素养获得发展。

其次,素养超越情境。信息时代,知识日益情境化,情境(生活与工作)日趋复杂化。唯有将知识植根于情境,才能找到知识学习的意义,促进素养发展。"为迁移而教"(teaching for transfer)在信息时代焕发新生命,富有新内涵。一方面,唯有将知识学习与真实情境联系起来,并以"做课题"的方式而学习,知识的迁移性才可能增加,素养也才能发展。"课题(projects)可使学生在学科知识与其应用之间建立即时联系。"[39]"如果学习情境与所学习的材料能够得以应用的现实生活情境相类似,那么学习就能得到最大化",[40]另一方面,素养一经形成，又能超越具体情境的限制，广泛应用于不同情境之中，且适应情境的不断变化。知识的迁移性孕育着素养的迁移性。这意味着促进素养发展的知识学习需要与多样化的情境相联系，使其迁移性获得最大化。

再次，核心素养的形成与发展需关注虚拟环境及其对教育和人的发展的影响。由于信息技术的迅猛发展和广泛应用，21世纪社会环境和学习情境的一大特点是虚拟环境（virtual environment）和现实世界的互动与融合。借助信息技术，人们不仅可以超越时间、空间、身份限制与人交往，由此扩大与加深自己的经验，而且可以模拟和创造现实世界不可能存在的事物和现象，从而扩充和增强了现实世界。在信息时代，个人生活、社会生活和职业世界日益存在于"增强现实"之中。所谓"增强现实"（augmented reality），即"由现实的与数字化的人、地方和物体相互交织而创造的模拟经验"。[41]虚拟环境和"增强现实"对人的发展提供了新的机遇与挑战。人们有可能深陷虚拟环境和"增强现实"而不能自拔，由此导致身份危机并逃避现实。但倘若正确而恰当运用虚拟环境和"增强现实"，人们的经验和身份将得到空前扩充与深化，将更加自由与开放。学校教育唯直面这种挑战，才有助于学生核心素养的形成与发展。

（三）素养与表现

探索素养与表现（performance）的关系，是理解素养内涵的重要方面。这对核心素养的教学和评价尤其重要。首先，素养与表现存在重要区别。素养是一种将知识与技能、认知与情感、创造性与德性融为一体的复杂心理结构。它遵循的基本原则是"心灵"（mind）原则。表现是在特定情境和条件下的外部行为呈现。它遵循的基本原则是"行为"（behavior）原则。两者的区别显而易见。漠视这种区别，会导致对素养的误解与误判，阻碍素养发展。

其次，素养与表现具有内在联系。素养是表现的基础和源泉。倘漠视不可直接观察的素养，只关注人的外部行为表现，必然走向行为主义的"表现模式"（performance model）。当教育基于"表现模式"的时候，必然走向机械化与训练化。另一方面，素养总会以某种方式获得表现，当表现被恰当理解和使用的时候，它可以成为判断素养发展水平的标志之一。再者，恰当的表现对素养具有开掘源泉的作用，会促进素养发展。正如布鲁纳所言："素养需要拥有表现'出口'（a performance outlet），教师的任务是发现该'出口'。"[42]倘漠视素养的表现之维，必然走向神秘主义的素养观，由此导致素养教育的空泛与虚妄。

再次，素养与表现的关系具有复杂性。素养与表现之间不是径直的、线性的、一一对应的。素养的表现受种族、文化、习俗、语言、性别、个性、具体情境等因素的影响，因此，一种素养可能有多种表现。由于外部行为表现本身具有综合性，一个表现可能体现了多种素养。同样的表现，可能体现了不同的素养，如两个学生的数学成绩相同，但有可能体现了不同的数学素养。有的素养可能尚处于潜能状态，暂时未获得表现。有的表现有可能是机械记住了外部的"表现要求"，未必体现了相应的素养，如按外部要求机械做出了"协作行为"，但未必就具备了协作素养。布鲁纳曾说："从表现直接推断出素养，即使并非不可能，那也是极为困难的。"[43] 很可能是注意到由素养到表现的滞后性与复杂性，诺丁斯（Nel Noddings）指出："对素养而言，表现是既非必要又非充分的标准。"[44]

为形象理解素养与表现的关系，我们可以大致提出一个冰山模型。冰山水面之上的部分是表现，但大部分素养并未表现出来，伏在水面之下。冰山水面之上和水面之下的部分当然存在内在联系，但哪些部分浮出水面又受外部环境和条件的限制。核心素养的教学和评价既应明智理解冰山水面之上的表现部分，又应小心呵护大部分伏在水面之下的素养部分，还要恰当处理两者的关系。

（四）核心素养与基本技能

以 4C's 为代表的 21 世纪信息时代的核心素养，与农业和工业时代以读写算（即传统3R's）为代表的基本技能，是什么关系？这是理解核心素养内涵、构建信息时代教育的又一问题。首先，"基本技能"与"基本知识"（所谓"双基"）不是凝固不变、普遍有效的，而是随时代变迁不断发展、变化的。传统读写算等技能和学科知识，大多诞生于 18 世纪以后且与工业时代相适应。当人类迈入信息时代以后，数字素养、批判性思维、创造性、交往、协作等"核心素养"或"21 世纪技能"日益成为"基本技能"。一些新兴的学科知识如信息科技也正在成为"基本知识"。

其次，核心素养与传统"双基"是一种包含、融合和超越的关系，而非简单叠加。核心素养并不排斥传统"双基"。我们从世界著名核心素养框架来看，均未排斥传统"双基"。如美国"21 世纪学习框架"专门列出了"核心学科"，OECD 框架和欧盟框架均关注阅读、数学、科学等学科素养。这里需要做出的改变"不是将常规认知技能（如基本算术运算）的学习从课程中剔除。恰恰相反，根本变化是不再把简单技能的熟练视为为工作和生活准备的终结目标，而是将这些常规技能用作掌握未来职场所珍视的复杂心智操作的基底。"[45] 即是说核心素养包含并超越了传统"双基"，将之视为构成要素。

再次，"双基"的学习方式需根据核心素养的要求而发生根本改变。核心素养本质上是解决复杂问题的能力。这只能通过让学生置身真实问题情境，亲历复杂的问题解决过程而培养。这里有没有"双基"的掌握与熟练？当然有。但这是学生在解决问题的过程中间接获得的。这里再一次验证了杜威在 100 年以前说过的名言：知识的学习是探究活动的"副产品"。当"双基"的学习成为间接过程和解决复杂问题的"副产品"的时候，"双基"的熟练与核心素养的发展就成正比关系。当"双基"的学习脱离探究与实践而直接进行（通过直接教学而"内化""双基"）的时候，"双基"的熟练就与核心素养的发展成反比。素养本位的课程改革并不反对知识技能的熟练，反对的是这种"熟练"以泯灭学生的个性和创造性等核心素养为代价。

核心素养作为一种高级能力和人性能力，其本质是"道德创造性"。而崇尚"道德创造性"是儒家智慧传统的根本特征。因此，核心素养这一观念有可能沟通中国文化传统与信息时代，从而为我国构建信息时代的课程体系创造美好愿景。

参考文献：

［1］Levy, F. & Murnane, R. J. The New Division of Labor: How Computers are Creating the Next Job Market. Princeton, NJ: Princeton University Press, 2004: 53 – 54. Quoted in Dede, C. (2010) Technological supports for acquiring 21st century skills. In E. Baker, B. McGaw and P. Peterson (eds.), International Encyclopedia of Education, 3rd Edition (Oxford, UK: Elsevier) [EB/OL]. Available online at: http://learningcenter. nsta. org/products/symposia_seminars/iste/files/Technological_Support_for_21stCentury_Encyclo_dede. pdf.

［2］［3］［4］［5］［37］［38］［41］［45］Dede, C. (2010) Technological supports for acquiring 21st century skills. In E. Baker, B. McGaw and P. Peterson (eds), International Encyclopedia of Education, 3rd Edition (Oxford, UK: Elsevier) [EB/OL]. Available online at: http://learningcenter. nsta. org/products/symposia_seminars/iste/files/Technological_Support_for_21stCentury_Encyclo_dede. pdf.

［6］［7］OECD (2005) The definition and selection of key competencies [Executive Summary] [EB/OL]. Available online at: http://www. oecd. org/dataoecd/47/61/35070367. pdf.

［8］Rychen, D. & Salganik, L. (eds.). Key Competences for a Successful Life and Well-Functioning Society [M] Hogrefe & Huber, Gottingen, 2003.

［9］［10］［15］［17］Rychen, D. & Salganik, L. Definition and Selection of Key Competencies [M]. Neuchatel: Swiss Federal Statistical Office, 2000.

［11］［12］［13］［14］［16］［18］［19］OECD (2005) The definition and selection of key competencies [Executive Summary] [EB/OL]. Available online at: http://www. oecd. org/dataoecd/47/61/35070367. pdf.

［20］［21］［22］［23］Gordon, Jean et al. (2009) Key competences in Europe: Opening doors for lifelong learners across the school curriculum and teacher education, Case Network Reports, No. 87, ISBN 978 – 83 – 7178 – 497 – 2, Annexl: Key competences for lifelong learning—A European reference framework.

［24］The Secretary's Commission on Achieving Necessary Skills, U. S. Department of Labor (June 1991). What Work Requires of Schools: A SCANS Report for America 2000.

［25］［30］Partnership for 21st Century Skills (2002) Learning for the 21st century: A report and a mile guide for 21st century skills [EB/OL]. Available online at: http://www. p21. org/storage/documents/p21_Report. pdf.

［26］Partnership for 21st Century Skills (2009) P21 Framework Definitions [EB/OL]. Available online at: http://www. p21. org/about-us/p21-framework.

［27］［28］［29］［39］［40］Partnership for 21st Century Skills (2007) The intellectual and policy foundations of the 21st century skills framework [EB/OL]. Available online at: http://www. p21. org/storage/documents/Intellectual_and_Policy_Foundations. pdf.

［31］Voogt, J. & Roblin N. A comparative analysis of international frameworks for 21st century competences: Implications for national curriculum policies [J]. Journal of Curriculum Studies, 2012,44: 3,299 – 321,309.

［32］［34］［42］［43］Doll, W. E. Developing competence. In Doll, W. E. Pragmatism, post-Modernism, and complexity theory. Edited by Donna Trueit. New York: Routledge, 2012: 67,76.

［33］陆谷孙. 英汉大词典[M]. 上海：上海译文出版社,1993: 346.

［35］李泽厚. 伦理学纲要[M]. 北京：人民日报出版社,2010: 102.

［36］Dewey, J. The school and society. In John Dewey: The middle works, 1899 – 1924 (Volume I: 1899 – 1901). Southern Illinois University Press, 1899: 17.

［44］Noddings, N. Competence. Paper presented to the Curriculum Inquiry Conference, Pennsylvania State University, 1980: 18 – 20.

追问"核心素养"

| 崔允漷

一般说来,"坏消息"总比"好消息"传得快,教育信息也是如此。但最近"核心素养"一词似乎颠覆了这一常识。这其中的缘由,也许是"核心素养"一词听起来就是"美好的"。自古以来,在东方特别是华人社会,"素养"一词历来是被人称道的;也许是素质教育历经 30 多年的宣传与实践,赢得了大部分人的认同,已经为听起来差不多意思的"素养"做好了舆论准备;也许是经济合作与发展组织(OECD)引发的一股席卷全球的"学科素养测评(PISA)"及国家排名的浪潮使得"核心素养"超越了教育的概念,而成为全社会特别是政治的概念,派生出社会进步、综合国力、政治筹码的效应。总之,"核心素养"的话语不仅在我国而且在全世界都有点膨胀。然而,这个"让人欢喜让人忧的素养"[1]到底是什么? 它能给我们的教育带来怎样的积极变革? 它要成为课程与评价概念还有哪些问题需要解决? 如果对这些问题的回答没有共识,即使话语爆炸,也无助于核心素养的知识增长。为了促使本文讨论更加聚焦,笔者分三个小问题来谈,以求教大家。

一、 核心素养是"从学习结果界定未来人才形象"的类概念

毫无疑问,在讨论"核心素养"时,首先必须明确它是什么。尽管大家都在说"核心素养",但核心素养的内涵到底是什么,目前还是没有达成共识。有人说"素养就是competence,又译胜任力",有人说"素养是知识 + 能力 + 态度";有的说它是"最基本、基础的素养如 literacy",有的说它是"关于理想人格的描述",虽无法实现,但心可向往之。也有人借用爱因斯坦的话,素养就是"忘记了在学校所学的一切之后剩下的东西"①。以林崇德教授为首的专家团队经过长期的研究得出的结论是,学生发展核心素养是指学生应具备的、能够适应终身发展和社会发展需要的必备品格和关键能力。[2]

看来,我们不缺关于素养是什么的定义,反而,感觉该定义有点多了。因此,我们不必再回答一次"素养是什么",而是需要重新梳理一下别人是"如何回答素养是什么"的。

的确,"素养"在中文语境中是一个常用词,但严格地说,它还没有成为课程或评价的概念。此次的"素养"热,在很大程度上是受 OECD 发起的、波及全球的"基于素养的课程或评

---

① 爱因斯坦在他的一次演讲中说道"一位哲人说过:当你把学校里学到的东西都忘掉以后,剩下的就是教育。"爱因斯坦本人明确说这不是他的原创。由于他没说出原创者的名字,大家都归结在他的头上。

价改革"运动的刺激而引发的。因此，我们有必要先来看看英语世界是如何回答"素养"的。在涉及讨论素养的英语文献中，我们经常会看见 competency、literacy、ability、skill、capability，还有 accomplishment、attainment、quality 等词。我们很难说，哪一个词代表"素养"，但可以说这一类词都可指代"素养"。就拿堪称倡导"核心素养"的先锋 OECD 来说，它也不是只用一个词来指称"素养"的，而是用 competencies 作为类概念或族概念，展开讨论时，在不同的语境中就经常用 literacy、ability、skill、capability 等词。

然而，我们的心理定势总是想简单地找一个与中文"素养"对应的英语单词。如果问我们中文的"素养"对应的英语单词是哪一个，相信许多人还是会选择 competence。这是因为代表 OECD 关于素养的权威文献的专门报告《核心素养的确定与选择：执行概要》(The Definition and Selection of Key Competencies：Executive Summary)题目用的就是该单词。后来八国集团(G8)、联合国教科文组织(UNESCO)、欧盟(EU)等国际组织，以及新西兰、新加坡、日本、台湾等一些国家或地区的官方文件或学者也是沿用此词。看来，用 competence 来指称"素养"，在国际上也是有一定程度上的共识的。不过，自从 OECD 把 competence 作为教育概念以来，针对该单词的批评之声也相伴而来，从来没有停止过。例如，挪威学者威尔伯格(I. Willbergh)非常尖锐地指出基于素养的教育最终会导致为考试而教、课程窄化、内容碎片化、知识再生产、不平等增加、个人主义膨胀、民主教育崩溃、教师能力丧失、师生关系更糟，等等。[3] 荷兰学者韦斯特拉(W. Westera)也提出，competence 会带来一系列的问题，如素养标准、评价、价值观、稳定性、意识思维(conscious thought)、复杂性、亚素养等。[4] 之后，在一些国际组织或国家的正式文件中，我们也看到了指代"素养"的词不是 competencies，而是 skills。最典型的是，美国 2002 年在联邦教育部的主持下成立了"21 世纪技能合作组织 (Partnership For 21st Century Skills)"，该组织最后发表了著名的"21 世纪学习结果与支持系统(21st Century Student Outcomes and Support Systems)"彩虹图；[5] 就连 OECD 自己在 2012 年颁布的《更好的技能，更好的工作，更好的生活：关于国家技能政策的战略路径》(Better Skills，Better Jobs，Better Lives：A Strategic Approach to Skills Policies)[6] 中，改用技能(skills)了。此外，也有欧洲大陆学者强烈呼吁要用"教养(Bildung)"一词来替代 competence，理由是 competence 是人力资本概念，经济味太浓，而"教养"作为教育概念有着更悠久的历史，更能体现教育的过程性与丰富性。[7]

一个更新的例子就是，2015 年瑞士课程重建中心(Center for Curriculum Redesign)主任、"21 世纪技能最畅销的图书"作者范德尔(C. Fadel)等人出版了一本《四维教育：成功的学习者所需要的素养》(Four-Dimensional Education：The Competencies Learners Need to Succeed)，[8] 该书提供了一种全新的四维素养框架(如图 1 所示)，也是用不同的词语来呈现 21 世纪成功学习者所需要的素养。

由此可见，"核心素养"不是一个种概念，而是一个类概念，或者说它是一个族词。重要的是，我们不必纠缠于素养是或不是那个单词，而是要去思考该词在语义与语用层面的问题，即这些词都在说些什么或在什么背景下描述什么。我们从 competency、literacy、ability、

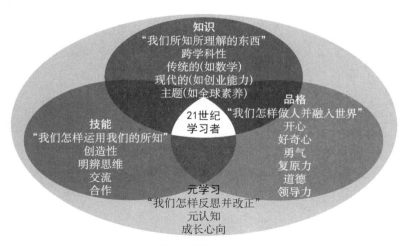

图1 21世纪成功学习者所需要的素养

skill、capability，还有 accomplishment、attainment、quality 等词中可以解读出其答案。其实，它们都在回答同一个问题，即如何从学生学习结果的角度来回答未来社会所需要的人才是怎么样的。措词不同只是作者、语境、语用的差异，这种差异是形式上的，但是其实质是相同的，用钟启泉教授的话来说，就是回答"如何描述新时代新型人才的形象，如何解读新时代期许的'学力'与'学习'"。[9]

因此，我们要摒弃为核心素养寻找一个对应的外文单词的想法，而是要去追问这一类概念背后的问题解决逻辑，即界定核心素养的逻辑起点在哪里？如何清晰地描述核心素养以使后续的课程与评价得以设计、实施？如何从学习结果出发将理想的素养目的与学生学习结果建立关联？

二、寻找确定与选择"核心素养"的逻辑：OECD 的经验

如上所述，代表"素养"的单词有很多，而不是一个。从我国现阶段关于素养的讨论来看，对"素养"的界定也是众说纷纭。用一个比喻来形容，现在的"素养"就像一本《红楼梦》，不同的人读，读出不同的《红楼梦》，这在文学领域是符合读者心理需求的。学习科学对这一现象曾做过精辟的解释，即学习是基于原有经验的，鱼所看到的世界万物都是鱼样的。但是，如果从一门学科的成熟程度来看，一个科学共同体如果没有共享的概念工具，该学科同行之间的交流都成问题，更不用说是促进该学科的发展和相关领域知识的增长了。因此，笔者认为，既然我们现在难以直接回答"素养到底是什么"，那么我们不妨先去看看前人是怎样回答"核心素养"的，也许我们可以从别人的回答方式中获得教益。

以最权威的 OECD 的回答为例。1997 年底，OECD 和瑞士联邦统计署（Swiss Federal Statistical Office，SFSO）赞助了一个国际性的跨界合作项目，即"素养的界定与选择：理论和概念的基础（Definition and Selection of Competencies：Theoretical and Conceptual

Foundations,简称 DeSeCo）"。该项目由社会学家、评价专家、哲学家、人类学家、心理学家、经济学家、历史学家、统计学家、教育学家以及决策者、政策分析师、贸易联盟、雇主、全国性和国际性组织代表共 21 人组成,分别出版了关于核心素养的系列研究报告。如 2001 年出版《确定与选择核心素养》（Definition and Selection of Competencies）论文集,2003 年发表项目最终报告《指向成功生活和健全社会的核心素养》（key Competencies for a Successful Life and a Well-Functioning Society）,以及 2005 年发表《核心素养的确定与选择:执行概要》。

OECD 界定核心素养的逻辑起点是成功的生活和健全的社会。如图 2 所示,研究团队从个体成功与社会成功两个方面来回答个体和社会需要什么样的素养。同时,该团队还论述了个体需要哪些素养才能适应全球化、知识经济与技术变革的时代。换一句话说,OECD 所选择的素养不是适应当前社会的素养,而是生存与发展于未来全球化、知识经济与技术高度发达的社会的素养。

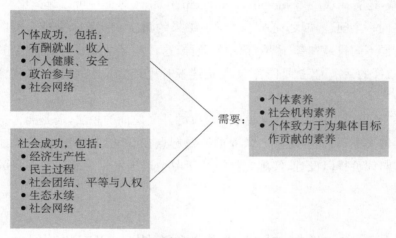

图 2　个体与集体目标和素养 [10]

基于上述的认识,DeSeCo 团队经过深入的研究与持续的对话,明确提出"素养不只是知识与技能。它是在特定情境中,通过使用和调动心理社会资源（包括技能和态度）,以满足复杂需求的能力。例如,有效交往的能力是一种素养,它使用了个体的语言知识、实用的 IT 技能,以及对其交往对象的态度。"同时,提出每一个"核心素养"（key competency）都必须满足三个要件:[11]

（1）对社会和个体产生有价值的结果;

（2）帮助个体在多样化情境中能够满足重要的需求;

（3）不仅对学科专家重要,而且对所有人重要。

然后,确定与选择了三大类核心素养:互动地运用工具（如语言、技术）、与异质群体互动、自主行动。[12]进而将每个核心素养分解成三种能力,再将每个能力以列举的方式呈现具体的行为和技能。[13]这样,就形成了 OECD 的核心素养三层级框架。

表 1　OECD 核心素养及能力指标

核心素养	能力指标	列举的行为
素养类别 1： 互动地运用工具	1－A 互动地运用语言、符号与文本的能力 1－B 互动地运用知识与信息的能力 1－C 互动地运用技术的能力	以"1－B 互动地运用知识与信息的能力"为例，它要求个体： 1. 识别和确定不懂什么
素养类别 2： 与异质群体互动	2－A 与他人和谐相处的能力 2－B 合作能力 2－C 管理与解决冲突的能力	2. 鉴别、定位与接入合适的信息源(包括电脑空间中汇编的知识与信息) 3. 评价该信息及其来源的质量、适当与价值
素养类别 3： 自主行动	3－A 处在更大的情境中的行为能力 3－B 制订和执行生活计划、个人项目的能力 3－C 维护权利、利益、界限与需求的能力	4. 组织知识与信息

最后，提出核心素养有三个基本特征：超越所教的知识与技能；核心素养的本质——反思性；在变化的情境中各个核心素养是联结在一起发挥作用的。

那么，核心素养框架是如何与学科素养、学习结果评价建立关联的呢？众所周知，OECD是一个"经济"的国际组织，这导致了它的教育贡献不在课程，而在评价。它在评价领域的突出贡献是运用此框架发展出核心素养的国际调查与评价，最著名的就是 PISA。基于上述框架，PISA 确定了阅读素养、数学素养与科学素养，进而根据对各学科素养的界定，建立 6 级水平量表，然后编制与量表匹配的试题、试卷与问卷，通过定时的测试与严格的抽样，获取各国的数据，进行大规模的国别排名，正是因为国家排名，使得 PISA 迅速成为全球的公众话题，在一些国家甚至成为一些政治领袖竞选总统的筹码。

不难发现，OECD 核心素养的确定与选择始于个体与社会的目标，历经核心素养的确定、选择与层级化，再到学科素养及其测试，最后创造了一个全球话题。在这一过程中，有许多经验值得我们学习。譬如，要确定未来人才的核心素养，需要一种跨界的专业共同体，建立一种开放的、协商的、集中式的研究机制；需要从个体和社会两个方面的需求来确定个体的核心素养，而不是从个体或社会的某一方面作为核心素养的逻辑起点；需要把核心素养作为一个类概念来认识，它包括了知识、技能、能力、情感态度价值观等；需要构建一个核心素养层级体系，为后续的课程设计与评价展开提供概念框架；需要发展一套基于核心素养的学科素养，并形成相应的测试工具，否则，核心素养就无法体现与实现；若要将核心素养作为课程或评价的概念，需要进行合乎逻辑的、基于证据的建构，而不是作为日常语言甚至一系列的口号来组建或搭配，等等。这些经验对于我国确定与选择学生发展核心素养具有重要的启示。限于篇幅，这里仅讨论如何从课程目标的范畴建构我国学生发展核心素养的问题。

三、从课程目标的范畴建构"核心素养"

核心素养作为课程与评价的概念，是教育目的与学习结果的重要中介。它既是教育目的的逻辑必然，也是课程与评价设计、实施的技术诉求。没有核心素养，教育目的将是一种抽象的理论构念、一种纯粹的美好愿望,既无法传播,也无法实施,教育的理想就会成为空想;没有核心素养,课程与评价的设计、实施将会失去有目的的方向,同时也不能提供令人信服的证据,相关利益者也不能形成一个专业共同体,不能做出合乎学生发展利益的举动,甚至还会出现各方都在"割据"学生的利益而固守着自己的领地的利益共同体,这样的教育不仅专业不了,而且是反专业的。

核心素养是课程目标的范畴。课程目标不仅要合目的、合价值,还需要合技术规范、合学生需求。课程目标虽然来自于教育目的,但它不是"复述"着教育目的,而是将教育目的具体化。课程目标从利益集团或教育者的愿望(应然)出发,最终落脚在受教育者的学习结果(实然)上。课程目标的呈现方式不是"应该做什么",而是"通过课程学习之后,学生能够做什么",这也是"目的"与"目标"的区别所在。在学校教育情境中,课程目标大部分情况下不是针对学生个体的,而是针对一定范围的群体而言的,如一个班级或年级或学段的所有学生,因此,课程目标不是最高标准,否则会使评价失去意义;它是针对一个群体而言的最低标准,即大多数学生能达到的最低标准,用量化来表达,这个"大多数"通常设定为三分之二的学生,正如为什么把 100 分作为满分通常设置 60 分为及格的道理是一样的。因此,要想把核心素养作为课程目标并发挥目标的功能,核心素养还需要采用专业的技术路径,如分学段或学科或时间或类型,在教育目的与学生学习结果之间设置一定的层级,并对每一层级的目标作出可理解、可传播、可实施、可评价的陈述,以便于学校教育共同体(如教育行政人员、教材编写者、命题人员、校长、教师、学生及其家长等)的每个成员都能清楚自己可以做什么或不可以做什么,也能理解自己的努力对于学生核心素养培育的意义。

课程是在不同的层级中发展出来的,完整地说,课程发展有国家、地方、学校、班级四层,不同层级课程开发主体是不一样的,因此课程目标也会有差异。课程发展这种层级性要求课程目标也必须具有层级性。这种目标的层级性,从理论上说,表现在具体表述上,或者说是从抽象走向具体的过程,并不是内涵上的差异。这种层级性最大的意义在于课程专业共同体在不同的岗位或层级为了一个共同的目标(即教育目的或核心素养)承担着各自的分工与责任,同时,也为各个层级开展评价与问责提供相对应的依据。这种层级还体现了课程的专业性与独特性,教育是一项合作的事业,需要一个专业的共同体,但其成员不是生产企业"流水线上的工人",而是专业人员,每一个成员都需要根据自己的目标或所处的情境作出专业的判断。

上述 OECD 建构的核心素养层级为我们提供了一个范例。近 20 多年来,世界各国都在开发基于核心素养的课程标准,并通过课程标准建立课程目标的层级体系。就我国正在修订的普通高中课程标准来说,我们也可以从中看出在这一方面所作出的努力(如图 3 所示)。党的十八大明确提出"落实立德树人根本任务"、"培育和践行社会主义核心价值观",并从国家、社会与个体三个方面用"24 个字"[①]描述了社会主义核心价值观。这意味着党和国家对全

---

① 党的十八大报告强调指出:"倡导富强、民主、文明、和谐,倡导自由、平等、公正、法治,倡导爱国、敬业、诚信、友善,积极培育和践行社会主义核心价值观。"

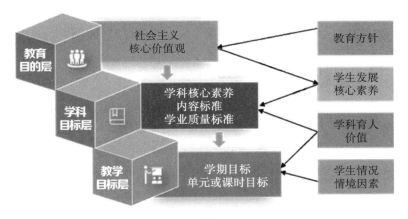

图3 课程目标层级图

体人民提出了我国社会主义现代化国家的建设目标,描绘了中国特色社会主义的远大理想,明确了公民必须恪守的基本道德准则。就学校教育而言,社会主义核心价值观是新时期的教育方针,对于课程目标的确定与选择具有重要的指导意义。从课程目标的层级来说,它是最高层即教育目的层。由于它是面向全体中国人的,无法直接拿来设计课程,因此还需要确定面向所有学生的核心素养①,然后依据学生的核心素养,研究各学科的育人功能,确定学科目标,即通常所说的学科核心素养、内容标准、学业质量标准等官方规定的目标,这是由国家委托学科专家决定的。学科目标起着承上启下的作用,它比教育目的更加具体,但是比课堂学习目标更抽象,学科目标如果不继续分解或具体化,它将无法在学校教育现场实施和评价,这样的后果就是导致教育目的被"悬置",同时,还会让校长、教师丧失其专业性。因此,在学科目标下面还需要教学目标层,即校长或教师在教育现场依据教育目的或学科目标,结合自己对学情的研究与判断,制订相对具体的、清晰的目标,为后续的教学与评价的展开提供纲领性、引领性的框架,同时,这一过程也是校长或教师"成为"专业人员的过程。

课程目标的层级性已有相当的基础。英语世界早已有了与目标层级对应的词汇:从抽象目标到具体目标,相对应的单词是 purpose 或 aims(相当于我们所说的教育目的或方针)、goals(相当于由专家制定的学科目标)、objectives(相当于在教育现场所确定的教学目标)。因此,如果要把核心素养作为课程与评价的概念,必须要用分析的逻辑,将核心素养建立成为目标金字塔或目标树或目标网才能实现其意义,这既是我们课程专业共同体的梦想,也是我们的现实责任。

---

① 学生发展核心素养,是指学生应具备的、能够适应终身发展和社会发展需要的必备品格和关键能力,综合表现为9大素养,具体为社会责任、国家认同、国际理解;人文底蕴、科学精神、审美情趣;身心健康、学会学习、实践创新。同时,在每个素养下面确立不同的重点,共有25个重点。详见《中国学生发展核心素养(征求意见稿)》,2016年1月。

参考文献:

[1] 崔允漷. 素养:一个让人欢喜让人忧的概念[J]. 华东师范大学学报(教育科学版),2016,1.

[2] 核心素养研究课题组. 中国学生发展核心素养(征求意见稿)[R]. 2016 - 1 - 29.

[3] [7] Ilmi Willbergh. The problems of 'competence' and alternatives from the Scandinavian perspective of Bildung [J]. Journal of Curriculum Studies, 2015,47(3): 335.

[4] W. Westera. Competences in education: a confusion of tongues [J]. Journal of Curriculum Studies, 2001. 33(1): 75 - 88.

[5] Partnership For 21st Century Skills. Framework for 21st Century Learning [EB/OL]. [2016 - 04 - 05]. http://www. p21. org/our-work/p21-framework.

[6] OECD. Better Skills, Better Jobs, Better Lives: A Strategic Approach to Skills Policies [EB/OL]. (2012 - 05 - 021). [2016 - 04 - 05]. http://www. oecd-ilibrary. org/education/better-skills-better-jobs-better-lives_9789264177338-en.

[8] C. Fadel, M. Bialik, B. Trilling. Four-Dimensional Education: The Competencies Learners Need to Succeed [EB/OL]. (2015 - 10). [2016 - 04 - 05]. http://curriculumredesign. org/our-work/four-dimensional-21st-century-education-learning-competencies-future-2030/.

[9] 钟启泉. 基于核心素养的课程发展:挑战与课题[J]. 全球教育展望,2016,1.

[10] OECD. The Definition and Selection of Key Competencies: Executive Summary [R]. 2005: 6.

[11] [12] [13] OECD. The Definition and Selection of Key Competencies: Executive Summary [R]. 2005: 4,5,10 - 15.

试论核心素养的课程意义

| 崔允漷　　邵朝友

为贯彻落实党的十八大精神,教育部颁布了《关于全面深化课程改革落实立德树人根本任务的意见》(2014),提出要建立全科育人、全程育人、全员育人的全方位、立体化的育人体系;启动研制中国学生发展核心素养。在完成义务教育课程标准修订的基础上,启动普通高中课程方案和课程标准修订工作,深化基础教育课程改革,这意味着我国正式进入"指向核心素养的教育时代"。指向核心素养的课程发展势必成为未来一段时期内我国基础教育领域的重大课题。本文从反思课程发展的逻辑起点出发,探讨核心素养在课程发展中的身份定位,揭示核心素养的课程意义。

一、 课程发展的逻辑起点: 从学科内容到核心素养

传统上,典型的学科课程发展大多始于并止于学科内容,课程发展的核心问题在于如何选择相关的知识、技能并加以有序地组织。美国课程专家古德森(I. Goodson)曾精辟地指出,学科内容的组织不是自然的,它们只是社会建构的结果。在 20 世纪早期,学科内容通常被打包成各门科目,通过这些科目,呈现学科本身的内涵、层次体系、现状、传统,并以此成为该专业的顽固守卫者。[1]这种课程设计的思路如图 1 所示。

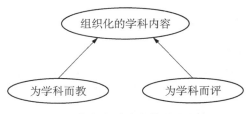

图 1　指向学科内容的课程设计

随着学科门类的不断丰富与发展,原有的学科课程无法应对迅速的知识增长,课程组织尝试由学科走向学习领域,把相近的学科内容打包成为学习领域。20 世纪 80 年代,澳大利亚的课程组织就是一个典型例子,这些学习领域将学科内容混合或类化,并逐渐建立起相应课程,但这种课程还缺乏充分整合,更多的是处于水果拼盘的状态,其教学与评价实质还是以学科内容为主体展开的。[2]

以学科内容作为课程发展的逻辑起点,延续了很长的时期。然而,到了世纪之交,由于教育问责盛行,知识经济崛起,信息技术的发展突飞猛进,课程的基础发生了巨大的变化,正如经济合作与发展组织(Organization for Economic Cooperation and Development,简称 OECD)PISA 项目部主任施莱克尔(A. Schleicher)所说的,教育成功不再是对内容知识的复

制,而是将我们的所学外化和应用到新的情境中。简而言之,世界已经改变,它给你的回报不是因为你的所知——搜索引擎无所不知——而是你用所知做了什么,你的表现如何,以及你的适应性如何。[3]在这样的背景下,联合国教科文组织和欧盟的积极倡导、OECD 的强势推动、世界各国的争相呼应,核心素养在很短的时间内一跃成为国际课程改革的风向标。[4]即使从学科课程的发展史看,学科素养以及围绕学科群来组织内容,将成为学科课程发展的动力与趋势,学科内容不能在学科课程发展中占据上述不应有的突出位置。[5]这标志着课程发展的逻辑起点需要重构:从学科内容走向核心素养。

然而,"虽然人们对所需要的素养类型达成了越来越多的共识,但是对它们的构想和有组织的规划还是多种多样的。"[6]也就是说,在面向知识经济、信息化、全球化时代,对"核心素养是什么"的回答已有足够的共识,但在"如何落实核心素养的培育"上,即指向核心素养的课程、教学与评价等的一系列表述或做法上还存在比较大的差异。在关于核心素养的课程角色的表述或做法中,有些甚至是错误的。归纳起来,大概有如下三种。

第一,仅把核心素养作为教育目的或意图,没有呈现后续课程、教学与评价方面的一致性努力。一些国际组织或国家,尽管非常强调核心素养的重要性,但是仅仅把核心素养作为教育的目的或意图,停留在"培养什么样的人"的理想人格的描述上,没有充分地展示后续的课程标准、评价标准、课堂教学等关键措施,没有很好地体现课程的一致性。研究表明,即便教育发达的欧盟,一些成员国通过学科/领域组织课程,但这些学科/领域并未明确地提出核心素养/跨学科素养,而是通过目的、目标、主题等原则性地加以叙述。[7]在这种情况下,作为教育目的的核心素养,事实上成了一种理想的课程蓝图,也易产生通常所说的"两张皮"现象。

第二,只要求核心素养与学科或学习领域建立关联,没有揭示出核心素养与学科内容的内在关系。南澳大利亚官方规定了五种核心素养,即沟通能力、身份认同、面向未来、独立自主、思考素养,[8]要求一些学科的关键思想和学习结果与之匹配,并依据核心素养指导教学与评价。作为政策,如此倡导,当然没错。但是这里涉及的许多学理问题需要澄清,特别是核心素养结构是如何形成的以及课程发展立足内容还是素养这两种逻辑如何协调等。其实,指向核心素养的课程发展要求从作为学生发展标志的、相对抽象的核心素养,到学科或学习领域层面的素养要求(课程标准),再到教学层面的目标,建构成一个完整的、一致的体系,它是超越学科内容立场的。如果课程发展的立场不改变,还是立足于学科内容,那是无法落实核心素养的培育的。其结果或将核心素养片段化或原子化,或使核心素养成为"随意贴"的标签。

第三,只强调教师在课堂教学层面落实核心素养的目标或指标,没有中间层面的课程标准与评价标准。核心素养当然需要在课堂教学中落实,需要从未来新人的形象,到学科课程标准、评价标准,再到教学层面这样逐级落实下来的。任何缺乏这样层级性的"如何培养人"的体系,那是无法实现"培养什么人"的核心素养的理想的。课程重构中心(Center for Curriculum Redesign)主任菲德尔(C. Fadel)认为,推动指向核心素养的教育变革,需要"在系统的层面促进变革,创造一个有活力、全面的和适应性强的框架"。即目标、标准、评价、课程、专业发展。[9]因此,指向核心素养的课程变革需要教师的参与,但远不是教师一方的事,需要整个教育系统甚至整个社会的变革。如果没有指向核心素养的课程标准,那就无法产生相应的评价。没有指向核心素养的评价,教师的教学不太可能指向核心素养,最终学生获得的也不是核心素养,而是具体的学科知识与技能。

上述核心素养课程角色被错误定位,没有充分地展现它在课程发展中的作用,丧失了核心素养应有的课程意义。究其原因,是课程发展的逻辑起点在学理上没有得到清晰的解释,以致在实践中出现种种误解。

二、 核心素养在课程发展中的角色定位

要实现课程发展逻辑起点的转型,需要打破上述指向学科内容的课程发展的局限,要深刻理解核心素养与学科内容的内在关系,准确定位核心素养在课程发展中的地位。

(一) 定位核心素养课程角色的依据

要摆脱核心素养课程角色被错位的现象,不妨从核心素养内涵的发展来加以澄清。从历史发展的角度来看,人们对核心素养的认识经历三个发展阶段。

在早期,核心素养主要服务于经济目的,核心素养在课程发展中被视为一种通用技能。以澳大利亚为例,20世纪80年代的核心素养乃是适应经济发展新形势的需要而提出的,核心素养被定位在工作场所,被视为提高工作效率以及后续成人教育的通用技能。[10]类似地,1979年英国继续教育学院(Further Education Unit)在它的一个重要文件《选择的基础》中,第一次对英国职业教育中的关键能力(core skills)做出了规定。该关键能力共有11项,涵盖内容很广且十分细致,其基本思想是将经济需要与社会要求相结合。但在其后的几年中,青年失业问题仍没有得到解决,再加上技术文化的快速发展,人们越来越觉得有必要习得一些可受用终生的技能,即核心素养。[11]作为通用技能的核心素养打破了传统学科边界,被看做是具有跨学科性质,可通过具体的学科领域对学生加以培养。例如,"团队合作能力"是通用能力,学生可在不同学科或情境中习得。在此认识阶段,作为通用能力的核心素养还是在职业实践中发展劳动力的概念[12],并没有建构起作为一个完整的人的整体的素养概念。

到了90年代,上述观点招致了众多的批评。这些批评大概可归为两类:第一类观点认为,核心素养可以服务于经济目的,但定位于经济目的的核心素养有被窄化的危险,它忽略了教育中的人文因素。例如,澳大利亚国家职业教育研究中心的报告指出,核心素养应更具整体性,并将其作为发展经济、个人能力、自我驱动的基础。[13]在这种观点的驱动下,许多国家、地区尝试拓展核心素养的内涵,在重视经济目的的同时加大对个人能力与价值的关注。第二类观点则认为,定位于经济目的的核心素养严重阻碍了人类自身能力的发展,使得学校成为经济的附庸。持这种观点者试图拓展核心素养的内涵,力图把社会、文化、环境、个人、政治社会等维度纳入核心素养框架。逐渐地,这种观点开始体现于官方课程文本中,例如澳

大利亚许多州或地区提出了包含各种能力的必备学养（essential learnings）。[14]就实际情况看，该阶段的核心素养成为课程聚焦的内容，成为课程发展的重心。在此阶段，学科或学习领域的内容发挥了双重作用，一是让学生习得学科或学科领域内容，二是以学科或学科领域内容为载体落实核心素养。

之后，有专家认为，上述两种对核心素养课程角色的理解都是不充分的，它们没有关注到核心素养的正义与公平的社会维度。在一个正义与公平的社会，人们不仅具有各种权利，还应具备行使这些权利的能力。因此，核心素养应包括知识、技能、性向，它们是促使人们行使权利的基础，其维度内在地指向个人、集体，是人们在工作、社区、国家、个人生活中承担各种角色与行动的关键，课程则是发展核心素养的关键。[15]课程发展的起点是赋予个人生活和参与社会生活的能力，它们是引导教学的指南。这种核心素养乃基于教育作为自身目的的观点，它拥有内在的民主意蕴，意味着所有学生的潜在能力都应得以发展。在一个真正的民主社会，教育目的必须超越经济成果或社会控制，必须真正成为民主社会的根基，让所有学生成其所成，为学习者个体和社会所有成员提供参与行动的共同基础。换言之，教育目的是为了所有的学生，并使其潜能得到最大程度的发展。基于这样的认识，核心素养理应是课程发展的中心与起点，所有课程共同承担核心素养的培育，每门课程承担了适合各自课程特征的部分核心素养要求（如学科核心素养），而课程所对应的学科或学习领域除了指向自身课程目标之外，还需要指向作为整体的核心素养，并作为核心素养培育的载体。

（二）核心素养的课程角色定位

基于这样的认识，课程发展的立场发生了转向，即由学科内容走向核心素养（如图2所示）。不同于学科内容立场的课程发展，指向核心素养的课程发展立足于个人成长与社会发展的需要，以组织化的学科内容为载体，教学与评价实施指向核心素养。最有影响的OECD核心素养就是采用相类似的逻辑来界定的。[16]

根据这种逻辑，核心素养所扮演的课程角色，我们可以将之描述如下：

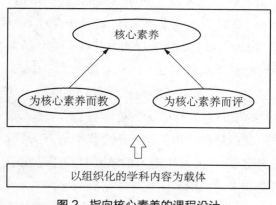

图2 指向核心素养的课程设计

作为可把握的教育目标实体。核心素养不仅仅作为课程发展的目的或意图，还是一种可实现的、多层级的教育目标体系。当前众多国家在定义核心素养时都采取实在主义（realism）取向，即把核心素养作为可把握的目标实体，各门课程可依托它设计课程标准。教师再依据课程标准开展教学与评价。[17]如果核心素养是不可把握的，那么核心素养就是"上浮"的，难以介入或渗透到各门课程之中。当然，这种实体性质并非固定的，这是因为核心素养培育纵跨十多年，等学生高中毕业后，或许经济社会发展的形势以及对人才的要求已经发生变化,旧的"实在主义"的核心素养已经不合时宜。因此,许多国家或地区在研制核心素养时,同时也会采纳实用主义(pragmatism),即从动态的角度看核心素养,不断丰富、修订或完善核心素养的内涵,体现杜威(J. Dewey)所说的暂时性权宜目标即目之所及(end-in-view)[18]的思想。

作为课程目标的来源。在某种程度上,核心素养是个体适应未来社会生存与发展所需的关键能力、必备品格与价值观念。培育学生的核心素养离不开具体的学科课程或综合课程,核心素养是这些课程目标的来源。这种来源从逻辑上讲,存在如下三种关系:一是分离关系,即通常所说的"两张皮",或者说核心素养是上浮的,高高挂起,但未落下;二是交集关系,即核心素养与课程目标存在着部分交集;三是包含关系,其中有两种情况,一是如果核心素养过于抽象,那么核心素养包含了课程目标,相反,如果核心素养过于具体,停留在知识、技能或一般能力层面,课程目标就有可能包含或等同核心素养。从课程目标的系统建构来说,核心素养与课程目标的外延上应该是相当的,只是在抽象程度上不一样,核心素养相对抽象,课程目标是用学科的话语陈述核心素养,故相对具体一些。就一门课程而言,核心素养与该门课程目标的关系逻辑上存在两种对应关系:全部对应和部分对应关系(如图 3所示)。

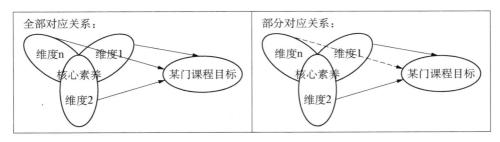

图3 核心素养与某门课程目标的两种对应关系

特别需要指出的是,核心素养各个维度不能做过多的分解,它们需要整体地被课程设计者和实施者所理解,以避免产生零碎的目标或结果。就实际而言,不同学年或学期对核心素养某个维度的描述会有所差异,但这种差异乃基于该核心素养维度内容的不断复杂化,而不是将其分解之后通过教学得到的累加的结果。

作为内容处理与教学实施的 GPS(全球定位系统)。确定课程目标之后,课程发展接下来就是选择与组织课程内容,并把教学方案付诸实践。这里的"内容"通常就是指学科知识、技能、价值观念等。选择什么样的知识、技能与价值观念,如何组织这些内容以促进学生的学习,在这一过程中,核心素养就如同 GPS,不断监测着教学进程的方向。学科内容中的知识与技能,既不是课程发展的起点,也不是终点。课程发展的起点或终点是核心素养,核心素养把持知识与技能能否进入课程现场的"入口关",监控知识与技能的作用方向,确保其育人功能的实现即核心素养的养成。当然,在这一过程中,知识与技能发挥着核心素养培育的载体功能;而核心素养的养成又促进知识与技能的落实,在很大程度上特定的知识与技能的习得也代表着核心素养在某种程度或水平上的具体体现。可以说,核心素养与学科知识与技能既各自扮演不同角色,又形成互为手段—目的的复杂关系。

作为学习质量评价的参照。学生学习质量是课程实施质量的最终体现。传统上,评价基本上被用于判断学生到底掌握了多少学科内容,而指向核心素养的课程发展要求评价还应该聚焦于学生在多大程度上掌握了一种或几种核心素养。显然,这将会改变评价形式和类型的选择,也是推进指向核心素养的课程变革的最大挑战。与此同时,面向学生、家长或监护人的学业成就报告同样将发生变化。报告将不仅聚焦于学科或学习领域,而且还需要描述出核心素养的发展情况。而这可通过学生档案袋评价等形成性的评价方式来实现,这些评价方式能够展示学生在正式与非正式学习情境下的核心素养发展情况。

三、 核心素养对于课程发展的意义

如此定位核心素养的课程角色,这将意味着课程发展立场或中心的巨大转变。这种转变有望在一定程度上解决长期困扰着课程领域的众多问题。

(一) 建构课程育人的专业话语

在课程目标层面,最突出的问题是作为理想的教育目的被"高高挂起",一到课程教学层面就成了"轻轻放下",知识与技能目标横行天下。其中原因主要是没有形成以核心素养为统帅的目标体系。核心素养具有内在性和终极性的意义。核心素养完全属于人,是人内在的秉性,核心素养使人成其为人,决定人的发展取向。教育的终极任务就是提升人的素养。核心素养让我们真正从人的角度来思考教育、定位教育,更能体现以人为本的思想。这些价值并非空中楼阁,而是依托于实实在在的课程行动得以实现。以学科课程为例,学科核心素养的建置源于核心素养,它既是一门学科对人的核心素养发展的独特贡献和作用,又是一门学科独特教育价值在学生身上的体现和落实。通过厘清学科核心素养,清晰地界定和描述本学科对人的发展的价值和意义,体现本学科对学生成长的独特贡献,从而使学科教育真正回到服务于人的发展方向和轨道上来。对于个体而言,学科核心素养是为了满足学生今后学习、工作和生活的需要;对于社会而言,学科核心素养是为了满足社会的健康发展和持续进步。正是所有这些包括学科在内的各种课程,"使人视野开阔、兴趣广泛;使人产生对知识和真理的渴望,并且能够形成一种崭新的思维方法,最终成为一个文明的人,有教养的人,有健全人格的人。"[19]从核心素养到学科核心素养、课程标准,再到单元或课时目标,构成完整的课程目标层级体系,形成课程育人的一致性的专业话语。

(二) 打破学科等级化的困境

正如康奈尔(R. W. Connell)所言,传统课程是种竞争型学术课程,享有最为刚性特征的名誉,它被大学用于选拔学生。而非学术课程遭到排挤、被边缘化,其被认为该由"学习成绩差"的学生去学习的。[20]为了追求教育的平等与公正,一直以来,课程设计者极力主张所有学科课程应得到平等对待,但这一目标一直未能达成。事实上,各学科代理人或守护者各不相让,学科之争势如水火。有些学科高高在上,趾高气扬,总是处于教育的中心地带;有些学科却被认为可有可无,任人摆布,只求保底。如果课程发展的立场从学科内容走向核心素养,课程的逻辑起点是人的素养,课程设计、教学与评价都围绕服务人的核心素养的养成而展开,学科内容不是目的,而是培育核心素养的载体或手段,育人才是目的,那么,学科的壁垒有可能被打破,学科的等级也有望被铲平。因此,基于核心素养的课程发展是消解学科课程等级化现象的利器。它让人们清楚地认识到,学科或学习领域本身并无优劣、等级之分,只有承担核心素养培育的不同角色或发挥不同功能之别。

(三) 消解分科与整合的课程对立

指向核心素养的课程发展不仅能打破学科间的等级关系,还能消解分科与整合的对立。分科课程是相对传统的,依据比较成熟的学科知识来组织的;整合课程是反分科的,其逻辑起点不是学科知识,而是基于儿童认知发展水平或社会对儿童发展的要求而选择的问题、主题或议题来组织的,它会以跨学科课程或超学科课程的形态出现。长期以来,分科课程与整合课程之间存有对立现象,其根源在于课程发展的逻辑起点之争。如果课程发展的逻辑起点是各个学科的知识体系,那么一定会产生出分科课程;反之,如果课程发展的逻辑起点是儿童发展或社会需求,那么就会产生出跨学科或超学科的课程。指向核心素养的课程发展倡导首先建构核心素养的共识,然后,依据此核心素养框架选择并组织经验,最后评估此核心素养有无养成或养成的程度。分科与整合本身并不重要,重要的是哪一种课程组织方式更有利于核心素养的达成。有些核心素养可能分科实施更好,而有些核心素养需要以整合的方式来实施,还有一些核心素养也许需要分科与整合联合在一起实施更好。分科与整合只是培育核心素养的手段,如果课程发展立足核心素养,那么分科还是整合实施的对立将会失去意义。

(四) 提供更具教育性的问责

当前教育问责日益受到批判的一个重要原因在于,这些问责是基于学科知识与技能的获得,而不是基于育人目标的实现。育人目标其实就是核心素养,学科知识与技能的获得并不能代表育人目标的实现或核心素养的养成。例如,交通规则考试分数很高,移库技术很好,并不代表某人会在真实情境中开车(能力)。即使路考(能力)通过了,也并不等于某人已经有了驾驶素养,如安全驾驶(关键能力)、礼貌行车(必备品格)、尊重生命(价值观念)等。因此教育问责不能停留在知识与技能的获得,否则,该问责本身就不具教育性,也没有专业性。即便有些问责已经关注到能力的获得,其实也不一定具有教育性。从某种程度上说,有些动物经过一定的训练,也能获得某些知识与技能,甚至能力。基于核心素养的测评会超越单纯的知识与技能,甚至一般的能力,它是测评代表人的品质的育人目标的实现程度,如果以此来对当事人进行问责,那么问责的过程与结果就具有教育意义,也能体现专业性。当然,指向核心素养的教育问责在学理上还需要大量的研究,在实践上需要不断的探索。

(五) 推动课程领域的专业对话

基于学科内容的课程发展容易将书面课程权威化,把书面课程视为一种年复一年的再生产和实施的东西。在这种视角下,书面课程成为固定、僵化的既成事实,教师被视为技术执行者,而不是富有想象力的思考者。其后果是关于课程的专业对话极其有限,教师与学生极易失声。相反,指向核心素养的课程发展要求教师基于核心素养、指向核心素养,结合具体的情境与需要,重建书面课程,并把它视为课程探索的起点,邀请教师在两个层面参与课程对话。在更为宽泛的系统层面,对话核心素养的本质,明确指向核心素养的目标要求;在教学现场层面,对话学生认知逻辑和教学逻辑,探索如何通过学科知识内容的教学培育学生必备的核心素养。在这一点上,核心素养激活了专业对话,成为对话的焦点,书面课程可为对话过程提供动态发展的资源。

尽管核心素养的课程角色为我们描绘了一幅美好的蓝图,但它的实现有赖于系统性的教育变革。就我国而言,指向核心素养的课程发展可谓刚刚萌芽,当前尤其需要教师突破传统的学科内容本位课程发展,需要更新课程育人的观念,也需要探索指向核心素养的教学行动与策略。客观地说,实现核心素养的课程意义还任重道远,需要更多的专业之士深入、持续地探讨,唯此,核心素养才可能担负起应有的课程角色,体现在每一节活生生的课之中。

参考文献:

[1] Goodson, I. The Changing Curriculum: Studies in Social Construction [M]. New York: Peter Lang, 1997: 56.

[2] 杨龙立,潘丽珠. 统整课程的探讨与设计[M]. 台北:五南图书出版公司,2001: 3.

[3] [6] [9] [美]菲德尔,等. 四个维度的教育:学习者迈向成功的必备素养[M]. 罗德红,译. 上海:华东师范大学出版社,2017: 1 - 2,41,44 - 45.

[4] [17] 崔允漷. 追问"核心素养"[J]. 全球教育展望,2016(5): 3 - 10.

[5] 钟启泉. 学科教学的发展及其课题:把握"学科素养"的一个视角[J]. 全球教育展望,2017(1): 11 - 23.

[7] [12] Gordon, J., et al. Key Competences in Europe: Opening Doors for Lifelong Learners Across the School Curriculum and Teacher Education [M]. CASE Network Reports, No. 87. 2009: 125 - 126,35 - 36.

[8] [14] South Australian Department of Education, Training and Employment. South Australian Curriculum, Standards and Accountability Framework [R]. South Australia: Author, 2001: 7.

[10] Mayer, E. Report of the Committee to Advise the Australian Education Council and Ministers of Vocational Education and Training on Employment-related Key Competencies for Post-compulsory Education and Training [M]. Carlton: Australian Education Council, 1992: 1.

[11] 关晶. 关键能力在英国职业教育中的演变[J]. 外国教育研究,2003(1): 32 - 35.

[13] Kearns, P. Generic Skills for the New Economy: Review of Research [R]. Leabrook, South Australia: National Centre for Vocational Education Research, 2001.

［15］Reid，A. Rethinking National Curriculum Collaboration：Towards an Australian curriculum ［R］. Melbourne，Australian：Department of Education and Science and Training，2005.

［16］OECD. The Definition and Selection of Key Competencies：Executive Summary ［R］. 2005：6.

［18］［美］杜威. 杜威五大讲演［M］. 胡适，译. 台北：仙人掌出版社，1988：234.

［19］王开东. 教育，病在何处？——反思"人的教育"与"培养人才"［J］. 河南教育，2011(10)：32－33.

［20］Connell，R. W. Social Change and Curriculum Futures ［J］. Change：Transformations in Education，1998(1)：84－90.

基于变革社会的视角：
核心素养阐发与建构的再思考

屠莉娅

一、 核心素养： 教育变革的新标识

众所周知，进入 21 世纪以来，世界各国都在推动教育和课程领域的关键变革，而伴随着这一浪潮，核心素养也逐渐成为热门的研究议题和社会话题。虽然关于核心素养（key competencies）并没有精准的定义，但是不同于过去将教育养成目标分化为知识、能力、态度、情意等不同的维度，对核心素养的理解更多地关注"在教育过程中逐步形成起来的适应个人终身发展与社会发展的人格品质与关键能力"。在笔者看来，这里至少有两层重要的含义：一是核心素养的内涵要兼顾"个体发展"与"社会发展"[1]的双重取向，既指向个体的终身发展，又关照社会可持续发展的需求及其公民养成；二是核心素养不是个体所具备的可分化的能力框架或要素的罗列，而是"知识、技能、态度、价值观和情绪的集合体"，[2]是个体在不同情境的问题解决过程中知、行、为一体的整体资质的综合表征。

那么，为什么核心素养如此受到关注，并日渐成为诸多国家和地区教育目标建构、课程设计与学业评价改革的基本准则与框架？要理解这一问题，就不能简单地谈论其作为一种国际趋势的共同走向，而要解析核心素养这一观念发生发展背后的两大驱动力。其一是经济与社会发展所带来的新的教育诉求与反思，其二则是全球学力比较背景下的竞争压力。

首先，随着知识经济与信息技术的发展，人们广泛地认为，需要构建一套大不同于以往的能力与素养体系，才能使得 21 世纪的学习者"更好地参与经济生活，做更好的社会公民以及更好地休闲"。[3]佩雷斯（C. Perez）曾指出现代社会正经历着从规模化大生产范式（mass production paradigm）到信息技术和知识创造范式（information technology and knowledge creation paradigm）的转化，两种社会范式最显著的差异在于前者产出物品，通过规模生产强化标准化的生产过程及其产出；而后者则是关注知识创造，强调通过个性化的服务满足个体的需求和偏好。[4]因此，学校教育究竟要如何变化，培育新的能力体系，以此呼应经济与社会发展的新趋势，成为各国政府寻求教育政策新支点的重要议题。在这样的背景下，许多国家和跨国组织开始研究并探索新的教育能力框架或素养模型，以此回应个体与社会发展的新

需求。影响较大的如 OECD 的素养界定与选择项目（DeSeCo）、OECD/CERI 的新千年学习者项目（NML，New Millennium Learners）、21 世纪技能联盟的 21 世纪学习框架（www. 21stcenturyskills. org）、思科/英特尔/微软的 21 世纪技能评估与教学项目（www. atc21s. org）、欧盟的《终身学习核心素养：欧洲参考框架》等，这些研究推动着核心素养逐步从模糊的教育概念发展为现实的教育改革、课程开发与评价改革的具体参照。其次，除了满足社会变革的需求，教育的自身发展也促使其不断反思其价值定位，从被动地适应变化或承担经济社会发展的工具角色逐步转变为调和技术、经济和社会变革矛盾，实现可持续发展和创造新型文明的动力与关键。如果说 1972 年联合国教科文组织的里程碑意义的出版物《学会生存：教育世界的今天和明天》（富尔报告）所提出的推进终身教育和学习型社会是对教育工具理性的挑战以及教育回归个体完整发展的本体价值呼唤，那么 1996 年《学习：内在的财富》（德洛尔报告）则进一步宣告了教育作为一种基本人类权力的内在价值，并提出了学会认知、学会做事、学会生存和学会共处的 21 世纪学习的根本支柱。2015 年《反思教育：向"全球共同利益"的理念转变》更是强调以人文主义的教育观念重新关照教育作为根本共同利益的深层价值，提出教育"必须教导人们学会如何在承受压力的地球上生活；教育必须重视文化素养，立足于尊重和尊严平等，有助于将可持续发展的社会、经济和环境结为一体"[5] 的新教育观。核心素养正是在这种教育价值反省与寻索过程中对教育使命与教育目的的重新思考与架构。可以说，核心素养的提出一方面反映了教育所处的新时代的新需求，另一方面则是教育在自我反省中努力打破传统发展模式的束缚，对教育宗旨的重新思考与立意。理解这两层意思，我们才能了解核心素养在新的教育格局中的内涵和价值。

然而，核心素养在全球范围内持续发酵的另一大驱动力，则来自全球学力比较所带来的竞争驱动。2000 年以来，OECD 推动的 PISA 考试势如破竹，在全球范围内产生大规模的影响。许多国家开始掀起 PISA 研究的热潮，并以这类国际测验为基准寻求本国教育政策灵感。正如萨尔伯格（Pasi Sahlberg）所指出的，"很多人已然把这些国际标准化测验当作全球的课程标准"，"PISA 考试已经开始在很多国家的政策制定和教育改革中发挥重要的作用"。[6] 就 PISA 考试而言，它本身是以 OECD 的 DeSeCo 项目对核心素养的研究作为理论基础，是对 OECD 所推崇的新技能和素养模型的具体阐发与推广。除了 PISA 考试，像国际教育成就评价协会（IEA）组织的国际数学与科学测评趋势研究（TIMSS）和国际阅读素养进展研究（PIRLS），以及 OECD 组织的国际成人素养评价（PIAAC）、高等教育学习成就测评（AHELO）以及其他国际、区域或地区层面的教育测评项目与比较研究，也都不同程度地引领或影响政府在教育及其他领域中的政策制定。这些高水平质量监控的国际测评，不仅推动了相关国际组织及其测评项目所推崇的素养模型与能力测验的理念，更是通过测评数据比较各国或地区的教育质量与人力资本储备水平，通过学力或人力素养的比较来促使政府采取相应的行动，以在国际学力竞争乃至综合的国力竞争中作好准备。因此，也有学者对此表示担忧,提醒我们要谨防通过国际测评将教育现实狭隘地理解为某种特定产出或特定框架,而陷入日益标准化和统一化的全球教育格局。但不得不说,诸如PISA考试这类国际性的教育测评项目,确实是推动各国核心素养及其相关概念在教育理论与实践中发展的重要推力。

也是在这样的背景下,我国学术界对核心素养的关注在近年来逐步兴起,笔者以"核心素养"为关键词对中国知网学术期刊进行搜索,发现从2013开始,与"核心素养"相关的论文开始以高密集的形式出现。2014年《教育部关于全面深化课程改革 落实立德树人根本任务的意见》的颁布,从政府的高度明确指出将组织研究并提出各学段学生发展核心素养体系,并计划正式发布关于"中国学生发展核心素养"的官方文件,因此2016年也被称为中国核心素养的元年,预示着"核心素养"在今后相当长的一段时间内将会成为教育领域重要的学术和政治话语。

二、 核心素养的意蕴阐发: 多元视角与关键问题

既然核心素养被赋予了重要的时代意义,那么核心素养究竟意味着什么? 是否存在关于核心素养的通用框架或者哪些素养应该是核心素养的优先选项? 为了解答这些问题,许多组织和学者都从自身的逻辑出发给出了关于核心素养的解读或认识。有的研究者从核心素养的基础性和共同底线出发,认为核心素养主要指向"基础性、基本性"[7]的必备素质,试图整合核心素养及其衍生的素养而构建较为全面的素养体系;有的则从"核心"和"关键"入手,强调核心素养在"本质上应是一般素养的精髓和灵魂,在数量上要少而精",因此"必须有所取舍",优选各种素养中"最关键和最必要的共同素养"。[8—10]有的学者认为核心素养理应是在"肯定和继承传统的基本技能、关键品质基础上的适度重构";[11]有的则强调那些在技术变革与全球化环境中直接回应社会需求的或缺性素养,"能够应对社会变化的素养与能力",[12]如信息素养、创新能力、全球意识与人类精神,或是"政治认同、理性精神、法制意识和公共参与等"。[13]有的研究者提出"核心素养不只是适用于特定情境、特定学科或特定人群的特殊素养,而是适用于一切情景和所有人的普遍素养",[14—15]强化核心素养的普遍性和通用性;也有研究者则关注核心素养的情境性,在认可核心素养相对共性的基础上,特别强调"核心素养要依托于特定的社会文化语境,同一时期,不同国家、不同社群所规定的学生核心素养是不尽相同的"。[16]大部分的研究将核心素养看作是一个实用的功能概念,从功能论的视角来定位核心素养,探讨"个人的成功和社会的良性发展需要什么样的素养";[17]而也有少数的研究者从人类社会理想或是教育理想的哲学视角来解析或定义核心素养。由此可见,人们对于核心素养的理解视角各异、不一而足,关于核心素养的框架(模型)更是层出不穷又相互交错(如表1所示),这在增进我们之于核心素养理解的丰富性的同时,也给认识带来了诸多困惑。

表 1 代表性国家或国际组织的核心素养框架/模型[18-22]

OECD DeSeCo项目核心素养框架	OECD新千年学习者项目（NWL）21世纪能力框架	21世纪联盟21世纪关键能力框架	日本21世纪型能力框架	新加坡21世纪素养框架	欧盟终身学习核心素养	中国学生发展核心素养（征求意见稿）
互动地使用工具（语言符号与文本、知识与信息、技术等）	信息素养：收集、选择、评价和组织信息的能力；重构信息发展新知	信息、媒体与技术能力	基础力：语言力、数理力、信息力	核心价值层	使用母语交流	社会责任
					使用外语交流	国家认同
						国际理解
在异质团体中互动与交流（同他人联结、团队合作、处理与解决冲突）	沟通素养：有效沟通、合作以及虚拟互动	学习与创新能力（4C）：批判性思维、交流、合作、创造	思考力：问题解决力、发现力、创造力、逻辑思维、批判性思维能力、元认知、适应力	社会和情感素养：情感识别与管理、关爱他人、做出负责任的决策、建构积极关系、有效处理棘手情况	数学能力与基本的科技素养	人文底蕴
					数字素养	科学精神
					学会学习	审美情趣
自主行动（具有行动格局、制订并执行生活规划与个人计划、维护和明晰权力利益与需求）	伦理和社会影响素养：社会责任感、社会影响力	生活与职业能力（灵活性与适应性、自主性与自我指导、社会与跨文化理解、产出与问责、领导力与责任力）	实践力：自律性活动的能力、人际关系形成的能力、社会参与力、对可持续的未来的责任	应对全球化世界的21世纪素养：公民素养全球意识和跨文化能力、批判性和创造性思维、交流合作与信息能力	社会与公民素养	身心健康
					主动意识与创业精神	学会学习
					文化意识与表达	实践创新

从上表代表性国家或国际组织的核心素养框架/模型可以看出，对于核心素养的理解固然带有时代的共通性，但是不同的表征方式却从本质上呈现出问题解析的关注点与思考逻辑上的差异。那么，在纷繁复杂的关于核心素养的现有研究与认识的基础上，究竟要如何理解核心素养并建构情境关联的合理框架？一方面，我们并不能简单地基于经验而从一般素养中遴选特定的素养来框定核心素养，将认识限定在素养本身的价值论争之中；另一方面，也不能单纯地借鉴已知或现有的核心素养框架来拼接某种理念构想，用已知的思维框架来限制核心素养建构的可能方式，将认识限定在框架的完备与优劣之中。我们有必要首先澄清认识和理解核心素养的逻辑起点，即明确关于核心素养定位的一系列关键问题。

（一）如何理解"核心素养"的核心属性

虽然人们对于核心素养内涵的具体定位各不相同，但是有一点共识，即核心素养是不同于一般素养的"关键素养"，是具有特殊属性的素养，而不是一般素养的普通集合。那么，核心素养的核心属性究竟是什么？一般的研究从解释核心素养与一般素养的关系为出发点来阐述核心素养的特殊性。最普遍的认识是基础性与拓展性的关系，即核心素养是一般素养的精髓和灵魂，是其他素养的前提和基础，一般素养是以核心素养为基础发展而来的；其次是中心与外围的关系，核心素养是必备的、关键的素养内核，一般素养是衍生的、周边性的素养；再次是支撑性的和辅助性的关系，核心素养是个人终身发展和社会发展的必要条件，或是支架式的条件,而一般素养则是可供选择的质素。这些解读固然可以强化核心素养的重要性,但是却难以同义反复地说明核心素养的内核所在。换句话说,核心素养固然可以是最基础、最关键和最必要的素养,但基础性、关键性或必要性这些属性本身并无法阐明核心素养区别于其他素养的本质标准或尺度,也就是判断核心素养之所以为核心素养的核心特征。

核心素养之所以是最基础、最关键、最必要的素养,关键还在于其联通性。借用西门思(George Sienmens)联通主义(connectivism)学习理论的概念,真正的学习并不仅是获得知识、技能和理解,更重要的还包括行动,也就是发展学生"做事情"的综合能力;学习并不是知识或技能的层级化积累,而是意义化(meaning)的连接建立和网络形成的过程,新的节点不断出现、编码并且与网络中的其他节点发生联系,促成学习的实现。[23]从这个意义上而言,不仅学习具有网络的特性,核心素养也具有鲜明的网络特征。如果说素养是个体或社会得以可持续发展的复合型品质与能力,是可以不断生成或习得的,那么如同学习一样,素养一定不是以静态的层级化的方式存在,而是以动态的网络化的方式存在的。各种素养本身是素养体系的网络节点,而核心素养则是联通素养网络中其他素养的中心节点,各个节点通过联通管道建立相对灵活又自成结构的体系,中心节点是可以不断创生的,而素养网络也随之不断扩张。核心素养(中心节点)所具有的连结其他核心素养以及一般素养的联通性,是素养网络产生现实意义的基础所在,更是构成"活"的可持续发展的素养网络的根本所在。因此,核心素养的核心属性取决于它的联通性,一个素养如果不具备联结或活化其他素养的意义化能力,就不具备核心素养的属性。

(二)　"核心素养"是否可变

核心素养固然在一定时期内有相对的稳定性,但一定不是某种恒定不变的固定素养,而是依据人类社会及个体发展的主要矛盾与现实需求的变迁而持续调整和不断更新的。一切现实都是历史的延续和发展,当下的社会或教育焦点一定是社会历史发展的共时思考的结果。人类教育的发展历程正印证了这一观点。原始社会末期第一次社会大分工以后,农耕开始成为主要的社会活动形态,劳动分工、私有制和阶级都伴随着农业生产而出现。这一时期社会的主要矛盾在于实现社会分化、阶级统治,推行道德、宗教或政治的教化,因此教育也具有明显的阶级性、非生产性和非实用性,以稳固统治与思想教化为主要目标。随着以产业革命为基础的大工业生产时期的到来,为了满足人类日益高涨的物质依赖和解决资源稀缺的配置矛盾,资源抢占与积累、扩大物质生产和强化经济竞争成为社会的主要矛盾,这也直接促使了教育与劳动生产的紧密结合,更高效率地产出具有基础知识和技能的合格的生产者和劳动者,成为普及教育、提升教育质量的主要目的。今天我们探讨核心素养的概念,则是在知识经济发展与信息技术变革所带来的新的文明形态的变迁,促使教育思考关于维系人与社会可持续发展的基本背景下产生的。一方面,物质发展仍然是社会主题,但是生产要素不再只是资本、土地和劳动力,知识与技术的创新与创意成为至关重要的生产要素,经济发展与文化需求相互结合,新的观点、创意与服务的创造更甚于资源的生产。就如马林洛夫斯基(Malinowski)所言,一切生物的需要已转化为文化的需要。另一方面,当今社会物质发展但仍面临着文化冲突的矛盾,全球意识和合作共存变得越来越重要,人类要如何和平地存在并发展,通过知识与观念的创造,寻找可持续发展的路径成为新的诉求。在这样的背景下,诸如自主学习、合作精神、信息素养、创新能力、全球意识、生态观念、公民素养、文化理解等时兴的素养范畴开始被反复地重申和强调,成为 21 世纪核心素养中不可或缺的关注点,是因为人类社会发展的主要矛盾开始从物质发展转移到文化理解与价值创造的新阶段。

正是在这个意义上,对于核心素养的内涵和框架的探讨如果是教育系统试图打破过去所迷信的教育信条的束缚的重新思考,如教育主要是指知识的积累或传递,是基础知识与技能的习得,是谋生的手段,或是学生认知性的发展等,那么,"在一个越来越复杂且不断变化的世界中",我们"并不清楚这个世界的每个方面","也不可能了解今后 50 年将颠覆人类生活的各种创新",[24]今天关于核心素养的畅想也一定会被未来社会的主要矛盾所驱动的教育现实或理想所打破。核心素养是我们对当下社会变革现实的积极回应和主动建构,但绝不是一劳永逸的解决方案或囊括万千的终极模型,它暗示着教育内在的动力机制,需要不断地创造来打破认识框架的现有束缚,只有"自由地去发现一种完全不基于已知的生活方式",[25]教育变革才有可能打破相对滞后和陈旧的魔咒,真正成为社会变革的引领性力量。

(三) "核心素养"是否普遍适用

在现有的关于核心素养的讨论中,有相当一些学者认为核心素养是适用于一切情境和所有人的普遍素养,是超越情境、学科或人群而普遍适用的。笔者认为,在具体的文化脉络或社会场域中,核心素养是需要有具体的指向性和差异性的,并不是无关情境的抽象存在。虽然核心素养具有鲜明的共通性,但是不同国家或地区在构建自身的核心素养节点和素养网络的过程中,需要将核心素养同个体或群体所生活的社会框架相关联,但并不仅仅局限于自身所处的社会框架与文化脉络之中。

一方面,核心素养既然是知识、技能和态度的综合表征,它就不仅仅表现为一种认知学习能力或是行动实践能力,而是隐含了基本的价值信仰与态度品格的偏好。正是由于核心素养包含着有关核心价值的选择与判断,决定了核心素养的具体表征天然地带有文化印记和情境特征。先于培养世界或全球公民,核心素养首先要支持的是具体文化社群中的社会公民的养成,而不同的文化群体的价值偏好与信仰体系是有具体差别的。因此,核心素养理应是文化在场、主体在场的一种真实而具体的发展诉求,而不是普适性的抽象目标或资质框架。

另一方面,受到经济、政治、文化全球化的影响,各国的教育政策制定"不再仅仅基于稳定的国家地理政治实体","全球化的压力"使得"各国所关注的问题开始更多地受到共同使命的驱动"。[26]在国际组织和国际智库的观念倡导与比较研究的驱动下,国际教育经验借鉴、教育政策趋同以及教育改革普遍化的趋向在近些年日益明显。诚然,各国的教育政策日益受到国际力量的影响无可厚非,特别在教育被视作全球共同利益的今天,集中国际力量合力解决教育问题、相互学习、开创教育新局面也是必由之路。然而,值得注意的是,无论全球化的影响多大,它都不过是各国发展的外部环境或背景之一,全球化力量的影响仍然需要"通过体现国家属性的滤镜——如一国的经济资源、政治体制,或国家价值等——进行过滤"。[27]教育政策作为各国公共政策中"最典型的具有本国特定情境、传统和文化印记的政策",需要"牢牢地根植于各国自身的历史经验和问题之中",正如科根(Kogan)所提醒我们的,"国家历史记忆和教育政策不应该融入普遍的、一般性的元历史的宏大叙事(generalized metahistory)之中"。[28]只有基于各国教育理论与实践的多样性和丰富性的共存,我们才能更好地增进国际借鉴、异质互动和自我反思,寻找更适用和更多可能的教育解决方案。因此,有关核心素养的探讨也理应是情境关联、文化鲜活、指向具体的,建立在对国际经验尤其是本国教育理论与实践的历史与经验、现实与问题的梳理与认识之上的智慧建构,而不只是某种符合共同趋势的普遍框架。

三、 核心素养的关键向度: 基于变革社会的再思考

有了认识和理解核心素养的基本定位和逻辑起点,就具备了进一步思考核心素养构成框架的基础。究竟可以从哪些关键向度来思考核心素养的构建呢?正如表1所呈现的,选择很多,既可以从能力的具体范畴或层次出发,也可以从社会生活的具体需要出发,又或者考虑完整人生发展的不同面向,抑或关照人类认识与生活旨趣的不同向度。然而,无论采用何种逻辑来建构核心素养的关键向度,它所指向的都不仅仅只是素养本身的内在逻辑,或是单纯指向教育实践,而是以素养为依托来实现更广泛社会生活的整体建构。因此,笔者所关注的,是从变革社会的"变化"的具体维度来看核心素养的关键向度。也就是说,哪些社会生活中的关键变化在推动着支撑个体与社会发展的关键能力的重组。因为,社会发展所呈现出来的"变化"的核心特征一定会凝练在人才培养的核心素养的内涵结构中,而这些新特征的出现恰恰为我们提供了重新看待社会生活、看待教育,乃至具体的课程与教学的机会。

(一) 从知识经济发展看学习向度的转化

知识经济(economics of knowledge)的发展推动着人类社会进入一个社会发展的新阶段。之所以这样说,是因为它所带来的并不仅仅只是知识产业的蓬勃发展,而更重要的是经济发展范式的变迁及其所带来的新思维。传统的经济增长理论认为,只要持续地增加物质资本的投入自然会获得收益,包括投入传统的生产要素,如土地、资本或劳动力。但是,考虑到物质资本的稀缺性,单一地增加某一种类型物质资本的投入,势必会导致边际成本的增加,从而使得收益递减,不能持续地推动经济增长。然而,知识经济的发展使得人们日渐意识到新知识的创造和创意观点的产生才是技术不断进步、经济可持续发展的内在动因。依据新增长理论(new growth theory)的观点,新知识与新观念不是稀缺性的资源,而是可以无限创造和生成的,它们并不遵循经济增长递减的规律,而是推动经济递增性增长的重要内生

性力量。[29]首先,知识经济的发展促使人们从对技术进步本身的迷恋转移到思考技术进步的动力与源泉的问题上,使得创新和创意成为至关重要的生产要素——重要的并不在于是否掌握或占有关键技术,也不在于占有对物质资本的投资,而在于是否能够培育知识创造与观念创新的制度环境与文化条件。新的创造或创意可能会有很高的初始成本,然而一旦被创造出来,那么其边际成本是递减的。这种变化无疑使得经济发展具有了更多的不确定性,但也同时增加了不同经济主体参与发展的可能机会和多样化的路径。其次,知识经济中知识创造或创意直接地为全人类生产,作为一种公共产品,知识在本质上是非竞争性(比如,电脑芯片一旦被开发出来可以在一个、两个甚至是十个公司里同时使用)和非排他性(新的知识或研究的突破并不是独占性的,而是所有人都可以获取的,比如量子力学)的。[30]因此,知识的创造最终是无法私有的,并不因为其他人的获取而使创造者减少,是可以分享的、开放的和可持续使用的资源。换句话说,未来的经济发展会越来越依托新知识的公开共享以及创意的相互激发,如果仍然运用传统的发展思维或框架,如通过知识或技术的垄断和私有化来谋求发展,将最终同知识经济的本质属性背道而驰。再次,知识经济的发展使得人们越来越多地将关注点从经济增长本身转移到由知识创新与创意所带来的人类对文化生活的结构性需求的转型上,体现了人类非物质化经济形态的逐渐成熟,社会发展开始从功能性需求、符号性需求走向文化性需求,从技术创新走向人文创新,从以经济发展或物质资料丰富为核心转向基于对幸福和实质自由的文化生活的整体诉求。也就是说,知识经济的发展不光在推动着文化产品与服务的发展,更在以经济的形态推动着新的文化需求与文化价值的创造。

知识经济发展所带来的社会发展模式与思维方式的变化,直接启示着教育活动中学习重心的根本性转化。其一,学习不是充分占有学习资源和积累知识的过程,也不是对既定知识、技术与文化的保留、传递和代际遗传,或者是发展一种或多种的谋生手段,从而去应对已知的世界和已知的生活;学习的重心是面向和拓展未知生活的活动,是学会如何从已知探索与创造未知和新知的过程,是学习如何持续地进行新知识/创意的创造与应用的活动。在这样的学习活动中,学习者本身就是学习活动的主动的参与者,是新知识或观念的创造者和推陈出新的人,而不是被动地"通过经验与各种感官反应"积累"技术上或心理上的知识"的人。[31]其二,学习不是封闭的占有、分配或使用现有资源的过程,而是分享、合作和创造的过程,这就意味着,学习不仅只是个体内在认知与创造的过程,更是一个学习者学会如何在特定的文化环境中通过主体间互动不断发展其所在群体独有的知识与资源网络、建构特定的资源分享与创新机制的社会性过程。也就是说,学习的重心不仅在于认知活动本身,更在于学习者学会在不同情境中同他人一起建构学习与发展机制的社会性能力。通俗地说,就是学会建构共同学习与创造的文化机制与生活方式,这是保证个体或群体可持续学习、发展与创新的根本能力,也是发展个体与群体文化独特性的根本所在。其三,任何的知识创造都要同人文价值的需要紧密结合。因此,学习的过程也是学会敏锐地识别人类社会文化需求和伦理责任的过程,重心不是创造新产品、新方法或新程序,而是附着在创造活动中的创造文化与文化创造的过程。因为任何可持续的经济与社会的发展是无法独立于文明的进展而孤立存在的。从这个意义而言,学习的重心要从单一的认知中心或职业中心转向智慧创造、社会性活动与文化活动的整合,学习活动是在认知发展的同时意识到个体对自身、对他人、对群体、对人类社会所负有的完全的社会性和文化性的责任。

知识经济的发展之所以对教育产生关键性的影响,并不是技术变革所要求的能力的更新换代,更关键的是让我们意识到教育实际上无时无刻不在"创造新的一代"。[32]我们必须打破过去的行事方式,不让学生总是为正在消失的世界做准备。从某种意义上而言,经济发展的需要更直接地表现为一种文化发展的需要。从当今中国教育领域中商业主义、功利主义和利己主义的驱动对教育摧残的现实来看,尤其需要重新关心学习重心的转变,从只关心传授知识、个人成败与职业前景的学习到真正关心人和社会深刻转变的学习。正如蔡元培所说的,"教育是帮助被教育的人,给他能发展自己的能力,完成他的人格,于人类文化上能尽一分子的责任。不是把被教育的人,造成一种特别的器具,给抱有他种目的人去应用的"。[33]从这个角度来思考核心素养建构的维度,是异常重要的。

(二)从社会组织模式变迁看人际向度的转化

信息通信技术的广泛应用推动着社会不断远程化、网络化与互联化的同时,也逐步改变着社会基本的组织模式,其中有两个关键性的转变是不容忽视的。第一个关键性的转变是从传统的基于群体的社会组织模式转向基于网络化的社会组织模式——社会网络(social network),人际联结的方式、强度与特征发生了根本性的转变。传统的社会组织模式是基于群体的,所谓群体往往是由个体组成的,有着严格的边界、明确的秩序与认同感的组织,人们以血缘、地域、情感、归属感、契约、规则或者共同价值为基础,形成一种相对固定而持久的社会关系,如家庭、社区、工作单位。整个社会就是由个体以及由个体所组成的群体组织构成,群体成员之间有着稳定的责任义务关系,遵循特定的组织结构,并发展一定的情感归属。传统社会群体的组织模式缔结要求比较高,所需要的交易成本也很高。而随着社会化网络和工具的发展,我们开始进入一个"人人时代",人际关系的组织"是一种基于话语的、临时的、短期的、当下的组合",[34]社会个体成员之间因"互动"而形成相对稳定的关系群体,发展基于网络(节点之间的相互连接)而相互联结的社会关系。显然,社会网络对人际组织的模式超越了时间、地域和结构的限制,极大地提升了人际互动的便捷性、联通性和丰富性,世界变得越来越小,人际联系变得越来越稠密和自由,就如六度分隔理论(six degree of separation)[35]所说的,任何一个人想要跟另一个人建立联系,最多间隔都不会超过六个人。这样的人际组织方式弱化了群体性、具有较弱的社会控制取向、增强个体的自主性,个体可以在不同的社会网络之中拥有多重的身份,但也可以自由地进入和退出特定的社会网络,人际关系的复杂性、多变性和不稳定性伴随着人际规模和联接的扩大化和开放性不断提升。可以说,基于人际互动的社会关系网络的繁荣正在深刻地改变着社会成员的生活方式以及对人际关系的感知。无论如何,它都驱动着个体或积极或被动地适应各种随之而来的社会变化,并成为新的社会关系网络与空间的构建者。第二个关键性的转变是从传统社会组织中对专家、权威或精英的崇拜转向对大众潜能和智慧的关照。"将聪明人聚集在一起是一种传统且有效的创造思想的方式"，[36]将有限的资源集中起来让少数的聪明人来运用并做出关键决策，是大多数社会用以提高社会分配效率的做法。知识创造或者创意更是少数精英、知识权威或专家的活动，他们在社会中举足轻重，是充分占有专业知识和表达渠道的特殊阶层。然而，随着社会化工具的普及，过去专属于专家的知识开始通过网络充分地流通，极大地减少了知识沟通与互动的成本。"一群本不相关的人共同解决问题，或者为那些大到任何专家个人都无法解决的议题提供知识资源"。[37]2006年杰夫·豪(Jeff Howe)在连线杂志(Wired)提出了"众包"(crowd sourcing)的概念，大众逐步进入人们的视野，大众智慧与大众创造开始成为知识创新的新模式。大众通过网络化将形形色色的人连接在一起，他们无须是最聪明的精英，但是通过复杂的、多向的互动来挖掘集体智慧、进行问题解决，不仅发现了专业知识，而且生成专业知识。从精英到大众的转变带给我们两个重要的启示，其一是大众所带来的意见的多样性、问题思考的差异性、复杂的人际互动与多元的协同合作为新知识和新观念的产生提供了重要前提，未来的社会发展不再只是少数专家在特定主题领域中对资源与信息的垄断性探索，而越来越取决于多样性潜能的激发所带来的打破知识边界的可能性；其二是我们日益认识到每一个个体的潜能与智慧都是重要的社会资源，使每个个体获得自由发展的可行能力(capability)，才是社会资源的最大节约，也是获得可持续发展力量的终极来源。

社会组织模式的两大关键性转变给教育带来的启示在于，要充分挖掘教育内在的社会性特质，从根本上认识到学习活动的社会性属性，并逐步转化人际素养发展的重心。一方面，随着社会组织模式的多样化和复杂化的发展，未来的人际重心不仅是掌握并熟练应用社会交往的基础能力，如学会表达、与不同的人交流与沟通、理解合作的规则与方法，而将更多地涉及个体如何在多样的社会关系中寻找人际互动的合理方式，如何通过持续的学习与实践应对新的动态变更的关系，发展能够适应变化的综合社会能力与心理能力。也就是说，更灵活地感知和适应各种人际与社会关系的变化，同时探索处理各种人际关系的合理方式的高阶人际问题解决能力变得越来越重要。学校教育尤其需要敏锐地挖掘学校作为社会化组织的潜力，通过有意识地拓展学生人际空间、范围与形式，为学生更主动地适应社会和改变社会提供积极的准备。另一方面，传统的学校人际是建立在一种淘汰性的竞争关系基础之上的，主要方式是通过竞争成为少数的佼佼者、成为同龄人中的最优秀的少数派，从而占有稀缺的资源，这种人际模式不断地牺牲学生的内在驱动力，并带来了大量的潜在浪费，不仅使得目标导向和成就中心的学习文化日益膨胀，也使得大多数的个体潜能被扼杀在萌芽之中。随着整个社会人际组织与竞争模式的转变，未来社会的效率不再取决于优势资源的分配效率，而在于新资源与知识的创造效率。因此，社会、家长、教师以及学生都需要迫切意识到转化耗费性的竞争文化的教育使命，要充分理解社会建构中每一个人的重要性，建立人际责任意识。共生性的相互成就而不是挤压式的丛林竞争将成为学习和社会生活的人际重心，学会与不同的个体共存，认可并理解不同个体的多样性的价值，以合作与互动启发更大的创造可能，成为彼此重要的互生性资源，将成为学校教育需要关注的重要方面。尤其在中国的文化背景下,传统的人际社会的依存性的关系仍然具有巨大的磁场,新生的社会组织模式正在不断拓展新的空间与思路,如何在这种复杂而平行的社会系统中找到共存与发展的人际的灵活性和创造性,是我们的学校教育尤其需要考虑的维度。

(三)从主体身份多样化变迁看自我向度的转化

社会网络、交通工具和通信技术的发展与丰富,不仅拓展了人们的生活空间,也不断改变着人们的社会角色与身份特征。一方面,任何一个个体都不再是单数的存在,而是越来越多地负载了多重的身份。我们不仅生活在传统的社会组织和地域空间中,如家庭、社区、村落或单位,承担传统的社会角色,也同时在现实和虚拟的社会空间中发现自我身份的不同表征。不仅如此,"全球化创造了超越民族国家的新型经济、社会和文化空间,正在促成超越民族国家界限的新的身份认同和动员模式"。[38]因此,无论我们身处什么样的文化环境之中,自我的概念已经超越了自身以及家庭的范畴,而扩展到对所生活的社群,还要"承诺参与地方、国家及全球层面的公民行动和社会行动"。[39]如何理解并实践个体多样化的身份与责任,发展健康的自我认同意识与行动能力,是个体在自我成长过程中需要协调的崭新课题。另一方面,群体的发展也是具有时代属性的,新一代的青年是与众不同的一代,他们具有超强的探索性、文化兼容性和自主学习能力,社会需要为他们的发展提供充分的空间与条件,而非控制和管理。联合国教科文组织《援助青年》的报告指出,"当今世界15至24岁的青年人数超过10亿人,他们是有史以来最明智、最活跃、连接最密切和流动性最强的一代",[40]他们推动着后喻文明的发展,他们将通过创造新的知识和文化对生活在世的前辈进行"反向社会化"。我们必须认识到,其一,青年一代具有很强的探索性与文化兼容性,出于对新鲜事物的探索与超强的接纳性,他们可以花费大量时间探索和了解其他文化或其他知识体系,促使文化多样性成为发明和创新的源泉;其二,青年一代具有很强的自主学习的能力,能够打破单向的知识传递模式而转向自组织的学习,为青年一代学习者创造学习机会以及从旁辅助学习将会成为推动未来知识创造与文化创新的重要方面。从这个意义上而言,只有理解这个时代的主体特性,才能更好地培育新人。

因此,从社会角色变迁和身份特征的变化来看,教育尤其要关注对青年自我向度的培育,只有青年一代更好地认识了自我的多样性,并主动地承担相应的主体责任,找到科学和可行的方法实现自我的管理与发展,真正依靠学习主体内在的动机与潜能,才有可能真正获得可持续的发展与创造。首先是要重新反思学生的主体身份,帮助学生发展完整的自我观念,这种自我观念不仅仅是对个体本身的认同——认识自己和学会做出自主的判断与选择,更重要的是要超越个体而关照自我的多元角色与责任,保持对自我身份的开放性与敏感性,理解同自我身份建构相关的社会条件、文化生态与国际环境,并做出综合的判断。其次是考虑到青年一代的自组织的潜力,学校教育要着手帮助学生发展自我探索与管理的综合能力,包括自主的探索能力、持续的学习能力、文化理解能力、差异性的兼容能力等,使得自我学习、自我发展以及反哺社会成为青年一代的特殊力量。再次,要促成自我的完整成长,还需要考虑方法理性的问题,帮助学生发展积极的自我评价、元认知的策略以及开放的价值与责任伦理,也是自我建构过程中十分核心的素养。尤其在中国的学校教育和家庭教育的环境中,老一辈的师长有着强烈的规划、管理与控制年轻一代的愿望与习惯,不仅要转变思想,更要做好充分的能力准备,把学习者的主体发展从他助转化为自助,从过度关注个体本身的发展到关注主体多重社会身份建构的责任,从强调具体知识和技能的习得到关注主体发展的行动能力和方法规范的养成,这就需要我们在考察核心素养的具体建构时从学习者的自我向度这个角度进行深入的思考和研究。

综上所述,无论采用什么样的逻辑或向度来发展核心素养的内在框架,一定是着眼于对更广泛的学校教育生态和社会文化的深刻体察与再建构的基础之上的,而充分地研究并考察这个世界所发生的变化,是我们对核心素养的内涵与外延进行主动建构的基本前提,通过打破教育领域性的思维限制,整体地看待人类未来发展的趋势与走向。一方面,核心素养的框架不可过度泛化而无所不及,使得在实践中难以把握;另一方面,又不可过度抽象从而带来实践中的悬置化。如果我们要去塑造一种未曾经历过的教育图景,那么学习和研究本身就是我们的工作方式,这想必也是核心素养得以实现的旨趣所在,更是教育实现自我超越的契机。

参考文献:

[1] 蔡清田. 台湾十二年公民基本教育课程改革的核心素养[J]. 上海教育科研,2015(4):6.

[2] [17] 张娜. DeSeCo 项目关于核心素养的研究与启示[J]. 教育科学研究,2013(10):42,44.

[3] Katerina Anaiadou & Magdalena Claro. 21st Century Skills and Competencies for New Millennium Learners in OECD Countries, EDU Working paper no. 41. OECD Publishing. P8. [EB/OL]. http://www. oecd-ilibrary. org/education/21st-century-skills-and-competences-for-new-millennium-learners-in-oecd-countries_218525261154,2009.

[4] Perez, C. (2002). Technological Revolutions and Financial Capital:The Dynamics of Bubbles and Golden Ages. Cheltenham, UK, Edward Elgar. [A] UNESCO. (2011). Transforming Education:The Power of ICT Policies. UNESCO. P. 19. [EB/OL]. http://www. unesco. org/new/en/media-services/single-view/news/transforming_education_the_power_of_ict_policies-1/.

[5] [38] [39] [40] 教科文组织. 反思教育:向"全球共同利益"的理念转变[M]. 联合国教科文组织出版,2015:3,65,66,28,27.

[6] Sahlberg, P. (December 14,2012). PISA + TIMSS + PIRLS = GERM? Retrieved April 20,2014, from http://pasisahlberg. com/pisa-timss-pirls-germ/[A] Padro De Bruyckere, Paul A. Kirschner. & Casper D. Hulshof. Urban Myths about Learning and Education. [M] Elsevier. Psahlberg, 2015:240.

[7] 成尚荣. 基础性:学生核心素养之"核心"[J]. 人民教育,2015(7):24 – 25.

[8] 常珊珊,李家清. 课程改革深化背景下核心素养体系建构[J]. 课程. 教材. 教法. 2015(9):32.

[9] 蔡文艺、周坤亮. 以"核心素养"为中心的课程设计——苏格兰的经验和启示. [J]辽宁教育,2014(7):88.

[10] 褚宏启、张咏梅、田一. 我国学生的核心素养及其培养. [J]中小学管理,2015(9):5.

[11] [16] 刘裔. 建构中国学生的核心素养[J]. 中国德育,2016(1):23.

[12] [20] 钟启泉. 基于核心素养的课程发展:挑战与课题[J]. 全球教育展望,2016(1):6 – 9.

［13］康敏.核心素养：幸福课堂的本质回归[J].课程建设,2016(1)：33.

［14］施久铭.核心素养：为了培养"全面发展的人"[J].人民教育,2014(10)：14.

［15］李艺,钟柏昌.谈"核心素养"[J].教育研究,2015(9)：19.

［18］OECD. Definition and Selection of Key Competencies—Executive Summary [EB/OL]. http://www. oecd. org/pisa/ 35070367. pdf.

［19］Katerina Anaiadou & Magdalena Claro. (2009). 21st Century Skills and Competencies for New Millennium Learners in OECD Countries, EDU Working paper no. 41. OECD Publishing. [EB/OL]. http://www. oecd-ilibrary. org/ education/21st-century-skills-and-competences-for-new-millennium-learners-in-oecd-countries_218525261154.

［21］Singapore Ministry of Education. 21st century Competencies. [EB/OL]. https://www. moe. gov. sg/education/ education-system/21st-century-competencies.

［21］裴新宁,刘新阳.为21世纪重建教育——欧盟"核心素养"框架的确立[J].全球教育展望,2013(12).

［23］王志军,陈丽.联通主义学习理论及其最新进展[J].开放教育研究,2014(5)：11－27.

［24］安德烈,焦尔当.学习的本质[M].杭玲译.上海：华东师范大学出版社,2015(7)：3.

［25］［31］［32］克里希那穆提.教育就是解放心灵[M].张春城,唐超权,译.北京：九州出版社,2010(6)：19－24.

［26］Sandra Taylor & Miriam Henry. Globalization and Educational Policymaking：A Case Study. Educational Theory, 2000,50(4)：487－503 [A]. Bob Lingard & Jenny Ozga. The RoutledgeFalmer Reader in Education Policy and Politics. USA & Canada：Routledge, 2007：109－110.

［27］Frances Fowler, The International Arena：The Global Village, Journal of Education Policy, 9(5/6)：94[A]. Bob Lingard & Jenny Ozga. The RoutledgeFalmer Reader in Education Policy and Politics. USA & Canada：Routledge, 2007：110.

［28］Kogan, Education Policies in Perspective, p. 71. [A]. Bob Lingard & Jenny Ozga. The RoutledgeFalmer Reader in Education Policy and Politics. USA & Canada：Routledge, 2007：111.

［29］Cortright, Joseph New Growth Theory, Technology and Learning：A Practitioner's Guide. Impressa Inc. : Portland, Oregon, 2001：2－4.

［30］Nic Blakeley, Geoff Lewis and Duncan Mills. (2005). The Economics of Knowledge：That Makes Ideas Special for Economic Growth? New Zealand Treasury Policy Perspectives Paper. 05/05,3－5.

［33］蔡元培.教育独立议[J].新教育,1922年第4卷第3期[A]//蔡元培教育名篇.北京：教育科学出版社,2007 (11)：159.

［34］［35］克莱·舍基.人人时代：无组织的组织力量[M].胡泳,沈满琳,译.北京：中国人民大学出版社,2012：173.

［36］［37］戴维·温伯格.知识的边界[M].胡泳,高美,译.太原：山西人民出版社,2014：12.

基于核心素养的课程设计

- 核心素养在台湾十二年公民基本教育课程改革的角色
- 核心素养与学校课程的连贯与统整
- 健全人的核心素养及其课程设计

核心素养在台湾十二年公民基本教育课程改革的角色

| 蔡清田

一、 绪论

　　本文旨在论述"核心素养"在台湾十二年公民基本教育课程改革的重要角色,指出"核心素养"能培育健全公民与终身学习者,特别是《十二年公民基本教育课程发展指引》指出"核心素养"可作为各领域/科目垂直连贯与水平统整课程设计的组织核心,图 1 显示的是核心素养与颁布的各类文件的关系。

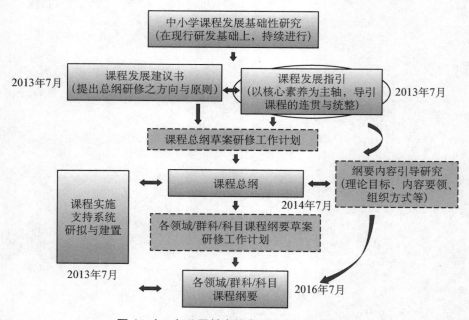

图 1　十二年公民基本教育课程纲要研发架构

　　"核心素养"建立在台湾地区及国际的中小学相关课程发展的基础研究之上,包括联合国教科文组织、经济合作与发展组织、欧盟等国际组织倡导的"核心素养"之理念,以及台湾地区相关"公民核心素养"的研究基础,特别是洪裕宏等的《界定选择公民核心素养》与陈伯璋、张新仁、蔡清田、潘慧玲等的《全方位的公民核心素养之教育研究》建立的"公民核心素养"的理论基础;蔡清田、吴明烈、卢美贵、方德隆、陈圣谟、林永丰、陈延兴等进行的《K－12中小学课程纲要的核心素养与各领域之连贯体系研究》,建立了"公民核心素养"垂直连贯体系的研究成果,分龄设计四个关键教育阶段,即幼儿园、小学、初中、高级中等教育阶段的公民核心素养,垂直连贯各教育阶段公民核心素养;蔡清田、陈延兴、卢美贵、方德隆、陈圣谟、林永丰、李懿芳等的《K-12各教育阶段核心素养与各领域课程统整研究》,透过"公民核心素养"与各领域科目课程统整研究,建立领域/科目的核心课程目标、核心素养与学习重点之连贯体系。还有蔡清田、陈伯璋、陈延兴、林永丰、卢美贵、李文富、方德隆、陈圣谟、杨俊鸿、高新建、李懿芳、范信贤等的《十二年公民基本教育课程发展指引草案拟议研究》,蔡清田所著《素养:课程改革的 DNA》、《课程发展与设计的关键 DNA:核心素养》、《公民核心素养:十二年课程改革的 DNA》等书内容,简要内容如图2:公民核心素养之重要研究沿革所示。

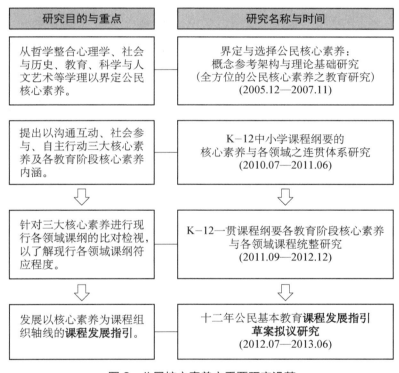

图2 公民核心素养之重要研究沿革

十二年公民基本教育课程改革的"核心素养"培养需秉持渐进、加广加深、跨领域/科目等原则,透过各教育阶段的不同领域/科目的学习来达成;就公民核心素养与领域/科目的连结方式而言,各教育阶段领域/科目的规划应结合各"教育阶段核心素养"及各领域/科目的理念与目标,转化及发展成为"领域/科目核心素养"及学习重点。公民核心素养可以引导各领域/科目内容的发展,各阶段领域/科目的课程内涵应具体统整并融入核心素养,但各领域/科目各有其特性,因此,毋需勉强将所有九大核心素养全部纳入每一个领域/科目课程内涵。[1]

"核心素养"系指于十八岁完成后期中等教育时,能学习获得三面九项的全方位"公民核心素养"，并能在社会文化脉络中，积极地响应情境的要求与挑战，顺利完成生活任务并获得美好的理想结果之所应具备的知识、能力、态度，合乎教育的认知、技能、情意等价值规范，具有教育价值功能。公民若能在社会文化脉络中，适当地运用"自主行动力"、"沟通互动力"、"社会参与力"等"终身学习者"的公民核心素养三维架构之"三力"，将能积极地响应未来理想社会生活情境的要求与工作任务挑战，学习获得优质生活、美好理想结果之所应具备的知识、能力、态度，合乎教育的认知、技能、情意等价值规范，协助个人获得"成功的个人生活"，进而建构"功能健全的社会"，顺利达成未来理想社会图像之"优质生活"，[2]合乎哲学、人类学、心理学、经济学以及社会学等学术理论依据，顺乎国际化与本土化的研究趋势，具有未来学、社会建构论、知识社会学、人本主义、多元学习等立论基础。[3]特别是就本土化与因应社会未来需要而言，这不仅响应了终身学习的个人与终身学习的社会，而且也呼应了十二年公民基本教育：开启孩子的无限可能的重要教育政策。从"终身学习"的角度来看，可协助公民养成不断学习的素养，让下一代乐在学习！特别强调学生有关公民面对快速变迁环境下的"自主行动"、"沟通互动"、"社会参与"，这些都是学校应培养学生必须习得因应社会发展所需的"公民核心素养"。[4]

公民所需的"核心素养"包括"沟通互动力"、"社会参与力"、"自主行动力"三面九项，强调以人为本，培养"终身学习者"，系依据"K-12 中小学课程纲要的核心素养与各领域之连贯体系研究"，除参考主要国际教育组织与地区内学者之研究，采用多次学者专家咨询会议、焦点团体座谈及德怀术问卷调查等方法所获得的三面九项，如图 3"公民核心素养"的滚动圆轮意象所示，强调公民核心素养必须因应生活情境所需长期培养，并重视与外在社会与自然环境等生活情境之互动关系，建基于公民作为终身学习者的基础概念上，强调学习者能转化创新，成为主动且积极的终身学习者，充分展现其主体性，能层层外扩开展形成滚轮式的动态发展。

上述"自主行动力"的"身心素质与自我精进"、"系统思考与解决问题"、"规划执行与创新应变"，"沟通互动力"的"符号运用与沟通表达"、"科技信息与媒体素养"、"艺术涵养与美感素养"，"社会参与力"的"道德实践与公民意识"、"人际关系与团队合作"、"多元文化与国际理解"等三面九项内涵之间的关系彼此紧密相连，各类核心素养的学习也不能单靠认知记忆或技能训练，[5]而是要与生活情境统整并链接到动态社会生活世界中的具体事例，诚如蔡清田在《公民核心素养》一书第三章论及"公民核心素养"是建立在终身学习的基础上，[6]以"终身学习者"为共同核心，更层层外扩形成滚动的圆轮意象，具有后现代社会"变动不居"、"持续前进"动态发展理念，彰显"公民核心素养"的动态发展，能随时代变迁不断发展。

图 3"公民核心素养"的滚动圆轮图，彰显"公民核心素养"九轴内容具有滚轮动态发展之理念，突显"公民核心素养"的动态发展意涵、能因应时代环境变动而不断发展，[7]而且个人可透过积极主动的行动并与情境进行互动，重视学习者的主体性，并关照学习者可运用于"生活情境"，强调其在生活中实践的特质，产生因应与创新具有不断地开展的积极动力，而且图中的虚线强调彼此并非单独存在而是可交互作用、相互渗透、彼此互动之动态发展，甚至是相互依赖可以部分重叠交织，呼应了自发、互动与共好的人类图像，彰显了"素养"的本质，[8]

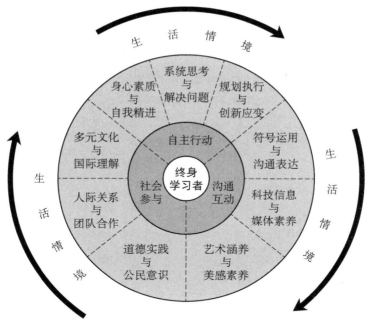

图3　"公民核心素养"的滚动圆轮意象①

更彰显了多元面向、多元功能、多元场域、高阶复杂、长期培育等"三多元一高一长"等核心素养的特质。[9]

"核心素养"具有横跨各种领域/科目之广度，[10]可由各领域/科目共同实践，跨越个别领域/科目可打破单一领域/科目的疆界，且各领域/科目强调重点仍有不同，并非每一领域/科目都需包含所有九轴核心素养。但"核心素养"是"十二年公民基本教育"所有领域/科目之核心，可由各领域/科目共同实践，强调不同领域/科目都有责任共同合作培养"核心素养"。[11]"国民核心素养"转化为各教育阶段核心素养后，可考虑不同教育阶段领域/科目特性，可与各领域/科目进行统整课程设计成为"领域/科目核心素养"。[12]

二、各教育阶段核心素养

核心素养根据个体身心发展阶段各有的具体内涵，依序分为小学、初中及高级中等教育等三个教育阶段，在自主行动、沟通互动与社会参与等方面循序渐进，进而成为现代国民。[13]小学教育阶段是奠定学生各项素养基础的重要阶段，强调从生活情境及实作中，陶养学生在自主行动、沟通互动及社会参与等方面应具备的基本素养。初中教育阶段是学生身心发展、自我探索与人际互动面临转变与调适的阶段，需完整提升各面向的素养，以协助学生成长发展需要。高级中等教育阶段则着重提供学生学习衔接、身心发展、生涯定向与准备所需具备之素养，同时让学生具备独立自主能力，满足终身学习者及世界公民所需的各项核心素养。

① 修改自：蔡清田、陈伯璋等.十二年公民基本教育课程发展指引草案拟议研究[R].嘉义：中正大学课程研究所，2013：3.

表 1　各教育阶段核心素养内涵

关键要素	核心素养面向	核心素养项目	核心素养具体内涵	小学教育	初中教育	高级中等教育
终身学习者	A 自主行动	A1 身心素质与自我精进	具备身心健全发展的素质，拥有合宜的人性观与自我观，同时透过选择、分析与运用新知，有效规划生涯发展，探寻生命意义，并不断自我精进，追求至善。	E-A1 具备良好的生活习惯，促进身心健全发展，并认识个人特质，发展生命潜能。	J-A1 具备良好的身心发展知能与态度，并展现自我潜能、探索人性、自我价值与生命意义、积极实践。	U-A1 提升各项身心健全发展素质，发展个人潜能，探索自我观，肯定自我价值，有效规划生涯，并透过自我精进与超越，追求至善与幸福人生。
		A2 系统思考与解决问题	具备问题理解、思辨分析、推理批判的系统思考与后设思考素养，并能行动与反思，以有效处理及解决生活、生命问题。	E-A2 具备探索问题的思考能力，并透过体验与实践处理日常生活问题。	J-A2 具备理解情境全貌，并做独立思考与分析的知能，运用适当的策略处理解决生活及生命议题。	U-A2 具备系统思考、分析与探索的素养，深化后设思考，并积极面对挑战以解决人生的各种问题。
		A3 规划执行与创新应变	具备规划及执行计划的能力，并试探与发展多元专业知能、充实生活经验，发挥创新精神，以因应社会变迁、增进个人的弹性适应力。	E-A3 具备拟订计划与实作的能力，并以创新思考方式，因应日常生活情境。	J-A3 具备善用资源以拟订计划，有效执行，并发挥主动学习与创新求变的素养。	U-A3 具备规划、实践与检讨反省的素养，并以创新的态度与作为因应新的情境或问题。
	B 沟通互动	B1 符号运用与沟通表达	具备理解及使用语言、文字、数理、肢体及艺术等各种符号进行表达、沟通及互动的能力，并能了解与同理他人，应用在日常生活及工作上。	E-B1 具备"听、说、读、写、作"的基本语文素养，并具有生活所需的基础数理、肢体及艺术等符号知能，能以同理心应用在生活与人际沟通。	J-B1 具备运用各类符号表情达意的素养，能以同理心与人沟通互动，并理解数理、美学等基本概念，应用于日常生活中。	U-B1 具备精确掌握各类符号表达的能力，以进行经验、思想、价值与情意之表达，能以同理心与他人沟通并解决问题。
		B2 科技信息与媒体素养	具备善用科技、信息与各类媒体之能力，培养相关伦理及媒体识读的素养，俾能分析、思辨、批判人与科技、信息及媒体之关系。	E-B2 具备科技与信息应用的基本素养，并理解各类媒体内容的意义与影响。	J-B2 具备善用科技、信息与媒体以增进学习的素养，并察觉、思辨人与科技、信息、媒体的互动关系。	U-B2 具备适当运用科技、信息与媒体之素养，进行各类媒体识读与批判，并能反思科技、信息与媒体伦理的议题。
		B3 艺术涵养与美感素养	具备艺术感知、创作与鉴赏能力，体会艺术文化之美，透过生活美学的省思，丰富美感体验，培养对美善的人事物，进行赏析、建构与分享的态度与能力。	E-B3 具备艺术创作与欣赏的基本素养，促进多元感官的发展，培养生活环境中的美感体验。	J-B3 具备艺术展演的一般知能及表现，欣赏各种艺术的风格和价值，并了解美感的特质、认知与表现方式，增进生活的丰富性与美感体验。	U-B3 具备艺术感知、欣赏、创作与鉴赏的能力，体会艺术创作与社会、历史、文化之间的互动关系，透过生活美学的涵养，对美善的人事物，进行赏析、建构与分享。
	C 社会参与	C1 道德实践与公民意识	具备道德实践的素养，从个人小我到社会公民，循序渐进，养成社会责任感及公民意识，主动关注公共议题并积极参与社会活动，关怀自然生态与人类永续发展，而展现知善、乐善与行善的品德。	E-C1 具备个人生活道德的知识与是非判断的能力，理解并遵守社会道德规范，培养公民意识，关怀生态环境。	J-C1 培养道德思辨与实践能力，具备民主素养、法治观念与环境意识，并主动参与公益团体活动，关怀生命伦理议题与生态环境。	U-C1 具备对道德课题与公共议题的思考与对话素养，培养良好品德、公民意识与社会责任，主动参与环境保护与社会公益活动。

关键要素	核心素养面向	核心素养项目	核心素养具体内涵	小学教育	初中教育	高级中等教育
		C2人际关系与团队合作	具备友善的人际情怀及与他人建立良好的互动关系,并发展与人沟通协调、包容异己、社会参与及服务等团队合作的素养。	E－C2 具备理解他人感受,乐于与人互动,并与团队成员合作之素养。	J－C2 具备利他与合群的知能与态度,并培育相互合作及与人和谐互动的素养。	U－C2 发展适切的人际互动关系,并展现包容异己、沟通协调及团队合作的精神与行动。
		C3多元文化与国际理解	具备自我文化认同的信念,并尊重与欣赏多元文化,积极关心全球议题及国际情势,且能顺应时代脉动与社会需要,发展国际理解、多元文化价值观与世界和平的胸怀。	E－C3 具备理解与关心本土与国际事务的素养,并认识与包容文化的多元性。	J－C3 具备敏察和接纳多元文化的涵养,关心本土与国际事务,并尊重与欣赏差异。	U－C3 在坚定自我文化价值的同时,又能尊重欣赏多元文化,拓展国际化视野,并主动关心全球议题或国际情势,具备国际移动力。

三、 核心素养与领域/科目的关系

"公民核心素养"作为"十二年公民基本教育"课程纲要的课程设计主轴,可转化为小学、中学、高级中等教育等各阶段核心素养,可引导各教育阶段课程连贯与统整,[14] 可进而发展"领域/科目核心素养",这是依据《K－12 中小学一贯课程纲要核心素养与各领域连贯体系研究》[15]、《K－12 各教育阶段核心素养与各领域课程统整研究》[16] 与《十二年公民基本教育课程发展指引拟议研究》的"核心素养"课程转化而来的。[17]

（1）核心素养的作用:核心素养能培育健全公民与终身学习者,可作为各领域/科目垂直连贯与水平统整课程设计的组织核心。

（2）核心素养的培养原则:核心素养的培养需秉持渐进、加广加深、跨领域/科目等原则,可透过各教育阶段的不同领域/科目的学习来达成。

（3）核心素养与各领域/科目课程内涵的对应关系:各教育阶段领域/科目的课程内涵应能呼应所欲培养的核心素养,并透过学习内容、教学方法及学习评量三者的综合运用,将各领域/科目课程内涵与核心素养的呼应关系具体地展现出来;但各领域/科目由于各有其特性而会有其强调的重点,因此,未必需要对应所有核心素养项目。

（4）核心素养与各领域/科目的连结方式:各教育阶段领域/科目的规划应结合各"教育阶段核心素养"及各领域/科目的理念与目标,转化及发展成为"领域/科目核心素养"及学习重点,并视需要提供补充说明。

"核心素养"的课程转化,系由理念到实际、由抽象到具体、由共同到分殊,环环相扣,层层转化。各领域/科目应考虑本身的理念与目标,结合各"教育阶段核心素养",以发展及订定"领域/科目核心素养"及"领域/科目学习重点",两者之间需彼此呼应,双向互动。课程纲要可透过总纲"核心素养"、"教育阶段核心素养",及各领域/科目纲要的"领域/科目核心素养"、"领域/科目学习重点"来进行转化与表述(如图4所示)。

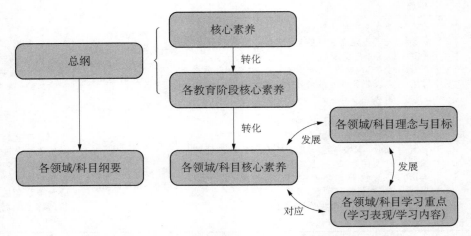

图 4　核心素养在课程纲要的转化及其与学习重点的对应关系①

(1)"公民核心素养":系指自主行动、沟通互动、社会参与之三大面向及身心素质与自我精进、系统思考与解决问题、规划执行与创新应变、符号运用与沟通表达、科技信息与媒体素养、艺术涵养与美感素养、道德实践与公民意识、人际关系与团队合作、多元文化与国际理解之九大项目。

(2)"教育阶段核心素养":系指小学、初中、高中教育所对应之教育阶段的九项核心素养,依各阶段的教育特质加以延伸,并加上阶段别编码;其中 E 代表 12 岁的小学阶段、J 代表 15 岁的初中阶段、U 代表 18 岁的后期中等教育阶段,例如,E－A2、J－B3、U－C1 等系指小学、初中与高中教育所对应之教育阶段的九项核心素养。

(3)"领域/科目核心素养":系指各教育阶段核心素养结合各领域/科目理念与目标后,在各领域/科目内的具体展现。各领域/科目核心素养可考虑其领域/科目的独特性或高级中等教育阶段学校类型的差异性而加以发展,不必涵盖核心素养或各教育阶段核心素养的所有面向。

(4)"领域/科目学习重点":由"学习表现"与"学习内容"两个向度所组成(如表 2 所示),但如有特殊情形者,得仅就"学习表现"或"学习内容"择一采用。各领域/科目学习重点用以引导课程设计、教材发展、教科书审查及学习评量等,并配合教学加以实践。各领域/科目学习重点系由该领域/科目理念、目标与特性发展而来,但各领域/科目学习重点应与"各领域/科目核心素养"进行双向检核以了解其对应情形,亦即领域/科目学习重点需能展现该领域/科目的具体内涵,并能呼应该领域/科目核心素养。

① 修改自:蔡清田、陈伯璋等.十二年公民基本教育课程发展指引草案拟议研究[R].嘉义:中正大学课程研究所,2013:7.

表 2 学习重点与领域/科目核心素养呼应表示例（以数学 A2 为例）

各领域/科目学习重点		各领域/科目核心素养
学习表现	学习内容	
n-I-3应用加法和减法的计算或估算于日常应用解题。	N-2-5解题：100元、500元。以操作活动为主兼及计算。容许多元策略，协助建立数感。	数-E-A2具备基本的算术操作能力，并能指认基本的形体与相对关系，在日常生活情境中，用数学表述与解决问题。
a-IV-1理解并应用符号及文字叙述表达概念、运算、推理及证明。	A-7-1代数符号：认识代数符号与运算，以代数符号表征交换律、分配律、结合律，以符号记录生活中的情境问题。	数-J-A2具备有理数、根式、坐标系之运作能力，并能以符号代表数或几何对象，执行运算与推论，在生活情境或可理解的想象情境中，分析本质以解决问题。
f-V-4认识指数与对数函数的图形特征，理解其特征的意义，认识以指数函数为数学模型的成长或衰退现象，并能用以沟通和解决问题。	F-10-5多项式函数模型：以多项式函数为数学模型的范例，优化问题。	数-S-A2具备数学模型的基本工具，以数学模型解决典型的现实问题。了解数学在观察归纳之后还须演绎证明的思维特征及其价值。

四、 从公民核心素养转化成为"领域/科目之核心素养"的课程设计

"领域/科目核心素养"系指公民核心素养在各领域/科目内的展现及其内涵，虽不完全等同于各领域/科目的所有素养，但可强调该领域/科目所强调要培养的核心素养内涵。"领域/科目核心素养"是同时强调公民核心素养、关键教育阶段核心素养、领域/科目核心课程目标，并重视该"领域/科目"所强调要培养的认知、技能及情意。公民核心素养可透过各领域/科目转化成为"领域/科目核心素养"，可依据某公民核心素养与该教育阶段核心素养的特色，并参考该"领域/科目"的课程目标，进行交叉对照与统整，公民核心素养与各领域/科目不是一对一关系，同一公民核心素养，是可透过许多不同领域/科目来培养的，强调核心素养应由各领域/科目共同实践，彰显各教育阶段可垂直连贯之核心素养与可负责培育的领域/科目，可对应发展各领域/科目之"领域/科目核心素养"，但并非每一领域/科目都需包含所有九项核心素养，数量不宜过多，以合乎关键、必要且重要之特质。[18]

五、 结语

"核心素养"在基本教育课程改革中具有重要角色，"核心素养"能培育健全公民与终身学习者，可作为各领域/科目垂直连贯与水平统整课程设计的组织核心，"核心素养"可垂直整合领域/科目转化成为"领域/科目核心素养"具体内涵，特别是"核心素养"可由各领域/科目共同实践，是跨越个别领域/科目的，可打破单一领域/科目的传统疆界，单一领域/科目并非涵盖单一主轴的"核心素养"，且各领域/科目强调的核心素养特色不同，并非每一领域/科目都需包含所有九项"核心素养"。"核心素养"是"十二年公民基本教育"所有领域/科目之

核心，强调不同领域/科目都有责任共同培养"核心素养"，可协助学生习得未来社会生活所应具备的知识、能力、态度。

参考文献：

[1][6][11][14] 蔡清田.公民核心素养：十二年课程改革的DNA[M].台北：高等教育出版公司,2014：2-206.

[2][9][13][18] 蔡清田.课程发展与设计的关键DNA：核心素养[M].台北：五南图书出版公司,2012：3-156.

[3] 陈伯璋,张新仁,蔡清田,潘慧玲.全方位的公民核心素养之教育研究[R].台南：致理管理学院教育研究所,2007：1.

[4] 黄光雄,蔡清田.课程发展与设计新论[M].台北：五南图书出版公司,2015：5.

[5][8][10] 蔡清田.素养：课程改革的DNA[M].台北：高等教育出版公司,2011：3-28.

[7][12][17] 蔡清田,陈伯璋,陈延兴,林永丰,卢美贵,李文富,方德隆,陈圣谟,杨俊鸿,高新建,李懿芳,范信贤.十二年公民基本教育课程发展指引草案拟议研究[R].嘉义：中正大学课程研究所,2013：2-12.

[15] 蔡清田,陈延兴,吴明烈,卢美贵,陈圣谟,方德隆,林永丰.K-12中小学一贯课程纲要核心素养与各领域连贯体系研究[R].嘉义：中正大学课程研究所,2011：5.

[16] 蔡清田,洪若烈,陈延兴,卢美贵,陈圣谟,方德隆,林永丰,李懿芳.K-12一贯课程纲要各教育阶段核心素养与各领域课程统整研究[R].嘉义：中正大学课程研究所,2012：12.

核心素养与学校课程的连贯与统整

| 蔡清田

一、 前言

本文研究动机乃因台湾 2014 年 8 月 1 日实施十二年公民基本教育,2014 年 11 月 28 日公布《十二年公民基本教育课程纲要总纲》,以"核心素养"作为十二年公民基本教育课程核心,引导十二年公民基本教育学校课程变革。因此,本文研究目的旨在探究"核心素养与学校课程的连贯与统整",借由文献探讨与评析等研究方法,对"核心素养"与"学校课程的领域/科目"进行初步检核探讨,研究发现"核心素养"和幼儿园课程、中小学九年一贯课程与高级中等教育等学校课程的领域/科目具有连贯与统整的密切关联,建置以"核心素养"为核心理念之十二年公民教育课程的连贯与统整,培养学生的知识、能力、态度,以因应当前与未来社会生活。尤其是公民核心素养可统整数学、自然科学、艺术、语文、英语、社会、综合、健体等学校课程,并发展"领域/科目课程目标"、核心素养、学习重点,可进行核心素养与学校课程的连贯与统整。

"核心素养"和幼儿园课程、中小学九年一贯课程与高级中等教育等教育阶段学校课程的领域/科目具有连贯与统整的密切关联。[1]"核心素养"可强化幼儿园课程、中小学九年一贯课程与高级中等教育之课程连贯与统整,建置以"核心素养"为核心理念之 K‐12 年级课程的连贯与统整。[2]各教育阶段核心素养可与各教育阶段领域/科目进行课程连贯与统整,[3]进而发展符合核心素养之领域/科目课程,[4]培养学生的知识、能力、态度,使其具备公民所需的核心素养。[5]核心素养所带动的这一十二年公民教育课程变革,一方面保留传统学校课程纲要优点,另一方面又注入"核心素养"新生命力,可循序渐进逐步进行课程改革,各学校课程纲要可增订与核心素养关系密切的"领域/科目课程目标",进而发展成为"领域/科目核心素养"与"领域/科目学习重点",彰显该领域/科目的特色。

核心素养与学校课程关系遍及幼儿园到十二年级课程全过程,[6]可用图 1 核心素养与学校课程关系架构伞图示,代表核心素养与学生在公民教育阶段期间应学习的知识、能力、态度的学习重点,发展以核心素养为依据的学校课程。核心素养是课程统整模式的上位概念,[7]如同雨伞涵盖整个课程统整模式,核心素养以知识、能力、态度三个概念互相循环作为核心要素。由于核心素养是学科的上位概念,且适用于所有学科内容,可以垂直连贯各教育阶段的学科课程,可统整数学、自然科学、艺术、语文、英语、社会、综合、健体等学校课程的领域/科目,并发展"领域/科目课程目标"、"领域/科目核心素养"与"领域/科目学习重点",进行各领域/科目的课程连贯与课程统整。

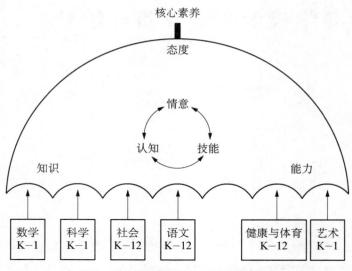

图 1　核心素养与学校课程关系架构伞

二、 公民核心素养可统整数学、自然科学、艺术、语文、英语、社会、综合、健体等"学校课程的领域/科目",并发展"领域/科目课程目标"、"领域/科目核心素养"与"领域/科目学习重点"

公民核心素养可与各教育阶段数学、自然科学、艺术、语文、英语、社会、综合、健体等"学校课程的领域/科目"进行连贯与统整,系以《K–12各教育阶段核心素养与各领域统整之研究》成果为基础,经由专家学者及学科专家之三次德怀术问卷调查之意见修订(如图2所示),

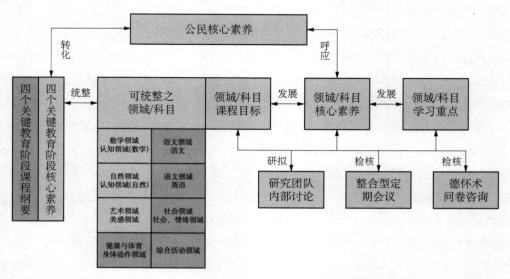

图2　"公民核心素养"连贯"K–12四个关键教育阶段"八个领域/科目课程目标、核心素养、学习重点之统整流程图[8]

主要说明"公民核心素养"与"K-12四个关键教育阶段"及八个领域/科目之连贯与统整关系,可知"公民核心素养"与现行"K-12各个关键教育阶段"课程纲要统整后,可透过"领域/科目课程目标"、"领域/科目核心素养"及"领域/科目学习重点"三者阐述其具体转化成果。

(一) "公民核心素养"是"K-12四个关键教育阶段"课程纲要及八个可进行课程统整的领域/科目的上位概念

图2的上方所阐述的"公民核心素养",是"K-12各个关键教育阶段"课程纲要与幼儿园、小学、中学、高中等各关键教育阶段核心素养的上位概念,也是"K-12四个关键教育阶段"八个领域/科目的"领域/科目课程目标"、"领域/科目核心素养"、"领域/科目学习重点"的上位概念。"公民核心素养"可转化成为幼儿园、小学、初中、高中等教育阶段的核心素养,并依照"K-12各个关键教育阶段"的特质,转化各该教育阶段八大领域/科目可进行课程统整的"领域/科目课程目标"、"领域/科目核心素养"与"领域/科目学习重点"。

(二) "四个关键教育阶段核心素养"是根据上述"公民核心素养"分教育阶段设计具体转化而来

图2的左侧"四个关键教育阶段核心素养"是根据上述"公民核心素养"进行四个教育阶段设计,并统整现行幼儿园、小学、中学、高中教育等"K-12各个关键教育阶段"课程纲要目标,具体转化成为"K-12各个关键教育阶段核心素养",这是统整现行幼儿园、小学、初学、高中职等各个关键教育阶段课程纲要目标而来,也是各"领域/科目课程目标"、"领域/科目核心素养"、"领域/科目学习重点"的课程统整之重要来源。

(三) 可进行课程统整的领域/科目是依据四个关键教育阶段课程纲要而来,可统整其"领域/科目课程目标"、"领域/科目核心素养"、"领域/科目学习重点"

图2的右侧这些可进行课程统整的领域/科目是幼儿园、小学、初中、高级中等教育等关键"教育阶段核心素养"可统整之领域/科目,是各个关键教育阶段核心素养针对各领域/科目特性,可进一步转化并发展出"领域/科目课程目标"、"领域/科目核心素养"、"领域/科目学习重点"。因此,左侧的关键教育阶段课程纲要目标与各个关键教育阶段核心素养,和右侧各个领域/科目互为统整关系。本文透过公民核心素养作为课程统整之基础,进行各关键教育阶段之数学、自然科学、艺术、语文、英语、社会、综合活动、健康与体育等八个领域/科目之课程统整,包括各领域/科目之"领域/科目课程目标"、"领域/科目核心素养"、"领域/科目学习重点",达成各教育阶段核心素养与各领域/科目之"垂直连贯"与"水平统整"。

就"领域/科目课程目标"、"领域/科目核心素养"与"领域/科目学习重点"的上下关系而言,某"领域/科目课程目标"系统整该教育阶段、该领域/科目之课程目标与该教育阶段核心素养而来,从公民核心素养九项中选择一至两项能统整该教育阶段核心素养与该领域/科目之课程目标,并考虑该领域/科目内部各教育阶段之间的衔接。"领域/科目核心素养"则根据"领域/科目课程目标",转化为该教育阶段该领域/科目所欲彰显培养的"教育阶段核心素养"具体内涵。"领域/科目学习重点"则根据"领域/科目核心素养"为指引转化而来,并由"学习表现"与"学习内容"组合交织而成,用以引导课程设计、教材发展、教科书审查及学习评量等,以彰显所欲达成的"领域/科目核心素养"以及相关"领域/科目学习重点"的学习表现与学习内容。故"领域/科目课程目标"与"领域/科目核心素养"是属于较上位;而"领域/科目学习重点"则是属于较下位的领域/科目之学习内容与学习表现。

三、 公民核心素养与 K-12 各领域/科目课程的连贯与统整之初步检核

研究发现,公民核心素养不仅能扣紧十二年公民基本教育的"自发"、"互动"和"共好"的基本理念,每一领域/科目皆可包括两项以上的公民核心素养,而且每项公民核心素养也能呼应到两个以上的领域/科目。本文以蔡清田、陈延兴、吴明烈、卢美贵、方德隆、陈圣谟、林永丰[9]与蔡清田、洪若烈、陈延兴、卢美贵、陈圣谟、方德隆、林永丰、李懿芳[10]之研究作为建构公民核心素养的基础,先由现有幼儿园课程纲要、公民中小学九年一贯课程纲要、高中课程纲要、高职课程纲要,探究其与"公民核心素养"之关系,并选择可与"公民核心素养"进行"各个关键教育阶段"课程连贯之数学、自然科学、艺术、语文、英语、社会、综合活动、健康与体育等八个领域/科目,进而转化为可连贯"各个关键教育阶段"并统整领域/科目之"领域/科目课程目标"、"领域/科目核心素养"、"领域/科目学习重点"。现列出可连贯"四个关键教育阶段"与八个领域/科目可进行 K-12 课程连贯与统整之公民核心素养检核(如表 1 所示)。

表 1　公民核心素养与 K-12 各领域/科目连贯与统整之初步检核[12]

公民核心素养 领域/科目	A 自主行动			B 沟通互动			C 社会参与		
	A1 身心素质与自我精进	A2 系统思考与解决问题	A3 规划执行与创新应变	B1 符号运用与沟通表达	B2 科技信息与媒体素养	B3 艺术涵养与美感素养	C1 道德实践与公民意识	C2 人际关系与团队合作	C3 多元文化与国际理解
数学		v		v	v	v			v
自然科学		v	v		v		v		
艺术	v					v	v		
语文				v	v		v		v
英语				v					v
社会		v			v		v		v
综合活动(高中综合活动、生活家政)	v		v				v	v	
健康与体育	v		v			v			

由表 1 可见,公民核心素养不仅是可进行"K-12 各个关键教育阶段"垂直连贯,公民核心素养更具有"共同性",是可跨越领域/科目的核心素养,是可以进行水平统整课程设计,可

与数学、自然科学、艺术、语文、英语、社会、综合活动、健康与体育等八个领域/科目课程相结合,据以建构该领域/科目的"领域/科目课程目标"、"领域/科目核心素养"、"领域/科目学习重点"。表1的初步检核过程是透过现有四个关键教育阶段之课程纲要,从中找出与公民核心素养相呼应之各教育阶段课程目标,进而发展出图1各教育阶段八个领域/科目之"领域/科目课程目标"、"领域/科目核心素养"、"领域/科目学习重点",故公民核心素养可与学校课程的领域/科目进行统整,且各关键教育阶段各领域/科目仍保自主弹性以维持"差异性"。公民核心素养的培养系通过各领域/科目的学习,但每一领域/科目各有其"独特性",而且高级中等教育阶段学校类型的"差异性"而加以发展,不必涵盖核心素养或各教育阶段核心素养的所有面向。如此可避免每一领域/科目之"核心素养"与"学习重点"过于繁杂。由此可见核心素养具有跨领域/科目的特质,[11]每一领域/科目至少可包括两项以上的核心素养,而且每项核心素养也都能呼应到两个以上的领域/科目。

公民核心素养是一种跨领域/科目的课程设计,并非如同过去的"生活与伦理"、"公民与道德"等单独设置的领域/科目;公民核心素养这种跨领域/科目的课程设计,能考虑到公民核心素养的九个项目,能根据不同领域/科目的课程内容特性进行统整,不须硬塞注入领域/科目,以免牛头不对马嘴而无法相互呼应,因此不是所有的九项核心素养都需融入某一特定领域/科目。

(一) 公民核心素养是跨越个别领域/科目的核心素养,并非局限于单一领域/科目之内,可打破单一领域/科目的传统疆界局限

第一个值得注意的是,公民核心素养是跨越个别领域/科目的核心素养,并非局限于单一领域/科目之内,可打破单一领域/科目的传统疆界局限,如表1所示,某项公民核心素养如"A1 身心素质与自我精进"可能跟艺术、综合活动、健康与体育等领域有关;"A2 系统思考与解决问题"可能跟数学、自然与生活科技、社会等领域/科目有关;"A3 规划执行与创新应变"则可能与自然与生活科技、综合活动、健康与体育等领域/科目有关;"B1 符号运用与沟通表达"跟语文、英语、数学等领域/科目有关;"B2 科技信息与媒体素养"可能跟社会领域有关;"B3 艺术涵养与美感素养"可能跟艺术领域有关;"C1 道德实践与公民意识"跟社会领域有关;"C2 人际关系与团队合作"可能跟语文、综合活动等领域/科目有关;"C3 多元文化与国际理解"可能跟艺术、语文、社会等领域有关。由此可见,公民核心素养是跨越个别领域/科目的核心素养,而不只是局限在某单一领域/科目的素养。

公民核心素养是跨越领域/科目的核心素养,是跨越单一领域/科目的核心素养;在此"跨域"理念下,每一个特定项目的公民核心素养(如"A1 身心素质与自我精进"),并非局限于单一领域/科目如"健康与体育",而每一个项目的公民核心素养,都可以透过跨越领域/科目的课程设计加以培育,特别是跨越单一领域/科目,透过多个领域/科目如"健康与体育"、"艺术"、"综合活动"的协同合作,才能统整地培育每一个项目的公民核心素养,以培养当代公民所需的核心素养。这也呼应了"公民核心素养"不只是能横跨生活的各种不同的多元社

会场域,也可跨越各关键教育阶段主要领域/科目内容,并在社会文化环境脉络情境下,协助公民获得经营积极生活所需的核心素养。

（二）单一领域/科目涵盖的并非是单一项目的公民核心素养,且单一项目的公民核心素养也不是局限于某单一领域/科目的学科素养

第二个值得注意的是,单一领域/科目涵盖的并非是单一项目的公民核心素养,且单一项目的公民核心素养也不是局限于某单一领域/科目的学科素养,例如某单一领域/科目——"数学"所涵盖的公民核心素养并非只是单一项目的公民核心素养,是与"B1 符号运用与沟通表达"、"A2 系统思考与解决问题"等两项目公民核心素养较为直接相关的,而且尚可进行幼儿园、小学、初中、高级中等教育等各个教育阶段的垂直连贯。这两个项目公民核心素养不只与数学直接相关,也和语文有密切关连,但数学则与"A1 身心素质与自我精进"、"C1 道德实践与公民意识"等项目的公民核心素养关系较小。是以"数学"要从单一领域/科目的记忆背诵计算要求之学科素养,进而转向培养学生发展可以"跨越"出去并加以"伸展"的竞争力,协助学生可以透过"跨领域"学习的"B1 符号运用与沟通表达"、"A2 系统思考与解决问题"等主动学习探索与实作,以培养公民因应现代社会生活所需之核心素养。类似地,"英语"所涵盖的公民核心素养也并非九项之中的单一项目核心素养,而是与"B1 符号运用与沟通表达"、"C3 多元文化与国际理解"等公民核心素养较为直接相关,尚可以进行小学、初中、高级中等教育等各个教育阶段的垂直连贯,而与"A3 规划执行与创新应变"、"C1 道德实践与公民意识"等项目的公民核心素养关系较小,所以"英语"也不能自我设限于单项公民核心素养之内。

可见公民核心素养是跨越领域/科目的核心素养,而不只是局限在某一领域/科目之学科素养。公民核心素养是透过较为相关而不同的"领域/科目",如数学、语文、科学等来共同培养"符号运用与沟通表达"、"系统思考与解决问题"、"艺术涵养与美感素养"、"道德实践与公民意识"、"多元文化与国际理解"、"科技信息与媒体素养"、"人际关系与团队合作"、"规划执行与创新应变"、"身心素质与自我精进"等项目的公民所需的核心素养。

（三）九项公民核心素养除了在"K–12 各个关键教育阶段"垂直连贯培育之外,其在各教育阶段各领域/科目所强调的重点仍有不同,并非每一领域/科目都需包含所有九项,但强调核心素养应由各领域/科目共同实践

上述九项公民核心素养皆可与现行幼儿园、小学、初中、高级中等教育之各领域/科目进行课程统整,这九项公民核心素养除可与现行各领域/科目进行水平统整外,尚可进行各个教育阶段的垂直连贯,现将各关键教育阶段领域/科目所强调的核心素养对照,找出该领域/科目在各教育阶段均强调的核心素养项目,亦即,该项公民核心素养从幼儿园、小学、初中、高级中等教育均受到重视的项目(如表 2 所示)。

表 2　各领域/科目可进行 K‑12 垂直连贯之公民核心素养检核[13]

领域/科目		A 自主行动			B 沟通互动			C 社会参与		
公民核心素养		A1 身心素质与自我精进	A2 系统思考与解决问题	A3 规划执行与创新应变	B1 符号运用与沟通表达	B2 科技信息与媒体素养	B3 艺术涵养与美感素养	C1 道德实践与公民意识	C2 人际关系与团队合作	C3 多元文化与国际理解
数学	幼儿		∨		∨					
	小学		∨		∨					
	初中		∨		∨					
	高中		∨		∨					
	高职		∨		∨					
自然科学	幼儿		∨	∨						
	小学		∨	∨						
	初中		∨	∨						
	高中		∨	∨						
	高职		∨	∨						
艺术	幼儿	∨					∨			∨
	小学	∨					∨			∨
	初中	∨					∨			∨
	高中	∨					∨			∨
	高职	∨					∨			∨
语文	幼儿				∨				∨	
	小学				∨				∨	
	初中				∨				∨	
	高中				∨				∨	
	高职				∨				∨	
英语	幼儿				∨					∨
	小学				∨					∨
	初中				∨					∨
	高中				∨					∨
	高职									∨
社会	幼儿		∨			∨		∨		∨
	小学		∨			∨		∨		∨
	初中		∨			∨		∨		∨
	高中		∨			∨		∨		∨
	高职		∨			∨		∨		∨
综合活动	幼儿	∨		∨					∨	
	小学	∨		∨					∨	
	初中	∨		∨					∨	
	高中	∨		∨					∨	
	高职	∨		∨					∨	

领域/科目		A 自主行动			B 沟通互动			C 社会参与		
公民核心素养		A1 身心素质与自我精进	A2 系统思考与解决问题	A3 规划执行与创新应变	B1 符号运用与沟通表达	B2 科技信息与媒体素养	B3 艺术涵养与美感素养	C1 道德实践与公民意识	C2 人际关系与团队合作	C3 多元文化与国际理解
健康与体育	幼儿	✓		✓						
	小学	✓		✓						
	初中	✓		✓						
	高中	✓		✓						
	高职	✓		✓						

以表3"公民核心素养与普通高中各领域/科目关系"表为例,数学与"A2 系统思考与解决问题"、"B1 符号运用与沟通表达"、"B2 科技信息与媒体素养"、"B3 艺术涵养与美感素养"、"C3 多元文化与国际理解"等五项公民核心素养较相关,而在表 2 之中,数学与"B1 符号运用与沟通表达"、"A2 系统思考与解决问题"等两项公民核心素养较直接相关且可进行幼儿园、小学、初中、高级中等教育等各个教育阶段的垂直连贯。由此可见,各教育阶段领域/科目所能涵盖的公民核心素养项目之数量远多于表 2 各领域/科目可进行的 K - 12 年级垂直连贯之公民核心素养的项目数量。

表3　公民核心素养与普通高中各领域/科目关系[14]

领域/科目		A 自主行动			B 沟通互动			C 社会参与		
公民核心素养		A1 身心素质与自我精进	A2 系统思考与解决问题	A3 规划执行与创新应变	B1 符号运用与沟通表达	B2 科技信息与媒体素养	B3 艺术涵养与美感素养	C1 道德实践与公民意识	C2 人际关系与团队合作	C3 多元文化与国际理解
数学			✓		✓	✓	✓			✓
自然科学	物理		✓	✓	✓	✓	✓			✓
	化学		✓	✓	✓	✓	✓			✓
	生物		✓	✓	✓	✓	✓			✓
	地科		✓	✓	✓	✓	✓			✓
艺术	音乐	✓					✓			✓
	美术	✓					✓			✓
	艺术生活	✓					✓			✓
语文		✓	✓	✓	✓	✓	✓	✓	✓	✓
社会	历史	✓	✓	✓	✓	✓	✓	✓		✓
	地理		✓	✓	✓	✓		✓		✓
	公民与社会	✓	✓	✓	✓	✓		✓		✓
综合	综合活动	✓	✓	✓	✓	✓	✓	✓	✓	
	家政	✓	✓	✓	✓	✓	✓	✓	✓	

公民核心素养 领域/科目		A 自主行动			B 沟通互动			C 社会参与		
		A1 身心 素质与 自我 精进	A2 系统 思考与 解决 问题	A3 规划 执行与 创新 应变	B1 符号 运用与 沟通 表达	B2 科技 信息与 媒体 素养	B3 艺术 涵养与 美感 素养	C1 道德 实践与 公民 意识	C2 人际 关系与 团队 合作	C3 多元 文化与 国际 理解
健体	健康与护理	√	√	√	√	√		√		
	体育	√		√			√	√	√	√
英语			√	√	√	√				

以表 3"公民核心素养与普通高中各领域/科目关系"表为例,"B1 符号运用与沟通表达"、"A2 系统思考与解决问题"、"A3 规划执行与创新应变"等公民核心素养皆与语、英、数、自、社、健体、综合活动等领域/科目有密切相关。特别是"数学"领域/科目可进行的 K‒12 年级垂直连贯的公民核心素养包括了"A2 系统思考与解决问题"、"B1 符号运用与沟通表达"、"B2 科技信息与媒体素养"、"B3 艺术涵养与美感素养"、"C3 多元文化与国际理解"等五项核心素养,而不只是一个单项素养;"自然科学"领域/科目可进行的 K‒12 年级垂直连贯的公民核心素养包括了"A2 系统思考与解决问题"与"A3 规划执行与创新应变",而不是单一素养;"艺术"领域/科目可进行的 K‒12 年级垂直连贯的公民核心素养包括了"B3 艺术涵养与美感素养"、"C3 多元文化与国际理解"与"A1 身心素质与自我精进",而不是单一的素养。

"语文"领域/科目可进行的 K‒12 年级垂直连贯的公民核心素养包括了"B1 符号运用与沟通表达"与"C2 人际关系与团队合作",而不是单一的素养;"英语"领域/科目可进行的 K‒12 年级垂直连贯的公民核心素养,包括了"B1 符号运用与沟通表达"与"C3 多元文化与国际理解",而不是单一素养;"社会"领域/科目可进行的 K‒12 年级垂直连贯的公民核心素养包括了"B2 科技信息与媒体素养"、"C1 道德实践与公民意识"、"C3 多元文化与国际理解"与"A2 系统思考与解决问题",而不只是单一素养;"综合领域"领域/科目可进行的 K‒12 年级垂直连贯的公民核心素养包括了"C2 人际关系与团队合作"、"A1 身心素质与自我精进"与"A3 规划执行与创新应变",而不只是单一素养;"健康与体育"领域/科目可进行的 K‒12 年级垂直连贯的公民核心素养包括了"A1 身心素质与自我精进"与"A3 规划执行与创新应变",而不只是单一素养。

高级中等教育各领域/科目课程目标能达成"沟通互动"、"社会参与"及"自主行动",唯各领域/科目偏重略有不同。例如,数学领域较强调"沟通互动"和"自主行动";在社会领域中,"社会参与"和"自主行动"则相对较多。整体而言,"自主行动"面向较多,此结果符合台湾地区高中职"99 课程纲要"对学生共同应具备素养的要求,如生活适应、未来学习、公民资质、社会服务之基本能力。其次,以各领域/科目课程目标为分析单位来看,公民核心素养的三面九项在各领域/科目都有提及,唯各领域/科目属性差异,所重视的比例各不相同。如公民科较重视社会参与的"C1 道德实践与公民意识";语文较偏重沟通互动的"B1 符号运用与沟通表达"和"B3 艺术涵养与美感素养";体育、健康与护理较强调自主行动的"A1 身心素质与自我精进";专题制作则偏重自主行动的"A2 系统思考与解决问题"和"A3 规划执行与创新应变"。[15]

四、结语

核心素养的培养需秉持渐进、加广加深、跨领域/科目等原则，可透过各教育阶段学校课程的不同领域/科目之学习来达成。就核心素养与学校课程领域/科目的课程连贯与统整关系而言，公民核心素养可以引导各领域/科目内容的课程发展方向，各教育阶段领域/科目的课程内涵应能呼应所欲培养的核心素养，并透过"领域/科目课程目标"、"领域/科目核心素养"、"领域/科目学习重点"的课程设计，将各教育阶段学校课程领域/科目与公民核心素养的呼应关系具体地展现出来，但各领域/科目各有其独特性与差异性，不必涵盖各教育阶段核心素养的所有九个项目，会有其所强调的领域/科目的重点设计，毋需勉强将所有九项核心素养内容全部纳入该领域/科目内涵中。此一设计尊重领域/科目的学科特性，较富有课程设计的弹性，[16]不同于台湾过去九年一贯课程改革将所有十大基本能力硬塞到单一领域科目之中，这是十二年公民基本教育课程改革的特色。

参考文献：

[1][6] 黄光雄,蔡清田. 课程发展与设计新论[M]. 台北：五南图书出版公司,2015：1.

[2][7] 蔡清田. 50 则非知不可的课程学概念[M]. 台北：五南图书出版公司,2016：3.

[3] 蔡清田. 公民核心素养：十二年课程改革的 DNA[M]. 台北：高等教育出版公司,2014：20.

[4][11] 蔡清田. 课程发展与设计的关键 DNA：核心素养[M]. 台北：五南图书出版公司,2012：15.

[5] 蔡清田. 素养：课程改革的 DNA[M]. 台北：高等教育出版公司,2011：26.

[8][10][12][13] 蔡清田,洪若烈,陈延兴,卢美贵,陈圣谟,方德隆,林永丰,李懿芳. K-12 一贯课程纲要各教育阶段核心素养与各领域课程统整研究[R]. 嘉义：中正大学课程研究所,2012：39.

[9][14] 蔡清田,陈延兴,吴明烈,卢美贵,陈圣谟,方德隆,林永丰. K-12 中小学一贯课程纲要核心素养与各领域连贯体系研究[R]. 嘉义：中正大学课程研究所,2011：5.

[15][16] 蔡清田,陈伯璋,陈延兴,林永丰,卢美贵,李文富,方德隆,陈圣谟,杨俊鸿,高新建,李懿芳,范信贤. 十二年公民基本教育课程发展指引草案拟议研究[R]. 嘉义：中正大学课程研究所,2013：2-12.

健全人的核心素养及其课程设计

| 刘铁芳

　　教育过程作为知识活动过程,其最终的指向乃是个体德性的发展与个体生命自身的完善。知识走向美德主要是依赖两条路径,一是以知识本身的内在超越来达成个体德性,也即超越具体知识形式而上升到对普遍知识的追求,由此而以知识的提升引导个体上升到德性之境;二是把知识的学习还原成个体求知的活动,知识学习的过程乃是个体求知天性的成全与扩展,以及由此而来的个体生命的理智的充实,由此而在求知的活动过程中提升个体生命的境界。前者是从知识本身出发,在建构个体知识内在秩序的同时,逐步引导个体通达普遍知识,由此而引导个体走向整全。前者强调的是建构个体朝向整全的知识体系,后者意味着对话式的或者研讨式的知识学习路径。

　　站在个体求知活动的视角而言,理智兴趣的培养可谓知识能否走向美德的关键。理智兴趣从其个体发生结构而言,蕴含着两个基本层面:一是个体的理智活动能力,中心是个体思维能力;二是个体理智活动的指向,也即个体理智活动所指向的事物。理智兴趣的发展意味着个体理智思维能力的提升,同时也意味着个体理智思维活动积极指向某种关联性事物,这种有所指向的活动反过来构成个体理智世界的充实,成为个体进行更高理智活动的起点。从个体自身出发,理智兴趣乃是个体学习通往生命整全性发展的基石。正因为有了蓬勃的理智兴趣,学习活动就成了个体理智兴趣之中的生命的充实,也即建立在个体生命期待之中的自我充实。正因为如此,理智兴趣的发展可谓智育活动得以充分展开的中心。

一

　　古典哲人向来认为,知识始于个人天性中的好奇;哲学始于闲暇。亚里士多德就认为,"不论现在,还是最初,人都是由于好奇而开始哲学思考,开始时对身边所不懂的东西感到奇怪,继而逐步前进,而对更重大的事情发生疑问,例如关于月象的变化,关于太阳和星辰的变化,以及关于万物的生成。一个感到疑难和好奇的人,便觉得自己无知。如若人们为了摆脱无知而进行哲学思考,那么,很显然他们是为了知而追求知识,并不以某种实用为目的。当前的事情自身就可作证,可以说,只有在生活必需品全部齐备之后,人们为了娱乐消遣才开始进行这样的思考。"[1]

　　站在个体理智发展与教育的视角来解读亚里士多德的论述,可以给我们提供个体理智发展的内在秩序与基本路径。

首先,个体理智发展始于好奇,或者说好奇心的发展乃是个体理智发展的内在生命基础。离开了好奇心的驱动,理智发展就失去了内在生命力的支撑。好奇心的发展大致包括两个阶段,一是对个体周遭不懂的事物感到奇怪,二是对超越个体日常生活之上的更重大事物发生疑问。这意味着好奇心不仅是个体理智发展的历时性基础,也即年少阶段好奇心的孕育为其后个体理智发展提供基础性支持,同时也一直是个体理智发展过程的内在支持。正如苏格拉底所言的"认识自己无知",支撑个体发展的基础性条件乃是时刻意识到自己的无知,由此而始终保持对更高事物的涌动的好奇与求知状态。这种提升的好奇心的发生可谓基于天性而又超越于天性之上,成为一种文化—精神的生命实践。

其次,个体理智发展必然要经历的一个阶段就是为求知而求知,或者说为满足好奇心而求知,不以实用为目的。这里涉及的核心问题就是个体发展过程需要经历的一个重要阶段,就是不为实用而求知,也即求知的审美化,确切地说就是为了满足个体的求知欲而求知,也即基于兴趣而求知。这意味着理智兴趣的发展乃是个体理智发展的必要中介。

个体理智发展的第三个阶段,或第三个层次,才是为了实用而求知。这里说第三个阶段是指从个体发展不同阶段而言,需要经历自然的也即天性好奇的阶段,审美的也即理智兴趣的阶段,再到实用的也即基于现实效用的阶段。第三个层次则是指在同一个阶段实际上也包容着三个层面,即基于实用而求知,乃是个体理智发展的表面形态,其基础乃是好奇心,中间层面是理智兴趣,外显表层才是为了实用。单纯为了实用而求知,是行之不远的,也即不可能达到很高的水准。

站在个体理智兴趣发展的视角而言,理智兴趣的培养基础乃是个体自然天性中的好奇。换言之,发达的理智兴趣建基于个体自然天性中涌现出来的生动的好奇心。这里的要点是两个:一是自然天赋,二是从这种天赋中显现出来的生动的好奇心。这意味着理智兴趣发展的初始阶段乃是个体自然天性的充分孕育与展现,也即个体作为自然人的充分存在。这提示我们个体发展初期自然教育的要义。自然教育并不是放任自流的教育,而是如何让自然天性保持在自然发展的状态,同时又让自然天性得到充分舒展与孕育的教育。一方面从消极之维而言,避免人为知识的过度强加,以至淹没了人的自然天性。另一方面保护、激励人的自然天性的舒展,并且在个体自然天性充分舒展的过程中孕育个体在世的积极乐观的生命情感与美善事物的雏形体验。

理智兴趣发展的第二个关键阶段乃是美的体验,也即个体在运用自我天赋理智能力的过程中感受到的非关实用的纯粹的乐趣,感受到的自由与美。美的体验带给人的自然性的充盈,由此而获得个体学习与发展过程中的自然生命与美相统一的乐趣。换言之,美的体验乃是个体理智兴趣发展的重要源泉。这进一步提示学龄阶段初期美的教育作为主导性教育的意义,也即小学教育的审美性意义之所在。

理智兴趣发展当然也可以兼顾到其实用,特别是社会功用。这里涉及理智兴趣的上升问题,即个人性的理智兴趣上升到对社会需求的内在理解以及个人的社会责任感的驱动。

理智兴趣的上升与超越路径，一是外在超越，即个体置身多样活动方式中自身兴趣的不断激励与调整；二是内在超越，即在个体学习活动过程本身找到学习事物的内在兴趣，从而提升个体学习的深度。如果说前者是横向的扩展与转移，那么后者就是纵向的递进与深化。站在个体发展的视角而言之，理智兴趣的培育首先是外在超越，也即引导个体在多样的理智学习活动之中找到切合自己生命个性的兴趣所在，并经由自己在活动中的成功与愉悦而不断地深化自己的理智兴趣。其次是内在超越，也即伴随个体发展，逐渐意识到自我发展的内在目标，同时让自身发展的目标融入社会的普遍性诉求之中，由此而内在地扩展、提升自我理智兴趣，学习与成长变成一种自觉的责任。

这意味着早期课程应该是感性的、多样性的。中期课程逐渐扩展、提升人的理智能力。后期课程则趋于课程的深化。不同发展阶段对应于不同的课程类型。课程导致显示出三种类型：一是诗性课程；二是智性课程；三是理性课程。

所谓诗性课程，其中心就是以彰显个体感性能力为出发点，以个体身心的整体性参与为基本过程，以全面提升个体的感性生命、激励个体的审美精神为目的。在给儿童提供多样的选择性的同时，凸显儿童的兴趣，同时也凸显个体与世界的情感性联系。

智性课程强调个体理智能力的发展，重在培养个体诸种分析、判断、推理能力，深化个体的理智水平。

理性课程侧重个体对世界的整体性理解，强调整体性思维、关系思维，重视反思能力与创造性综合实践能力的培养。小学低年级以综合课程为主，以孕育个体向着世界的整体感受力与直觉能力的发展；中学阶段则是以分科课程为主，突出学科对个体理智发展的促进作用；大学教育则需要逐步超越分科，突出分科之上的综合课程，以培养个体创造性综合实践能力。

换言之，个体发展初期的课程，其主导特征应该是诗性的、感性的。中期的课程乃是理智性的。后期的课程乃是综合性的，也即哲学性的。后期的哲学性并不排斥诗性课程，诗性课程以更隐在的方式与哲学性课程一起促成个体的完整成人。诗性课程在个体发展中具有基础性意义。如果说智性课程重在发展个体的理智能力，理性课程重在发展人的反思能力与综合实践能力，那么诗性课程就是发展人之人性本身。"诗使数学具有人性，并给数学以人的意义。"[①]诗性课程让哲学与数学思考更细致，更能深入事情本身，同时具有人性的温度。我们之所以提出低龄阶段，尤其是小学教育的审美化，原因就在于此。小学课程的审美化的实现，从正面而言，乃是要增加审美课程在小学课程体系中的地位；从负面而言，乃是要降低课程知识的难度，给审美课程以及课程实施的审美化提供空间。教学过程中的审美化还离不开一条基本路径，那就是师生交往的扩展，师生的自由交流可以说是课程审美化的基础形式，课程审美化的根本乃是课程实施中人的审美化生存，师生交往的充分扩展本身就是审美

---

① 罗森.诗与哲学之争[M].张辉,译.北京：华夏出版社,2004：33.译文参考：肖厚国.自然与人为：人类自由的古典意义[M].上海：华东师范大学出版社,2006：89.

化教育的重要组成部分。师生交往的充分扩展还需要学校规模与班级额度的控制，小学教育的小规模化。可以说，小学校的小规模化以及小班化教学，乃是提升小学课程审美化的根本性保障之一。

二

知识走向美德是一个过程，是一个贯穿于个体发展历程之中的过程，不同阶段的知识活动有着不同的性质。按照柏拉图的设计，早期教育的主要内容是音乐和体育。青少年阶段的教育主要是修辞、文学、算术、几何、天文、音乐。成年期的教育是辩证法。基于知识、生命与德性的视角而言之，不难发现，早期的音乐和体育乃是非关知识的生命教育，乃是充实、孕育健全生命本身的教育。中期的修辞、文学、算术、几何、天文、音乐教育乃是逐步以理智知识来开启、彰显个体生命理智之维的教育，也即以理智知识的逐步获得来充实个体生命的教育。这个阶段的教育乃是在彰显个体的理智能力的过程中间接肯定生命的教育。后期的辩证法才是引导个体超越经验世界，以纯粹的理智面对整全与世界背后的本相，由此而引导个体人格在超越之域中的完成。以"苏格拉底对话方式"为例，苏格拉底针对年轻人和成年人实际上采用的是不同的对话方式。所谓反诘式的对话主要是针对城邦中拥有一定地位的成年人。因为他们的习俗生活经验充分，所以需要足够的反诘问答才有可能让他们超越既有经验。之所以针对年轻人，因为他们聪慧、敏感，习俗生活经验并未充分习得。于是，苏格拉底实际上更多地是采用引导与肯定式的对话，让他们一点点走向理智思考的深入，去探问事物的真相。

在苏格拉底、柏拉图那里，知识走向美德是一个生命过程。首先是个体自然生命本身的健全与优雅，以具备充分接受知识的可能性。其次是理智知识的逐渐获得，也即个体理智世界的逐步开启。然后才是理智知识的反思与经验世界的自我超越。

这里需要特别提出来的是，个体的学习乃是从身体开始的。个体最初的学习乃是情绪情感性的，是基于身体与本能的对周遭人与情景的直接感受与直觉反应。最初的学习是情绪情感的，是基于身体与直觉的，或者说就是身体性的，而非知识与理智的。这种情感性体验构成个体发展的基础。换言之，个体对周遭人事的情绪情感的体验先于个体对世界的认知。个人身体的情绪情感体验优先于理智思维的学习。这意味着个体发展初始阶段的情感性。这也能解释审美在个体发展中的优先性。正是个体生存初期在混沌之中所获得的积极情绪情感体验以及由此而逐步形塑出来的个人身体（包括心理）朝向他人与世界的积极情感态度，构成个体知识学习的基础。正是个体年少阶段从身体出发形成的积极向上的生命情态构成个体发展的真实的生命本体基础，也成为知识走向美德的重要而不可或缺的根基所在。"知识即回忆"①意味着一个人后面阶段的教育其实是前面孕育阶段教育的回忆与显现，

---

① 苏格拉底对话所直接面对的对象主要是成年人。当苏格拉底申言知识即灵魂的回忆时，尽管其中所指涉的内容乃是神圣事物，但从其现实的来源上说，并不排除年少阶段的孕育。至少，年少阶段的审美化的教育乃是为灵魂之记忆的激活提供可能性。

是个体诗化教育的理性化提升与超越。个体发展前期基于身体的美好事物的经验具有至关重要的奠基性意义。个体后期发展之所以可能走向整全,一个重要的原因正是对前期以美好事物体验为中心的各种潜移默化的教育经验的回忆与应答,由此而使得个体发展在前后呼应中趋于完整。

个体降生于世,首先获得的是情绪情感体验,或者说,个体在世最初的学习乃是情绪情感的学习,个体认识世界、理解世界之前是感受世界。这种感受乃是基于身体的,或者说从身体开始。不仅如此,个体在学习过程中,对学习事物的认识同样是建立在个人身体对学习事物的直觉感知之上。"乐之"促成"好之","好之"成就"知之"。个体有效的认识活动总是建立在个人身体的喜好与愉悦之上。不管是从历时性结构而言,还是从共时性结构而言之,从身体出发对世界的感受都是个体理智的认识世界的基础,或者说前者奠定了个体理智地认识世界的意向基础。个体理智能力的发展始终包容在个体对世界的感受之中。爱包容着个体的智慧发展。个体智慧的发展最终回返到个体对世界的爱。就柏拉图《理想国》的"诗哲之争"而言,哲学貌似战胜了诗歌,最终却是哲学与诗歌的和解。这意味着知识走向美德,其个体性路径正是基于个体对世界的生动感受,也即对世界的爱。正是个体对世界的爱包容并引导个体的知识与能力发展,才使得这种知识与能力最终走向个体德性境界的提升,由此而使得个体成为真实地活在世界之中的健全的人,而非单纯理智能力扩展的单面人。

以美国亨特学院附属学校不同阶段的课程制度为例。低龄阶段关注想象力、审美情趣和多方面兴趣;学龄中后期,也就是高中和大学时期,则注重与知识有关的理性反思与批判、精神自由与独立。换言之,学龄初期的教育侧重个体身心的充分唤起,培育个体向着知识与世界的积极情感态度,学龄中后期则侧重个体理性的发展与人格的独立。而"尊重个体选择、提供广泛的课程内容、强调问题解决能力和实践动手能力基本贯穿于个体的整个正规教育生涯"。[2]这意味着贯穿教育实践过程的基本教育路径和方式,乃是个体身心对当下教育过程的充分进入。想象力和审美情趣在每个阶段的广泛渗透,则是凸显美育在整个教育实践过程中的奠基作用。在这个意义上,我们常言的基础教育的"基础",其实并不是知识的积累本身,而不过是为未来的知识学习与创造打基础。这意味着比知识基础本身更重要的是指向学生未来发展的个体向着无限世界的热情、兴趣、想象力和好奇心。这些素养综合起来,就是一个人发达的生命力本身。换言之,个体未来发展真正的基础正是一个人年少阶段奠定的健康、优雅、丰富、富于张力的生命力本身。我们平常所着力强调的"双基"也即基础知识与基本技能,恰恰是反过来抑制了个体生命自身的热情、兴趣、想象力与好奇心。换言之,抑制了个体自身内在蓬勃向上发展的生命活力,个体生命的整全性发展正是建立于个体生命积极向上的内在活力的基础之上。

三

所谓知识走向美德,走向美德的并不是知识,而是知识活动,确切地说是知识活动中的人,或者说,是人的知识活动。人的知识活动何以成为激励个体德性生长的活动? 单纯的知识活动作为理智思维的活动过程,显然不足以成为个体德性生长的过程。这里的关键在于如何超越知识作为单纯理智思维的活动,变成个体在知识活动中生命整体之转向的活动。这意味着个体之于知识的爱与兴趣,正是个体在知识活动中的爱与兴趣、趣味的真实发生,引领着个体生命的上升。换言之,正是凭借知识活动过程中,个人身体之朝向知识、爱智慧,由此而使得知识过程成为观照、激活个体身心整体的活动过程。知识活动也因此而走向个体生命的自我提升与个体德性的内在生长。唯有当知识活动激活了个体身心,进而激活个体生命之内在力量,个体才通过知识活动获得自我精神生命,乃至整体生命的成长。这意味着优良的教育并不是简单地把个体置于知识学习过程之中,也不是单纯地寻求知识学习的效率,而是如何有效地开启个体生命朝向知识学习的通道,也即把个体引向知识之爱,获得知识活动本身的趣味,激发自我理智兴趣。"帮助年轻人发现文字背后的力量与快乐。"[3]优秀的教师就是如何帮助学生发现知识背后的力量与快乐。尽管这个过程可能不乏辛苦,可是,一旦个体找到了知识背后的力量与快乐,知识学习就变成了一种生命之爱,变成个体孜孜以求的持续的行动。

一个人要获得知识很容易,获得技能也并不难,难的是关爱的意向和切实行动的能力。我们对事物的关切总是在两个层面展开,一是智性的,一是生命性的;一是理智的关怀,一是生命的同情、共情,由此而来的对事物的热情。单纯的知识学习,并非建立个体与事物本身的真切联系,事物不过是以抽象的符合形式出现在个体世界之中,而不是以事物本身的样子与个体相遇,个体对事物本身并没有产生亲近感。换言之,个体获得的只是关于事物的知识,而非热情。基于爱与热情唤起之模糊性的关系逐渐生长为明晰而切实的责任与行动的能力。我们既需要培养个体对事物的深度知识,也即培养个体对事物的切实认知,也即认识到事物发展内在的方向与路径,而非流于浮泛的介绍性知识。重要的是,需要培养个体对事物的热情与朝向事物的深广的爱。当下教育实践的问题正是在两个层面上的双重不足。由此而来的问题是,我们无法达成置身世界之中的深入而切实的完整实践。我们自身也不足以凭借整体性的实践而成为整全的生命存在。

个体发展的过程乃是爱与智慧相融合的过程。爱与智慧的有机结合可谓人的全面发展教育的真谛所在。爱与智慧密切相关,爱是个体智慧欲求的内在依据。没有爱就没有对智慧的渴求;智慧的增长同样激励个体更宽广的爱欲,把个体引向普遍之爱。有人认为,"知与爱永成正比。知得越多,爱得越多。……爱得越多,知得越多。"[4]在知与爱之间,必先知,必要的知乃是爱的情感发生的条件,也是恰当的爱之实践的基础。"无知的爱,不是爱。"[5]缺少了必要的知,爱是盲目的。"一无所知的人什么都不爱。一无所能的人什么都不懂。什么都不懂的人是毫无价值的。但是懂得很多的人,却能爱,有见识,有眼光……对一件事了解得越深,爱的程度也越深。"①同样,没有爱,知识本身也是匮乏的。正是爱的背景提示着知识活

---

① 详见:弗洛姆.爱的艺术[M].李健鸣,译.上海:上海译文出版社,2008:扉页.从苏格拉底开始,西方有着深远的知识传统,也即以知识作为个体德性的基础,美德首先是一种知,无知本身就是恶。爱作为一种德性,同样以知识为基础。正因为如此,弗洛姆提出,"人们本可以学会去爱"。(同上,第1页。)这跟我们把爱单纯视为一种情感迥然不同。正因为如此,深入思考爱与知识的关联,对于我们而言,乃是一个十分重要的基础性问题。

动的属人性,有了爱,反过来可以促进知识的欲求,并引领知识学习与实践的方向。爱的扩展成为个体欲求知识的动力。"虽然爱与知识两者必要,但在一种意义里爱是更为基本的,理由是它会引导睿智之人去寻求知识,以发现如何有利于他们所爱的人。"[6]无知的爱不是爱,至少难以将爱转化成切实的行动,无爱的知同样不是属人的知。正是在爱的交往中的生动的知,保障、提升个体知识活动的属人性。知识即美德,乃是把知识还原成活生生的活动,也即在人与人的交往中走向智慧之爱。知识即美德,乃是把知识学习还原成活生生的交往实践活动,也即在人与人的交往中走向智慧之爱。

爱与智慧在个体发展中可谓相伴而行,密不可分。爱与智慧的结合方式乃是以爱来包容智慧的发展,个体智慧的发展在爱的背景之中,爱世界优先于认识世界。合宜的教育路径乃是首先引导个体在对世界的必要的神秘感中亲近世界,爱世界,以此为基础,再去认识世界,并发展以创造力为中心的自我实践能力。过早的理智发展,会弱化个人对世界整体性的感受力。早期教育唤起优美的情感,孕育个体向着他人与世界之爱,促成个体发展的合理方向的形成,再逐渐地发展个人的理智能力、反思能力和创造性实践能力。或者说,个体发展的前期重在个体心灵在体验美好事物的过程中转向美好事物,孕育美好事物的原型于个体生命结构之中,成为个体发展的基础性精神结构。从个体发展的共时性结构而言,爱的情感状态不仅意味着个体积极的生命状态,同时也促成个体心智世界的开放性,为个体理智能力的展开与智慧的激励提供准备性的视域。爱智慧乃是以爱为前提,包容智慧。缺少爱,智慧是冷冰冰的。爱不仅是智慧发展的动力,也给爱给智慧以实践的方向。与此同时,个体智慧的发展给爱以合宜的内容与方式,促成个体积极的爱的实践,让个体活在爱中,活在爱的行动中,活出爱与智慧彼此支撑的健全人生。理想的教育实践乃是要在爱的背景中开启知识活动,同时在生动的知识活动中激励爱的上升。

四

维柯曾言,"人类本性,就其和动物本性相似来说,具有这样一种特性:各种感官是他认识事物的唯一渠道。因此,诗性的智慧,一开始要用的玄学就不是现在学者们所用的那种理性的抽象的玄学,而是一种感觉到的想象出的玄学,类似原始人的想象。这些原始人没有推理的能力,却浑身是强旺的感觉力和生动的想象力。这种玄学就是他们的诗,诗就是他们生而就有的一种功能(因而他们生而就有这些感官和想象力);他们生来就对各种原因无知。无知是惊奇之母,使一切事物对于一无所知的人们都是新奇的。"[7]儿童人的生命姿态无疑是最接近原始人的。他们凭借生而就有的感官和逐渐发展的想象力,以及由于对事物原因的无知而产生惊奇,发展着属于儿童的诗性智慧。儿童天性中就拥有的"强旺的感觉力和生动的想象力"正是他们原初性的强旺生命力的显现方式,良好的早期教育就是要使这种生命力更充分地显现出来,并且赋予健康、优雅的方式。"诗的最崇高的工作就是赋予感觉和情欲于本无感觉的事物的。儿童的特点就在把无生命的事物拿到手里,戏和它们交谈,仿佛它们就是些有生命的人。"[8]这意味着对于儿童而言,培育诗性智慧最好的方式,就是扩展他们与事物的联系,引导他们不断地去亲近周遭事物,赋予感觉和情欲于那些本无感觉的事物。这个过程就是儿童生命力得以唤起并不断扩展、提升的过程。这一过程唤起儿童生命的诗性品质。儿童生命阶段所奠定的诗性智慧无疑成为个体成年期诗性智慧的基础。一个人审美(游戏)的生命品质奠基于童年的诗性教育对个体内在生命力的激活与孕育,正如一个人生命的功利品质跟童年生命力显现之匮乏有着很大的关系。

教育的最高目的乃是促成个体完整人格的形成,也就是个体德性的完成。如果说体育、美育唤起个体向着世界的积极姿态,那么个体德性的完成,正是世界向着个体自我的回复。而个体之智力生活的开展、道德规范的习得与身体技能的获得,都包容在体育、美育和德性教育(世界观教育,个体德性的集中体现就是世界观的完成)所敞开的个体生命视域之中。如果我们把体育、美育作为人的自由全面发展教育的基础与底层,智力生活、道德规划与实践技能的训练可谓人的自由全面发展教育的中层,而德性教育或曰世界观教育就是人的全面发展教育的完成与顶层。如果说生动的体育、美育、智育乃是要提升、扩展人的原初的生命力,那么德性教育乃是给个体生命力赋予内在的形式,以提升个体生命的意义。缺少了个体生命力的激活、充实、扩展,德性教育就成了无源之水,无本之木;同样,缺少了德性教育对个体原初性生命力的提升,个体优雅的生命力难免流于狭隘,而走向精致的利己主义化生存。教育的最高形式乃是世界观的形成,也就是哲学教育的完成。而哲学教育的完成恰恰是对作为出发点与基础的体育与美育的回应,由此而保持个体生命的健全而生动的活力。正因为如此,在柏拉图的哲学与诗歌之争中,表面上是哲学战胜了诗歌,但从更基本的层面来看,却是诗歌包容着哲学。① 离开了优雅之体育、美育的奠基,其后的哲学教育就找不到内在回应的本体性基础,而成为单纯的理智化训练,这样的哲学教育也难以真正达到生命之德性的跃升。

"人们起初只感触而不感觉,接着用一种迷惑而激动的精神去感觉,最后才以一颗清醒的心灵去反思。这条公理就是诗性语句的原则,诗性语句是凭情欲和恩爱的感触来造成的。至于哲学的语句却不同,是凭思索和推理来造成的,哲学语句愈升向共相,就愈接近真理;而诗性语句却愈掌握殊相(个别具体事物),就愈确凿可凭。"[9]维柯这里所论及的诗歌与哲学的区别,与柏拉图在《理想国》中的论述大抵相同。不同的是,柏拉图强调的是哲学对诗歌的超越,而在维柯这里,诗歌与哲学被并置在一起。② 维柯清楚地表明了从触觉、感觉到反思的过

---

① 这里不仅可以从个体发展得到印证,大凡世界一流的创造性人才,大都是在年少时期受过良好的艺术教育。当然,这里的艺术教育形式也包括与自然生动接触过程中的自然美的熏陶的教育。正是年少时期在艺术教育之自由与美的浸润中,激励个人的观察与想象力,孕育个体的创造力,培育生命的美感,为一生的卓越创造提供基础与动力。我们还可以从人类的发展来看,从荷马史诗,到诗经、山海经,早期民族大都是从诗化文明开始,也就是有一段诗性教化的时期。正是这一诗化文明的阶段孕育着古希腊的哲学和中国春秋战国时期的诸子百家争鸣。从人类文明史而言,可以说没有充分的诗性文明,就难以有充分的哲学、科学文明的发展。

② 如果说在柏拉图那里,其隐晦的言说乃是诗歌对哲学的包容,那么维柯无疑是进一步阐明这种包容的意义,也就是诗歌与哲学在个体发展中的不同功能。文艺复兴时期,诗人但丁也借《神曲》的写作表达了他对诗性智慧的看法。对于诗的智慧,但丁有足够的自信,他借弗吉尔之口嘲讽了理性的软弱:"谁希望用我们微弱的理性识破无穷的玄妙,那真是非愚即狂。"他还说:"我将……作为一个诗人归去,在我受洗的泉边戴上我的桂冠。"(参见朱文信. 生命是伟大的朝圣之旅[J]. 读书,2013(12):4。)但丁在这里告诉我们,诗同样是呈现真理的不可替代的形式。

程,特别是讲到从迷惑而激动地去感觉到带着清醒的心灵去反思。诗歌让我们切身地感受具体事物,并且趋向具体事物。哲学让我们超越个别事物,走向普遍性的真理。完整的教育意味着两者的结合,引导个体在积极趋向事物的过程中通达对事物的普遍性认识,让对事物之爱与对真理的欲求结合起来,让对真理的追求包容在对世界之爱中。对真理的追求以对世界之爱为基础与背景,我们活在世界中,不仅是认识这个世界,更重要的是朝向这个世界,爱这个世界。我们对这个世界的认识与改造的实践都是包容在我们对这个世界的爱的背景与视域之中。唯其如此,我们对这个世界的认识与改造才是导向我们生活其中的世界的美好。我们对世界的认识与改造的活动最终指向我们与世界的根本性联系。这是一种生存意义上的联系。我们认识与改造世界的方式究其实质而言,不过是我们的生存方式的一部分。我们活在世界之中,我们朝向这个世界,爱这个世界,这才是个体生存的基础性状态。如果说,我们对世界的不断认识与改造,乃是显明我们作为主体在世的基本姿态,那么,返回人与世界的根本性联系,爱这个世界,则是显明个体在世的基础性状态。换言之,正是对世界的爱包容着我们在世之在,也让个体趋向自我存在的整全性发展成为可能。正是在这个意义上,为教育所引领的知识活动才逐步走向个体德性的完成。

参考文献:

[1] [古希腊]亚里士多德. 亚里士多德全集(第七卷)[M]. 苗力田,主编. 北京:中国人民大学出版社,1993:31.

[2] 阎光才. 关于创造力、创新与体制化的教育——兼析中美阶段性教育制度设计理念的差异[J]. 教育学报,2011(1):15-20.

[3] 商佳佳,汪明帅. 莎娜的超越之道[J]. 教师月刊,2015(9):19-30.

[4] [5] 木心. 1989—1994 文学回忆录[M]. 陈丹青,笔录. 桂林:广西师范大学出版社,2012:90.

[6] [英]罗素. 罗素文选[M]. 牟治中,译. 北京:国际文化出版公司,1987:64.

[7] [8] [9] [意]维柯. 新科学[M]. 朱光潜,译. 北京:人民文学出版社,1986:161-162,98,105.

基于核心素养的课程标准研制

- 基于核心素养的基础教育课程标准研制
- 基于核心素养的课程标准研制：国际经验与启示

基于核心素养的基础教育课程标准研制

| 杨向东

近几十年以来,在全球化和数字化时代背景下,如何适应 21 世纪的未来社会需求,培养学生终身学习和发展的核心素养,成为世界各国基础教育课程改革的大趋势。[1-3]在这种趋势下,围绕核心素养研制课程标准,成为各个国家和地区新一轮课程改革中的重要环节。适应这一趋势,我国正在进行的新一轮普通高中课程标准修订,旨在以核心素养为纲,深入贯彻"立德树人"根本任务,进一步深化课程改革,转变育人模式,促进学习方式和教学模式的变革。[4]

与传统上更关注内容标准的做法不同,研制基于核心素养的课程标准遵循不同的逻辑,需要对原有教育教学观念和体系进行系统反思。这种反思需要站在新的时代和需求下,回归到学校教育的基本命题层面上展开。对核心素养背后的教育理念、课程设计、学习与评价等一系列理论命题的研究和探讨,既有助于深刻理解此次高中课程标准修订工作的学理基础,对我国后继的义务教育课程标准研制和课程改革推进等工作也具有重要意义。

一、 课程标准的性质与定位

课程标准(curriculum standard)这一概念缺乏明确而清晰的内涵和外延。它和教育标准(educational standard)、课程指南(curriculum guide)、教学大纲(syllabus)、内容标准(content standard)、学习机会标准(opportunity-to-learn standard)、成就标准(achievement standard)、表现标准(performance standard)等诸多术语在含义上存在一定程度的包含、交叉或重叠关系。[5]在宽泛的意义上,课程标准可以被理解为是一种纲领性文本。它既可以是具体领域的专业协会对本领域的教育理念和价值取向、课程结构和内容、学习与教学实践的专业性阐述,也可以是某个国家或地区对辖区学校教育的办学方向、性质、内容和方式的规范性要求。例如,美国数学教师协会(National Council of Teachers of Mathematics,简称NCTM)1989 年制定的《学校数学课程与评价标准》,以及由美国科学教育标准和评价委员会(National Committee on Science Education Standards and Assessment,简称 NCSESA)1996年制定的《国家科学教育标准》就属于前者,而大多数国家所颁布的基础教育课程标准都属于后者。绝大多数课程标准兼具专业性和政策性。它既反映特定时期教育教学的研究进展和实践经验,也反映特定国家或地区对自己基础教育系统所应达成的理想状态的具体思考。

随着人类文明的持续积累和社会发展的不断加速,课程标准在学校教育中的作用越来越重要。在早期人类生活中,儿童通过直接参与成人的社会实践,就可以实现向合格社会成员的转变。此时,不必要有用于指导教育目标、内容和方式的纲领性文本。今天,社会结构过于复杂多变,学校这一特殊社会形式在这种转化中就起到了至关重要的作用。按照杜威的观点,学校在这一过程中具有三方面职能。首先,简化环境,审慎选择那些最为核心并能促进青少年获得成长的内容和方式。其次,净化环境,只把有助于建立更美好的未来社会的部分呈现出来。第三,创造一个更为广阔和平衡的环境,使青少年超越所处生存环境和社会阶层的限制。[6]然而,社会越复杂,发展速度越快,越难以回答哪些社会内容最为核心,怎样有助于美好未来社会的构建,如何能够激发儿童持续不断成长的愿望、能力或品质等问题。在更为深刻的层次上,课程标准就是对上述问题提供某种具体回答的媒介。它通过澄清、界定和阐明对特定社会历史时期、特定国家和地区学校教育系统的期望,以及实现这种期望的手段和途径,建立起经由学校系统,连接未成熟个体与未来社会的桥梁。

课程标准通过两个方面搭建这一桥梁。首先,强化学校教育总体育人目标的规定和阐述。作为大众教育的主要途径,基础教育总体目标在本质上刻画的是一定时期内学校教育所要培养的未来公民形象。从对基础教育总体目标的阐述中,可以看出一个国家或地区是如何试图调和或解决当前学校教育实践和超越学校(教育)的个体终身学习与社会发展之间的矛盾冲突的。确定和阐明基础教育总体目标的维度和内涵是一个极其复杂和困难的任务,涉及现代社会中个体接受教育和实现自我发展的自由和平等原则、个体和社会未来的不确定性、不同意识形态和社会群体的期望多重性以及理想目标和教育现实之间的妥协等等因素。[7]这也说明了为什么一个国家或地区的基础教育总体目标通常体现了学校教育功能和价值期望的多样性。它是对每个学生在个人发展、社会需求、文化传承与创新等多方面预期的概括化表述。

其次,通过某种媒介或途径将总体教育目标具体化,转化为对学校课程和教学的具体要求。在这个层面,对课程标准的理解上出现了内容标准、表现标准或成就标准、学习机会标准的分野。内容标准是指"学生应该知道什么和能够做什么(what student should know and be able to do)"的规定。它描述的是学生在学校应该学习的知识和技能,以及学科领域中本质性的、最为重要持久的概念、观念、原理或理论等。表现(或成就)标准是对"好到什么程度才算好(how good is good enough)"的规定。它并不是内容标准所界定的知识技能、推理方式或思维习惯本身,而是学生在这些方面所展示出来的表现水平或质量状况。[8]而学习机会标准是指学校在系统建设、资源分配、教师专业发展、学习和教学、考试评价等方面的基本规范,旨在保障学生获得公平而有质量的学习资源和条件。[9]不管如何理解其内涵和构成,课程标准试图通过将总体育人目标和学校课程相结合,阐明相应的表现要求,描述期望能够给学生提供的各种学习机会,将抽象概括的总体育人目标转化为学校日常教育教学的具体要求。

二、 课程标准研制的取向

虽然课程标准在现代教育系统中的重要性毋庸置疑,但是对课程标准的目的、范围和本质的不同理解,深刻影响了课程标准的发展和演变。

(一) 内容取向的课程标准研制

大工业时代,货币资本和商品成为财富的象征。[10]工业生产需要掌握一定生产技能的劳动力,大众教育进而逐步得到普及。与大工业生产相一致,班级授课制度诞生。普通劳工阶层需要接受适当读写算的基本教育,以及掌握相对固定、专门领域的生产技能。就大众教育而言,学校教育与社会需求之间的冲突是通过课程内容的规定来完成的。20世纪80年代之前,世界各个国家和地区通过制定系统完善的课程指南或教学大纲来管理学校教育系统。就其本质而言,课程指南或教学大纲更多属于内容取向的课程标准,通过详细规定学校教学目标,以及按照各学科知识体系组织编排的各个年级具体的教学内容,确保相应课程的实际实施。[11]各个学科领域的内容或作为个体需要掌握的社会文化工具,如基本的读写算技能,或者作为人类积累起来的知识体系,成为这一时期课程标准所规定的每个社会成员应该通过学校教育习得或掌握的。

在(学科)课程内容的界定和描述方法上,布鲁姆的教育目标分类框架深刻影响了各个国家和地区的课程标准。[12]众所周知,该框架通过界定一系列用于描述学生认知活动类型的术语,如识记、理解、应用、分析、综合和评价等,提供了从学习结果的角度描述和刻画各学科课程内容的教育目标的依据。依据该分类框架,学科教育教学中的每个目标都可以表述成为教育者所期望的学生认知过程与课程内容(知识)的结合体。比如,"学生应该理解变量、表达式和等式等概念"。其中,"理解"这一动词表述的是预期的学生认知过程,"变量、表达式和等式"这些名词则描述了学生应该习得的预期(课程)内容。修订后的布鲁姆教育目标分类框架增加了对特定(学科)知识进行类型划分的维度。[13]修订后的认知过程包括回忆、理解、应用、分析、评价和创造。学科知识则被划分为事实性知识、概念性知识、程序性知识和元认知知识等四类。但总的原则没有根本性改变。布鲁姆教育目标分类法出现之后,将学科课程知识体系分析成一系列具体而微的概念、原理或技能,然后利用一系列表示认知过程的特定术语刻画学生在这些知识点的预期学习目标,成为世界各个课程标准中内容标准的经典表述方式。

该框架自上世纪80年代传入我国后,在我国基础教育界得到了非常广泛的运用。后来,由于六类认知过程在实践中很难区分,在我国逐渐被简化为识记(能够回忆某个概念、原理,或者识别某个概念或原理的案例),理解(能够掌握概念或原理的实质含义及其彼此关系)和应用(能够运用概念或原理解决陌生的问题,或应用到新场景中)三类。简化后的框架为我国基础教育界一线老师所熟知,成为确定学生在每个学科知识点上掌握水平的典范术语,也成为我国基础教育界考试命题的理论依据。我国教育考试中常用的"双向细目表",集中体现了布鲁姆目标分类框架在考试评价中的应用。

然而,存在对于布鲁姆教育目标分类框架的诸多误解。其中之一就是将布鲁姆的教育目标分类框架错误理解为一种教育理论,作为设计和实施教育教学活动的理论依据。本质上,布鲁姆分类框架只是一个分析工具。合理利用该框架,有助于教育工作者对特定学科(课程)领域进行系统分析,解析课程内容在知识和认知活动上的具体构成。然而,这种分析无法替代对教育活动的性质及其育人价值的理论理解和反思。正如维果斯基所指出的那样,分析式的方法或许可以让人们意识到水分子是由氢原子和氧原子构成的,但人们不可能从氢原子和氧原子的特性推断出水分子的特性。[14]事实上,关注氢原子和氧原子的特性不仅无助于理解水分子的特性,反而有害。① 与之类似,关注学生在单个知识点上的认知过程,容易导致"一叶障目,不见森林"的弊端,窄化了教育的内涵,忽视教育教学活动的整体育人功能。这是因为教育在本质上是一种社会境脉下展开的综合性实践。任何教育教学活动,都是教师和学生在特定时空条件下,结合具体主题、内容、任务或活动而展开的连贯性、整合性的社会文化实践。在这一活动中,不同参与者所拥有的知识和技能、思考或行为方式、动机与情感、态度、价值观念等,以复杂多变的方式彼此融合、持续互动。因此,要避免把课程标准中基于布鲁姆分类框架的课程内容构成的分析与表述,理解为教育教学活动目标指向的全部内涵。尤其需要避免的是,将基于该框架而形成的特定认知过程和特定知识点结合的具体目标,如"学生应该理解变量、表达式和等式等概念",和课堂中的教育教学活动建立一对一的机械对应关系。

对布鲁姆教育目标分类框架的第二个误解是将该框架所提出的不同认知过程的层次性,错误地理解为是学生学习过程的必经阶段。布鲁姆框架下的认知活动本身,并不必然规定学生的学习过程一定严格遵循从识记到理解,进而到应用的顺序。这种认识的产生和形成源于当时盛行的行为主义学习理论及其后继发展。[15-17]在这种理论下,学习被认为是线性的、有序的。在学习的顺序上,人们需要首先学习简单技能或者技能的简单成分,然后通过对简单技能的综合掌握复杂技能。[18]教育教学就是旨在通过讲解和练习,确保学生形成基础知识和基本技能,因为该理论认为这是复杂学习和理解的前提。后继的发展虽然在认知心理学的影响下,强调了学习者内在心理过程的作用,但在用有效方式向学习者传递知识,通过简化还原促进知识迁移等方面,和行为主义学习观是一致的。[19]

这些认识和理解对我国基础教育课程标准的研制和实际教育教学活动产生深刻而严重的影响。首先,它导致我国基础教育目标体系存在实质意义上的脱节现象。虽然在总体目标上,我国课程标准通常关注学生个性发展与社会适应能力,然而在学科课程层面,习得学科具体知识和技能、形成学科知识体系却成为实质意义上最为主要的目标。这与在编排体

---

① 维果斯基在《思维与语言》中提及,一个试图发现水为什么能够灭火的孩子,如果采用解析式的方法来寻求理解,会吃惊地发现,氢原子能够燃烧,而氧原子能够助燃。

例上主要依据学科知识体系的逻辑，以学科知识点为纲，以识记、理解和应用的认知框架为程度要求的研制方式是一脉相承的。其次，在实际教学层面，它导致以学科知识为导向的实践模式。教师把学科领域分解为一个个孤立、零碎的知识点或技能，逐个训练或操练，直至学生掌握。这种做法导致学生花大量时间学习碎片化的知识，缺乏对事物或现象的整体认识和思考，缺乏知识整合和综合运用，忽视了（学科）课程的整体育人价值。第三，知行割裂。依据布鲁姆的认知框架进行学科教学，学生大量时间用于识记或理解学科的概念和原理（即局限于"知"）。只有到应用水平，才有机会将学到的知识用于解决问题（即"行"）。知行分离的结果，造成学生"知道或了解"一大堆所谓的"知识或原理"，但只能坐而论道，无法解决真实的实际问题。这也是造成今天学生"高分低能"的一个关键的原因。

（二）素养取向的课程标准研制

美国哈佛大学教授罗伯特·W·怀特在《对动机的再思考：素养的概念》一文中指出："素养……是指有机体和环境有效互动的能力（capacity）……是通过长期持续的学习缓慢获得的……绝不是靠着单纯的（生理）成熟就能达到的。"[20]因此，在本质上，素养是个体后天习得的、能够适应和改造环境的可能性。按照这种理解，以素养培养为宗旨的教育在于提升个体与当前或未来的各种环境良性互动的可能性。教育必须关注受教育者当前以及未来所处的环境，以及这种环境对其维持一定的生存和生活品质所提出的要求。满足这种要求不仅仅是适应环境的必要，也是个体自我发展的需求。两者在个体与环境的互动中实现了动态统一。在最广泛的意义上，环境即是个体存在于其中的日常生活，涉及社会、文化、政治、经济以及自然世界等方面。互动的实质是个体的各种日常实践。[21]在这种理解下，所谓培养个体与环境有效互动的素养，是指培养个体存在于并超越当前或未来现实生活所需的品质。

这样一种素养观下的教育，必然要把"培养什么人"和"怎样培养人"的问题放置于当前和未来一定时期内的时代背景下加以思考。由此，素养取向的课程标准需要关注和回答如下一系列的问题：作为受教育者的个体和群体当下所处和未来面对的时代是怎样的？在应然和实然的角度，受教育者应该具备怎样的素养，以适应和超越这样一个时代？教育，尤其是作为一种特殊环境的学校教育，应该承担什么职责，实现怎样的功能？在当前时代下，如何合理调节有限的学校教育与个体终身发展和社会适应之间的矛盾？这样一种育人要求，对于学校既有的课程设置、学习方式、教学模式、评价机制提出了哪些挑战，需要怎样的变革？对上述问题的思考和回应，构成了21世纪以来世界各国研制素养本位课程标准的基本逻辑。

1. 时代变迁与教育目标层次的变化

社会发展阶段深刻影响着教育需求，继而反映为特定时代学校教育目标的变迁。Klieme等人将学校教育目标分为三个层次：（1）基础层次，主要是掌握基本的文化工具，比如阅读、写作和算术技能；（2）通过各学科领域的学习，从自我取向的、经验式的生活方式向科学地认识世界和参与社会的方式转型；（3）能够学会学习，批判性地审视自我与周边世界，具有良好适应性。[22]掌握人类基本的文化工具,具备读写算的技能,在很长一段历史时期内(在某种程度上直到今天仍然)反映了公众对大众教育的期望。然而,仅仅具备基本的读写算技能是无法让个体胜任独立参与现代社会生活的。随着大工业时代的到来,科学技术的发展、社会行业的不断分化,社会生活的现代运作形式,都需要学生能够学习和具备人类在长期发展历程中所积累和发展起来的认识世界和参与社会的方式。分科课程让学生掌握各学科领域的知识和技能,习得在相对固定的时空条件下参与社会的基本规范和实践方式。

然而,信息时代极大地改变了这一状况。[23]经济产业结构和社会生活性质都在发生根本性变化。自20世纪60年代以来,个体在工作场域中越来越需要适应高技术环境,应对复杂的、开放的不良结构问题,能够在团队中有效沟通和交流,持续创新。[24]现代社会变化加速,需要人们能够不断更新自己,尽快适应新的环境和挑战。[25]在这种情况下,只是掌握了各学科固定的知识或技能是不完备的,学生必须能够灵活地、综合地运用这些知识或技能解决现实问题,学会批判性审视和解决陌生问题,具备学会学习和终身学习的意识和品质。时代的变迁,反映到学校教育目标上,表现为越来越强调学习结果的可持续发展性和迁移性,强调个体要成为自主的、反省的、有效的终生学习者。基于核心素养的课程标准试图回应社会变迁所提出的这一挑战。通过将教育目标置于当下时代的特征和需求,素养取向的课程标准试图建立当前学校教育实践和学生未来发展之间的关联,指明学校教育的方向,提供学校课程设置、教学活动和评价体系所应关注的重点。

2. 核心素养模型的构建

在这种思路下,培养学生具备所需的核心素养成为新时期学校教育目标的具体内涵。因此,素养取向的课程标准需要构建基础教育阶段的核心素养模型,明确不同核心素养的内涵、构成、表现特征和发展水平。课程标准以素养要求的方式,将教育目标具体化,建立育人目标与学校课程的关联。

虽然核心素养这一概念的提出更多源于21世纪社会变迁提出的现实挑战,但是作为基础教育阶段的目标体系,核心素养模型的构建不拘泥于此,需要超越这一层面,综合考虑如下几个方面。

首先,整合和分析的观念。按照经济发展与合作组织(OECD)的界定,素养(competence)"不仅仅是知识与技能。它包括在特定情境中,个体调动和利用种种心理社会资源(包括各种技能和态度)以满足复杂需要的可能性"。[26]按照这一理解,素养指整合了个体在具体和一般领域的知识和技能、思维、态度或价值观在内的,应对或解决复杂现实问题过程中表现出来的综合性品质。素养的突出特征在于个体能够完成各种现实生活中的真实任务。而在现实任务情境下,个体表现不仅依赖于观察、理解、分析、解释和论证等认知因素,像动机、情绪、意志品质、社会技能、价值观念等众多非认知因素也具有至关重要的作用。[27-29]显然,这里对素养的界定体现了一种整合的观念。这就需要在思考核心素养,确定素养模型的构成时,扬弃长期以来有关知识、技能、能力、倾向、品格、价值观念等概念的分析式思维方式,采取一种整合观的视角认识和理解21世纪个体所需具备的核心素养的实质。

第二，社会适应与个人发展的整合。众所周知，满足社会需求和促进个人发展是教育领域中历久弥新的一对矛盾。综观近年来西方发达国家或国际组织提出的各种核心素养框架，都强调了在数字化、信息化和全球化环境下，在知识经济、多元异质的社会中创新、批判性思维、沟通交流和团队合作的重要性。这些框架对素养的选择带有明显的社会适应倾向，集中反映了个体适应 21 世纪的要求。

然而，从教育的角度来审视，仅仅从这一角度思考核心素养的构成是不充分的。因为，让儿童具备适应 21 世纪所需的核心素养，并不是说让他们被动地迎合或顺应新时代的要求，还包含了要创造和超越这一时代。不能把核心素养模型理解为是将未来成人世界的要求简单粗暴地强加给当前学生群体的东西，而是将其理解为是联接儿童当前生活世界和未来社会需求的纽带。从与当前的生活世界形成良好的互动，到能够适应未来社会的需求之间，用杜威的话来讲，是一个儿童成长性经验不断获得和积累的连续体。所谓成长性经验，是指那些儿童从过去或当前的经验中通过体验或反思而获得的，能够进一步丰富和促进他们后继成长的东西。[30]如果我们把核心素养理解为儿童在当前学校教育活动中形成的具有可持续发展和迁移性的综合性品质，与这里所讲的成长性经验就是相一致的。儿童的核心素养逐步形成于当前的教育教学活动，进而进一步影响和定义着后继经验的方向和性质。这样一个过程的持续，就构成了从儿童当前（学校教育）生活到未来社会适应的连续体。这样一来，适应未来社会这一需求，就植根于儿童个体发展的当前过程之中了。在这个意义上，核心素养模型的构建，不仅仅要站在未来社会的需求静态评判今天儿童的状况，而是采用一种连续和动态的视角，将个体发展和社会需求整合在一个框架下来加以思考。

第三，文化的视角。不同的文化在本质上代表了不同种群的人类理解和应对大千世界（包括我们人类自身）的"价值观、技能或生活方式"。[31]从古至今，面对人类共同的终极问题和挑战，不同文化传统提供了丰富多彩的思路和方式。从文化的角度审视，近年来提出的各种核心素养框架，更多是在西方文化中科学认识世界和理性参与社会的传统下提出的解决方案。这一方案集中体现在适应 21 世纪所需的创新、批判性思维、沟通交流和团队合作等"胜任力"上。这些素养固然重要，但在个体与人类深层的精神追求和价值观层面有所不足。而在这些层面，中华文化中的各种优秀传统有着源远流长的智慧结晶和实践经验。因此，我国核心素养模型的构建，在合理借鉴西方文明的基础上，还必须要立足中华文化传统，既要汲取道家"天人合一"的处世智慧，也要继承儒家明德修身的践行精神。这对构建符合我国基础教育的育人目标体系，提供人类挑战的中国文化解决途径具有重要意义。

第四，理想与现实的矛盾。20 世纪六七十年代以来，西方国家的基础教育在杜威、皮亚杰等学者的思想启蒙和影响下，逐渐实现了学校课程范式、教学模式和学习方式的变革和转型。强调课程整合，以学习者为中心，让学生在自主、合作和探究方式下提出问题、建构知识、形成解释和发展观念，成为学校教育的常规。教育理念和学习方式变革的完成，为 21 世纪核心素养直接纳入学校课程提供了必要前提和基础。而在我国，自鸦片战争以来，中华民族遭受历史上最为深远的文化冲击。从最初的被动挨打到后来的师夷自强，教育伴随着军事、经济、制度等诸多层面开始西化。反观今天我国中小学的课程设置、教学模式、评价方式和管理机制，很大程度上继承了 19 世纪中叶西方工业革命时期的教育形态，集中体现为分科授课、知识取向、讲授为主等特征。这些特征受建国后的高考制度所强化，演变成为"智育唯一、分数至上"的应试教育模式，造成今天学科本位、知行分离、理智传统的教条主义和形式主义等弊端。在这种情况下，构建我国基础教育阶段的核心素养模型，必须要将这种现实情况考虑在内。如何结合我国国情，寻找具有现实可行性，又能与国际接轨的课程改革之路，是进一步深化我国基础教育改革的现实需求。

3. 核心素养与学校课程构建

如前所述，核心素养是知识、技能、思维、态度和价值观念的整合，以应对现实生活中复杂的、不确定性的真实情境。因而，各种现实世界中的复杂情境既是核心素养这一概念提出的必要前提，也是核心素养得以产生和发展的载体。当个体身处复杂而不确定性的情境时，首先面对的是疑惑和困扰。始于这种疑惑，借助于观察、预测、实践、反省等一系列活动，通过不断尝试和改进，个体试图解除这种疑惑，并尝试建立明晰的情境、活动和结果之间的内在联系。正是在这样一种反复的探究和改进过程中，个体创生知识，发展观念，逐渐形成特定的态度倾向和价值观念。正是现实情境的复杂和不确定性，提供给与之互动的个体思维和探究的可能。在这一过程中，个体的核心素养得以发展。[32]

所谓情境，是指与个体当前活动产生关联或交互作用的环境[33]。在最广泛的意义上，环境即是个体所处的社会生活本身。因此，核心素养发展所依托的真实情境，其实质是个体的各种日常实践。[34]也就是说，发展个体的核心素养，需要通过创设机会，让个体通过参与所处文化日常实践中的真实活动进行学习，包括解决现实生活实际问题，参与社会实践，与社区或其他社会共同体成员合作、协商和互动等。

从这个角度出发，核心素养概念的提出对于学校课程的结构及其设置提出了新的要求。首先，以核心素养为培养目标，对学校课程结构提出了新的要求。素养导向的学校课程需要变革既有学科本位的课程模式，以学生的核心素养发展为主轴，实现各教育阶段的连贯以及各学科之间的统整，增加不同范围和深度的跨学科课程整合。跨学科整合课程对于儿童从经验的方式向理性自觉的方式认识世界和参与社会进行转化具有至关重要的作用。儿童在入学之前，是在真实世界中以一种整合的、经验的方式活动和学习。入学后的学科学习，使得儿童有机会学习不同学科领域认识世界和参与社会的知识和方法，在某个层面上更为深入理性地认识日常生活。但这种局部的深入是就学科特定的任务情境和应用场景而言的。如果不给学生提供来自现实世界的整合情境，让其经历跨学科的现实问题的解决过程，这种所谓的学科知识和方法，充其量只是一种惰性知识而已。[35]学生可能会运用这种知识或方法在学科考试中取得好成绩，但在真实实践中却仍然不会整合和运用来自不同领域的概念工具和方法。[36-37]

其次，以核心素养为培养目标，也对既有学科课程在内容组织和呈现方式上提出了挑战。就其本质而言，每门学科本质上都是人类经过长期探索和实践形成的一种认识世界或社会的独特方式和视角,有着其特有的概念或符号系统、知识体系与学科实践。如前所述,合理学习各学科领域会让儿童更为深入地在某个层面上认识和理解日常生活。然而,目前的学科课程更多的是人类长期积累形成的学科概念、原理和方法以提炼过的、抽象的结论方式直接呈现给学生,缺乏学科结构与儿童经验的统一。[38]早在 20 世纪伊始,杜威就在《儿童与课程》指出,任何学科课程都有逻辑的(logical)和心理的(psychological)两个维度。逻辑维度是指学科内容本身,包括学科领域的专家对学科概念框架和体系的理解和使用,所关注的核心问题,以及实际的探究过程。[39]显然,学科的逻辑维度类似于布鲁纳所说的"学科结构",包含了学科基本内容和探究方法。[40]施瓦布将这两个方面分别界定为学科的"实质(substantive)"和"语法(syntactic)"成分。[41]心理维度是指与学科基本现象相关的儿童经验和兴趣。在杜威看来,就学科学习而言,这两个维度是紧密联系的。"地理不仅仅是一系列的事实和原理⋯⋯它还是某些真实的个体感受和思考这个世界的一种方式。在成为前者之前,它必须先成为后者⋯⋯只有当个体经历了一定程度的经验,⋯⋯他才能站在(学科)客观的和逻辑的视角,能够剥离和分析隐含的事实和原理。"[42]他认为,应该摒弃学科结构和儿童现有经验在学科学习中哪个具有优先性的二元思维。学科课程的任务就在于将学科的整体结构和实践与学生的经验充分结合。舒尔曼所强调的学科教学知识(PCK),即用最适合于学生学习的方式阐述和呈现学科内容,正是站在教师这一课程设计和实施者角度上对该问题的关注。[43]

核心素养的形成、培养和发展不能脱离对具体学科领域的学习。个体只有具备系统的、结构化的领域知识和技能、思想方法和探究模式,才能深刻理解特定任务情境,明确问题,形成假设和解释。综合上述分析,学科课程需要超越目前按照学科逻辑、以学科知识体系为主轴的设计思路,转而以学生核心素养的发展为主轴,对同一学科的不同内容、模块和课型进行重构,实现核心素养、学科内容和主题情境三个维度的系统整合。在学科内容上,强调学科整体结构和大观念,避免从孤立的、过细的知识点角度思考学科内容,突出学科思想方法和探究技能的运用。在主题情境上,要从学生日常社会生活出发,关注与学科内容相关联的重要的、整合的现象,创设基于现实情境的复杂或开放性任务和问题,建立与学生当前经验紧密对接的、在复杂程度上逐渐提升和演变的活动系列。这种课程内容组织和呈现方式,再结合合理的学习方式,能够有效地提升学生核心素养的发展。

4. 核心素养与学习方式变革

核心素养不仅改变了基础教育的育人目标,在更深层次上蕴含了认识论和知识观的变革。具体而言,从学科知识技能的掌握到面向 21 世纪的核心素养培养,学习方式实际上经历了从笛卡尔理性主义认识论向杜威经验主义认识论的范式转型。笛卡尔著名的"我思故我在",源于他对人类认识能否有一个坚实的逻辑起点的寻求。在这一观念下,自我意识与认识对象得以分离。基于这一点,建立在个体的认知和理性基础上,人类构建有关认识对象或世界的知识。对应于这种认识论的是各学科长期积累起来的、去情境化的知识。这种知识观下的学习范式关注个体认知和理性,主张学生主要通过一种"动脑"来开展学习。[44]它在大工业时代得以流行，在认识论和知识观上支持了讲授法的教学模式。与之相反，杜威认为寻求认识的最初起点的想法是错误的。他用"探究（inquiry）"这一提法超越自我意识与认识对象的二元对立，强调了一种更为生态化的、实践性的知识观和学习范式。[45][46]

这种经验主义的、生态化的学习方式主张将学习者置于与真实世界相关的学习环境，在与生活相关、彼此连结的各种经验活动中进行意义建构、主动学习和团队互动。它关注学习的社会性，强调学习是基于学习者共同体而发生的。在这种观念影响下，西方国家逐渐实现了从教师中心、强调讲授和操练的教学模式向以学习者为中心、强调反思性实践和探究的教学模式改变。这种观念深刻影响了情境认知[47, 48]、具身认知[49]、合作学习[50]、社会协商和建构[51, 52]、元认知学习[53]等理论的形成与发展。建立在这种学习范式基础上的教学模式，如项目式学习[54]、抛锚式教学法[55]、认知学徒[56, 57]、问题式学习[58]、设计学习[59]、有益性失败[60, 61]等得到进一步的发展。

虽然具体名称各有不同，上述各种模式都认可学习不应该与学校之外的真实世界实践分离，[62, 63]解决真实问题是关键的学习活动。在这些活动中，学习者通过合作解决复杂的、结构不良的真实问题，模仿或直接参与到现实生活中实际工作者在专业共同体的实践。在解决真实性问题时，学习者参与各种实践，学习运用在文化中形成的概念、规则、工具和资源。[64, 65]现实情境中的真实问题解决发展了学习者的批判性思维，如何合作地构建知识、自主学习和自我调节能力，并由此生成可以迁移的知识和技能。[66]例如，Hung 总结了问题式学习的六个特征：（1）问题驱动教学，学习嵌套在问题解决过程中。（2）课程围绕问题或案例而不是知识体系进行组织，知识情境化。（3）学习处理真实生活中结构不良问题，以及评价解决方案的能力。（4）自主学习，学习者个体或通过合作对学习负责，教师是辅助和指导者。（5）合作，在小组中通过讨论和合作开展学习，丰富视角，锻炼人际沟通和团队合作技能。（6）反思学习，通过自我指导或教师帮助，参与元认知过程，提升自身学习。[67]

创客运动同样衍生于这一学习范式的转型，体现了一种具身式的反思性实践探究活动。[68]通过创客空间、工具和 3D 打印等技术，学习者设计和改进自己作品，使用和学习实践技能，在创作、反思、同伴反馈、修改完善作品的循环往复过程中培养技能、启迪智力、形成审辩和创造的学习倾向。[69]创客活动凸显了传统意义上的知识学习的"动脑"活动和手工制作的"动手"活动这种二元对立思维的不足，生动地表明了两者的辩证关系。在这种情境下，"失败"成为一种真正意义上的反思、学习和改进的机会，传统意义上的"成功"和"失败"的社会性评价在此有了价值观上的根本转型。不断创造和革新作品的过程，可以让学习者意识到他们不仅是在完成一种有现实意义的任务，更是在创造一种新的可能或环境，获取具有个人意义的学习经验。[70]另一方面，创客体现了一种社会协商的参与式学习文化。通过在兴趣小组，甚至是直接加入到现实的专业共同体中，学习者的设计和创造接受社会性他者的支持和评判，经历知识或理解的社会建构过程，体验自我是与社会性他者关联的社会性存在。这一过程既是学习者合法的边缘性参与真实性问题或真实性社会实践的过程，[71]同时也让学习者在这一社会协商过程中不断重塑自我，完成对社会现实的适应。

三、 结语

核心素养表面上只是为了应对 21 世纪社会挑战而提出的口号,但其对教育理念和实践的影响是非常深远的。在更广阔的视野上,核心素养的提出,不仅是社会变迁对教育发展提出的要求,还是新时期认识论和知识观转型的趋势使然。

基于核心素养研制课程标准,因而并不仅仅是在原有文本基础上做些文字上的改动,而是需要基于素养教育背后的知识观和学习范式,系统反思我国原有教育教学观念和体系的弊端和不足,重新构建以核心素养为导向的我国基础教育理论框架和课程体系。虽然我国目前以核心素养为主题的文章正大量涌现,但多限于文献梳理和理念引介而已。因此,结合我国教育实际,开展系统深入的素养教育理论和实证研究,开发促进学生核心素养发展的课程体系、学习方式和评价机制,是摆在我国教育理论工作者和实践人员面前的迫切任务。

参考文献:

[1] European Commission. Recommendation 2006/962/EC of the European Parliament and the Council of 18 December 2006 on Key Competences for Lifelong Learning [EB/OL]. http://europa. eu/legislation_summaries/education_training_youth/lifelong_learning/c11090_en. htm. 2006 - 12 - 30/2017 - 6 - 12.

[2] [10] [23] Griffin, P. McGaw, B. & Care, E. Assessment and Teaching of 21st Century Skills [M]. Dordrecht, NE: Springer, 2012.

[3] Partnership for 21st Century Skills. Framework for 21st Century Learning [EB/OL]. http://www. p21. org/about-us/p21-framework, 2014/2017 - 6 - 12.

[4] 中华人民共和国教育部. 教育部关于全面深化课程改革落实立德树人根本任务的意见(教基二〔2014〕4 号).

[5] [8] Kendall, J. S. & Marzano, R. J. The Systematic Identification and Articulation of Content Standard and Benchmarks. Update, P1,3,15,20. Mid-continent Regional Educational Lab. Aurora. Co.

[6] [33] 约翰·杜威. 民主与教育[M]//杜威全集·中期著作 1899—1924(第九卷). 俞吾金,等,译. 上海:华东师范大学出版社,2010.

[7] [22] Klieme, E. et al. The Evelopment of National Educational Standard: An Expertise [EB/OL]. Federal Ministry of Education and Research (BMBF), Publication and website Division, D-11055 Berlin, German. http://www. bmbf. de, 2009 - 11 - 20/2010 - 8 - 23.

[9] 钟启泉. 从课程标准的要素谈什么是"好教材"[J]. 基础教育课程,2011(9): 67 - 70.

[11] 杨向东,张晓蕾. 课程标准的开发与基于标准的学业水平考试的设计:美国的经验与启示[J]. 考试研究,2010(1):109 - 125.

[12] Bloom, B. S. & Krathwohl, D. R. Taxonomy of Educational Objectives: The Classification of Educational Goals, by a Committee of College and University Examiners. Handbook I: Cognitive domain [M]. New York: Longmans, Green, 1956.

[13] Anderson, L. W. , Krathwohl, D. R. , Airasian, P. W. , Cruikshank, K. A. , Mayer, R. E. , Pintrich, P. R. , Raths, J. & Wittrock, M. C. A Taxonomy for Learning, Teaching and Assessing A Revision of Bloom's Taxonomy

of Educational Objectives. Allyn & Bacon, 2000.

[14] Vygotsky, L. Thought and Language [N]. Cambridge, MA: The MIT Press, 1986.

[15] Gagné, R. M. Domains of Learning [J]. Interchange, 1972(1): 1 - 8.

[16] Gagné, R. M. The conditions of learning [G]. New York: Holt, Rinehart & Winston, 1977.

[17] Gagné, R. M. & Briggs, L. J. Principles of Instructional Design [M]. New York: Holt, Rinehart & Winston, 1979.

[18] 马斯·德里斯科尔. 学习心理学[M], 王小明, 译. 上海: 华东师范大学出版社, 2004.

[19] Ertmer, P. A. & Newby, T. J. 行为主义、认知主义和建构主义——从教学设计的视角比较起关键特征[J]. 电化教育研究, 2004(4): 27 - 31.

[20] [27] White, R. H. Motivation Reconsidered: The Concept of Competence [J]. Psychological Review, 1959(66): 297 - 333.

[21] [34] [36] [48] [63] Brown, J. S., Collins, A. & Duguid, P. Situated Cognition and the Culture of Learning [J]. Educational Researcher, 1989(1): 32 - 42.

[24] Autor, D., Levy, F. & Murnane, R. The Skill Content of Recent Technological Change: An Empirical Exploration [J]. The Quarterly Journal of Economics, 2003(4): 1279 - 1333.

[25] Kozma, R. B. & Roth, M. Forward [A]. P. Griffin, B. McGaw, & E. Care. Assessment and Teaching of 21st Century Skills [C]. Dordrecht, NE: Springer, 2012: v - viii.

[26] Organization for Economic Cooperation and Development. The Definition and Selection of Key Competencies, Executive Summary [R]. Paris: OECD Publishing, 1999: 4.

[28] Weinert, F. E. Concept of Competence. Definition and Selection of Competencies: Theoretical and Conceptual Foundation (DeSeCo) [R]. Paris: OECD Publishing, 1999.

[29] Gelman, R. & Greeno, J. G. On the Nature of Competence. Principles for Understanding in a Domain [A] L. B. Resnick. Knowing, Learning and Instruction [C]. Hilldale, NJ: Erlbaum, 1989: 125 - 186.

[30] 约翰·杜威. 我们怎样思维·经验与教育[M]. 姜文闵, 译. 北京: 人民教育出版社, 2004.

[31] Takaya, K. Jerome Bruner's Theory of Education: from Early Bruner to Later Bruner [J]. Interchange, 2008(1): 1 - 19.

[32] Hilderbrand, D. L. The Paramount Importance of Experience and Situations in Dewey's Democracy and Education [J]. Educational Theory, 2016(1): 73 - 88.

[35] Gentner, D., Loewenstein, J. & Thompson, L. Learning and Transfer: A General Role for Analogical Encoding [J]. Journal of Educational Psychology, 2003(2): 393 - 408.

[37] [47] [71] Lave, J. & Wenger, E. Situated Learning: Legitimate Peripheral Participation [M]. Cambridge: Cambridge University Press, 1991.

[38] Smith III, J. P., Girod, M. John Dewey & Psychologizing the Subject-matter: Big Ideas, Ambitious Teaching, and Teacher Education [J]. Teaching and Teacher Education, 2003(19): 295 - 307.

[39] 约翰·杜威. 杜威全集·早期著作 1882—1898(第六卷)[M]. 刘娟, 等, 译. 上海: 华东师范大学出版社, 2010.

[40] Bruner, J. S. The Process of Education [M]. Cambridge, MA: Harvard University Press, 2010.

[41] Schwab, J. J. Structure of the Disciplines: Meanings and Significances [A]. G. W. Ford & L. Pugno. The Structure of Knowledge and the Curriculum [C]. Chicago: Rand McNally, 1964: 6 - 30.

[42] 约翰·杜威. 杜威全集·早期著作 1882—1898(第五卷)[M]. 杨小微, 等, 译. 上海: 华东师范大学出版社,

2010: 168.

[43] Shulman, L. S. Those Who Understand: Knowledge Growth in Teaching [J]. Educational Researcher, 1986(2): 4 – 14.

[44] [70] Lim et al. Cultivating a Remix Movement in an East Asian Culture [A]. Y. H. Cho. , I. S. Caleon & M. Kapur. Authentic Problem Solving and Learning in the 21st Century [C]. Singapore: Springer,2015: 155 – 172.

[45] Burke, T. What is a Situation? [J]. History and Philosophy of Logic, 2000(21): 95 – 113.

[46] Dewey, J. The Quest for Certainty: A Study of the Relation of Knowledge and Action [M]. New York: Minton Balch, and Company, 1929.

[49] Shapiro, L. Embodied Cognition [M]. New York: Routledge, Taylor & Francis Group, 2011: 4.

[50] Dillenbourg, P. , Baker, M. , Blaye, A. & O'Malley, C. The Evolution of Research on Collaborative Learning [A]. E. Spada & P. Reiman. Learning in Humans and Machine: Towards an Interdisciplinary Learning Science [C]. Oxford: Elsevier. 1996: 189 – 211.

[51] Jonassen, D. H. Objectivism Versus Constructivism: Do We Need a New Philosophical Paradigm [J]. Educational Technology Research & Development, 1991(3): 5 – 14.

[52] Jonassen, D. H. Evaluating Constructivist Learning [A]. T. M. Duffy & D. H. Jonassen. Constructivism and the Technology of Instruction: A Conversation [C]. Hillsdale: Erlbaum, 1992: 137 – 148.

[53] Kitchner, K. S. Cognition, Metacognition, and Epistemic Cognition: The Three-level Model of Cognitive Processing [J]. Human Development, 1983(26): 222 – 232.

[54] Kilpatrick, W. H. The Project Method [J]. Teachers College Record, 1918(19): 319 – 335.

[55] Cognition and Technology Group at Vanderbilt. The Jasper Project: Lessons in Curriculum, Instruction, Assessment, and Professional Development [M]. Mahwah, NJ: Erlbaum, 1997.

[56] [62] Barab, S. A. & Hay, K. E. Doing Science at the Elbows of Experts: Issues Related to the Science Apprenticeship Camp [J]. Journal of Research in Science Teaching, 2001(1): 70 – 102.

[57] Collins, A. , Brown, J. S. & Newman, S. E. Cognitive Apprenticeship: Teaching the Crafts of Reading, Writing, and Mathematics [A]. L. B. Resnick, Knowing, Learning, and Instruction: Essays in Honors of Robert Glaser [C]. Hillsdale: Lawrence Erlbaum Associates, 1989.

[58] Hmelo, C. E. Problem-based Learning: What and How do Students Learn? [J]. Educational and Psychological Review, 2004(3): 235 – 266.

[59] Kolodner, J. L. , Camp, P. J. , Crismond, D. , Fasse, B. , Gray, J. , Holbrook, J. & Ryan, M. Problem-based Learning Meets Case-based Reasoning in the Middle-school Science Classroom: Putting Learning by Design into Practice [J]. Journal of the Learning Sciences, 2003(4): 495 – 547.

[60] Kapur, M. Productive Failure in Learning the Concept of Viariance [J]. Instructional Science, 2012(4): 651 – 672.

[61] Kapur, M. Comparing Learning from Productive Failure and Vicarious Faiture [J]. The Journal of the Learning Sciences. 2013(26): 48 – 94.

[64] Bielaczyc, K. & Kapur, M. Playing Epistemic Games in Science and Mathematics Classrooms [J]. Educational Technology, 2010(5): 19 – 25.

[65] Wenger, E. Communities of Practice: Learning, Meaning, and Identity [M]. New York: Cambridge University Press, 1998.

[66] Hmelo-Silver, C. E. & Barrows, H. S. Facilitating Collaborative Knowledge Building [J]. Cognition and

Instruction, 2008(26): 48 – 94.

[67] Hong, W. Problem-Based Learning: Conception, Practice, and Future [A]. Y. H. Cho., I. S. Caleon & M. Kapur. Authentic Problem Solving and Learning in the 21st century [C]. Singapore: Springer, 2015: 75 – 92.

[68] Papert, S. & Harel, I. Constructionism [M]. New York: Ablex Publishing Corporation, 1991.

[69] Anderson, C. Makers: The New Industrial Revolution [M]. New York: Crown Business, 2012.

基于核心素养的课程标准研制：
国际经验与启示

| 邵朝友　周文叶　崔允漷

这是个大时代，信息化、全球化、知识经济纷至沓来。在这样风起云涌的时代，需要学生学会什么，养成什么样的品质，才能满足个体的健全生活、国家发展与社会进步的需求，这是全球所面临的共同挑战。许多国家与地区、国际组织都把核心素养视为课程设计的 DNA，努力研制基于核心素养的教育或课程标准，期望在核心素养统领下以教育或课程标准为抓手发动教育改革。受国际教育潮流的影响，也出于本土现实的需要，我国已着手研究学生核心素养，[1] 也正在研制基于学生核心素养的普通高中课程标准。此项课题事关重大，它有助于深化基础教育课程改革，真正落实素质教育，具体化德智体全面发展的教育方针。然而，就我国现有的研究基础来看，我们对该课题的研究相当匮乏，因此极有必要考察异域经验，为本土化建设基于学生核心素养的课程标准提供建议。

一、 转向核心素养的课程标准研制

课程标准集中体现了人们对学业质量的要求，与所处时代息息相关，总体上呈现出从关注知识技能走向关注核心素养的发展趋势。

一般认为，近代以来，工商业和资本主义的发展，在改变经济结构与社会制度的同时，也带来学校的发展和教育体系的重建，各级各类学校的不断建立和发展，使较为完整的学校教育体系得以形成，各级各类学校的课程设置趋于系统化。在这一历史背景下，大约从 19 世纪开始，一些国家陆续通过规章或法律形式来规范各级各类学校课程设置，各种由国家或地方制定的课程标准或具有同类内涵和功能的教育法案，逐渐成为一种课程设置与管理文本的形式和工具。在社会发展相对缓慢的时代，为配合人们工作需要，课程标准大多规定一些基础知识与技能。例如，在 1862 年英国出台了小学修正法，其内容主要规定了早期工业社会需要儿童必须具备的阅读、书写、算术的基本知识与技能。[2]

随着时代的发展，尤其是信息化、全球化时代的降临，传统上那种知识与技能本位的教育已无法适应人们日益复杂的工作环境，人们更需要具有面向未来工作与生活需求的素养。有别于知识与技能，素养是人们通过学习而得的知识、能力、态度的综合体。而在急剧变化时代，为了社会与个体的健全发展，每个个体必须达到共同的关键素养。这种共同的关键素养是最低的共同要求,是个体不可或缺的关键、必要、重要的素养,即核心素养。核心素养的提出较早可追溯至1979年,英国继续教育学院第一次对英国职业教育的关键技术要求做出规定,认为随着技术文化发展的加快,人们有必要习得一些可受用终生的素养。[3]应该说,早期核心素养的功能主要从属于经济发展,教育被视为是经济的隶属品,失去了自身的独立地位。为了超越特定职业的社会经济定位,人们试图把社会、文化、环境、个人、政治等更多维度纳入核心素养框架,认为在一个正义与公平的民主社会,公民不仅拥有各种权利,还应能够实施这些权利,而核心素养是促使公民行使权利的基础,是人们在工作、社区、国家、个人生活中承担各种角色并实施行动的关键。[4]

21世纪给面向未来的教育界带来了理智的强刺激,世界各国以及各种国际教育组织几乎都在试图回答到底培养什么样的人才能面对新世纪的挑战,都在努力描绘基于核心素养的课程蓝图,最直接的标志就是重建教育或课程标准。近年来,在联合国教科文组织(UNESCO)、欧盟(EU)、经济合作与发展组织(OECD)等国际组织推动下,基于核心素养的课程设计已成为国际共识,相对领先的有澳大利亚、加拿大、新西兰、新加坡、芬兰、美国、英国、苏格兰、法国、匈牙利、日本等国,以及加拿大魁北克地区和我国的台湾地区,纷纷开展研制基于核心素养的教育或课程标准,把它作为教育改革的重中之重。

二、 基于核心素养的课程标准研制的国际经验

考察当前比较先进的基于核心素养的教育或课程标准研制经验,发现有许多共同的东西,尤其在核心素养与学科课程的关系、核心素养转化为课程标准的思路、课程标准的编排方式、组织架构与研制流程四个方面体现出殊途同归的现象。

(一) 核心素养与学科课程的关系

要落实核心素养,势必考虑实施的载体。基于核心素养的课程标准研制需要回答一个问题,即如何摆正核心素养与学科课程的关系。传统上,课程设计以学科知识为中心,课程设计大多始于、止于学科知识,课程设计的核心问题在于如何把相关学科知识内容加以组织。但学科知识的组织不是自然的,它们只是社会建构的结果。[5]事实上,学科课程只局限于学科领域,没有关注更上位的统领性素养。

在核心素养的视域下,课程设计指向于核心素养,核心素养需要融入学科课程。在处理核心素养与学科课程的关系上,各个国家与地区都把学科课程作为培养学生核心素养的载体。从实际情况看,这种基本关系呈现出两大更具体的实践样态。第一种是一对总的关系,即每门学科课程都要承担起所有核心素养的培养责任,如新西兰的各门课程都要体现出培养国家规定的五种核心素养,即思维素养,理解语言、符号及文本的素养,自我管理素养,参与贡献的素养,与他人互动的素养。[6]第二种是一对分的关系,即一门学科课程有侧重地对部分核心素养作出独特贡献,如我国台湾地区的课程设计思想就是一大典范(如表1所示)。[7]

表 1　两种教学研究范式的比较

核心素养学习领域	A 沟通互动			B 社会参与			C 自主行动		
	A1 语文表达与符号运用	A2 资讯科技与媒体素养	A3 艺术欣赏与生活美学	B1 公民责任与道德实践	B2 人际关系与团队合作	B3 国际理解与多元文化	C1 身心健康与自我实现	C2 系统思考与问题解决	C3 规划执行与创新应变
数学	√							√	
英语	√					√			

　　为便于后续研制基于核心素养的课程标准,首先必须明确规定各核心素养的内涵。如认知素养、个人与社会素养、方法性素养、沟通素养是加拿大魁北克地区的四项核心素养,其中认知素养包括运用信息、解决问题、批判性思考、运用创造力四个子项,其中运用信息又进一步分解成下列子项(如图 1 所示)。[8]

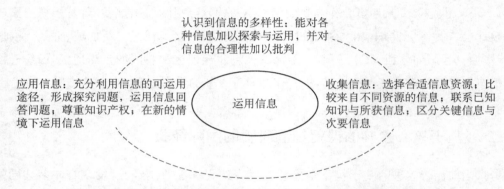

图 1　加拿大魁北克地区核心素养"认识素养"中的"运用信息"的内涵

（二）核心素养转化为内容标准的思路

　　综合各国与地区的经验,基于核心素养的课程标准研制基本遵循学生核心素养——学科核心素养——内容标准的思路。在这种思路中,学科核心素养起着桥梁的作用,是研制课程标准的关键。所谓学科核心素养是指通过学习某学科的知识与技能、思想与方法而习得的重要观念、关键能力与必备品格。例如,加拿大魁北克地区数学学科核心素养包括应用数学方法与过程进行推理、解决与数学相关的情境性问题、使用数学语言进行交流,其中"解决与数学相关的情境性问题"覆盖范围非常广,需要学生运用创造力、进行信息加工、发现有效的解决策略、发展合适的交流方法,可见数学核心素养其实可以发展学生的所有核心素养。[9]

　　除了将学生核心素养转化为学科核心素养外,还需要将学科核心素养转化为内容标准,才能便于教师开展教学与评价。例如,上述的"解决与数学相关的情境性问题"包括:"编码情境问题中的因素、模型化情境问题、运用各种策略解决问题、验证问题解决策略、分享与问题解决策略相关的信息"等五项内容,在小学阶段(一)设计了相应内容标准,以下是其中部分内容：在算术方面，能根据数学符号的性质与运算顺序，选择、运用多种数学符号；结合具体情境，解释所运用的数学符号。在统计方面，能设计问卷，并根据需要组织、呈现、分析调查结果。这种内容标准设计的背后逻辑就是数学核心素养"解决与数学相关的情境性问题"的内涵。[10]

（三）课程标准的编排方式

课程标准的编排可分为纵向与横向两种方式。纵向编排的课程标准又可细分为分年级与跨年级两类。如表2所示的魁北克地区小学数学课程标准分成三个阶段，并非按每个年级设置学习要求。[11]

表2　魁北克地区关于"解决与数学相关的情境性问题"的课程标准（节选）

阶段性学习结果	评价标准
阶段（一）：在算术方面，能根据数学符号的性质与运算顺序，选择、运用多种数学符号；结合具体情境，解释所运用的数学符号。在几何方面，能明确图形各种性质及其关系，并应用图形定义；计算长度与面积时，能通过数字运算或代数式子作出推理、解释推理结果。在代数方面，能将相关代数公式应用于各种情境；应用代数等式时，能根据相关情境确定并解释计算结果。在概率方面，能开展相关计算活动，计算出概率大小，并在适当时机解释活动并做出决策。在统计方面，能设计问卷，并根据需要组织、呈现、分析调查结果。	☑ 口头或书面解释表明学生理解所需解决的情境问题。 ☑ 所运用的数学知识与情境问题匹配。 ☑ 问题的解决过程、问题的答案与情境问题匹配。
阶段（二）：……	……
阶段（三）：……	……

横向编排的课程标准也存在两种基本方式，一是内容标准＋表现标准，即就某个学习主题描述出不同水平的特征。如表3所示，按相应的内容标准，分五种水平描述表现标准。[12]

表3　苏格兰科学课程中"地球科学—空间"的学习结果

内容标准	表现标准				
	初级	一级	二级	三级	四级
了解地球在宇宙中的位置，形成时间与大小的观念。理解宇宙演化历程，能对未来空间探索与外星生命可能性的思想展开探究	当我遥望辽阔的星空时会感到好奇，我能认出太阳、月亮和星星，并将它们与生活相联系	在不同时间通过可靠地观测太阳和月亮并记录数据，我能描述出它们的运行规律和变化，将它们与一天、一个月和一年的时长联系起来	通过观测和研究太阳系的特征，我能运用简单的模型来交流和展示我对太阳系的大小、范围、周期以及相对运动的理解	通过运用太阳系的知识和生物生长条件的知识，我能提供理由充分的论据，证明生命在宇宙各处存在的可能性	通过不断的研究来观测和探索太空，我能阐述我们有关宇宙知识的发展历程

二是内容标准＋成就标准与表现样例，即就某些学习内容描述出其成就标准后，配上表现样例，更加便于教师的日常教学与评价。表4所示的是澳大利亚小学2年级的课程标准，其中"内容描述与细化"、"成就标准与表现样例"分别描述出学生应知所能，以及相应的成就水平。[13]

表 4　澳大利亚科学课程标准（节选）

内容描述与细化	二年级科学内容包括：科学理解、作为人类行为的科学、科学探究技能，每部分又划分不同主题，并进一步描述出每个主题要求。如"科学理解"被分为动物、化学、地球和空间、物理。"动物"要求是：生物会成长、变化，并有和它们相似的后代，这部分又细化为：表征出个体出生后的成长和变化；认识到生物具有可预测的发展阶段；探究动物不同阶段特征；通过观察了解所有动物都有后代，通常有上代双亲……
成就标准与表现样例	二年级结束后，学生能描述物体、材料和生物的变化。他们能认识一些材料，认识到不同资源有不同用途，并能举例说明科学在人们日常生活之应用。学生对经历过程提出问题，预测调查结果。他们能使用非正式测量工具进行观察并进行比较。在他人指导下，学生记录并呈现观察结果，并与他人交流自己的想法…… 科学调查主题：家庭和学校中的水 ● 在给定的图表上分别记录观察的结果； ● 举例说明水在家庭和学校中的多种用途(包括用于灌溉、饮用、清洗、休闲)； ● 学生作品(分为三种水平，本作品代表最高水平)。

（四）组织架构与研制流程

研制课程标准是国家或拥有教育独立权限地区的责任，一般由政府出面组织，主管教育部门或主管教育的官员是主要负责人选。由于牵头主持的政府行政部门不具备研制课程标准的专业知识，因此研制工作往往会委托给相关政府教育专业部门或学术机构。如澳大利亚课程标准开发工作主要委托给澳大利亚课程评价报告局(ACARA)。[14]

课程标准的研制工作，大多积极吸收教育系统内外人士，参与人员来自社会各个层面。这些人员不仅包括专业人士，还包括社会大众。以澳大利亚为例，为吸引更多公众参与课程标准研制，除了直接参与课程标准研制的学科专家、课程专家、评价与测验专家、中小学教师外，整个标准研制工作还专门开辟相关网站，建立全国性论坛，公布课程标准草案供公众审核，同时开展大规模访谈与问卷调查等公共咨询活动。

课程标准研制过程基本遵循计划、撰写、实施、完善四个基本环节，是一个收集与分析信息、基于证据的行动过程，表 5 所示的澳大利亚课程标准研制流程是这种思想的集中体现。[15]

表 5　澳大利亚课程标准的研制流程

研制阶段	主 要 内 容
构思阶段	学科课程标准设计阶段形成幼儿园—12 年级课程计划与学习领域，明确学习领域结构与组织，以用于指导课程标准的研制。概括地说，该阶段需要明确三部分内容，即明确每阶段的关键议题与计划书、准备初始计划书、形成和公布草案。
撰写课程标准阶段	确定学年开发内容范围与系列、内容描述与细化、成就标准，撰写过程咨询了审议小组、专业协会、课程专家。具体细项有：向教师、关键利益群体进行大面积咨询课程标准草案，依据咨询反馈调整草案，收集学生作品以制定成就标准，明晰课程标准草案试点地区与学校，基于试点学校的反馈信息修改草案，获得委员会签名后向联邦/州/领地教育部长、课程与学校当局陈述报告，ACARA 网站公布陈述报告与学科课程标准。
预备、实施阶段	召开课程标准会议，强化关键工作和意图，为学校实施标准做准备；收集学生作品，使得成就标准更好地得到清晰表述；收集、整理、分析课程标准使用情况，向委员会做常规报告，然后确定出后续修订课程标准需要考虑的议题。对于中小学学校领导来说，需要考虑外部需求和当地课程更新，确定实施课程标准时间。同时在课程标准准备和实施过程，为教师提供学习机会以便更好实施课程标准。

研制阶段	主　要　内　容
课程管理、评价与回顾阶段	对课程标准阶段性地咨询教师和主要利益群体,确定将来需要调查的议题;常规性回顾相关文献和国际做法,以比较国内做法与其他国家的做法;就相关议题向委员会做常规报告。在此期间开展外部测验、校内评价,以便从中获取数据完善课程标准。

三、 国际经验对我国研制基于核心素养的课程标准的启示

综观基于学生核心素养的课程标准研制的国际或地区经验,结合我国目前的条件,如果我们要研制国际一流的课程标准,至少可以获得如下的启示。

(一) 转化学生核心素养为学科核心素养

从现有研究基础看,我国的学生核心素养包括自主发展、社会参与、文化修养三大类素养。每类素养下又包括若干项指标,如文化修养素养包括语言素养、数学素养、科技与信息素养、审美与人文素养共 4 项指标。[16] 要研制基于核心素养的课程标准,意味着将核心素养融入各门课程标准。从学生核心素养到课程标准的转化过程需要一个过渡环节,即学科核心素养,否则,学科课程标准由于"对不上"过于上位的学生核心素养,而导致"两张皮"现象,学生核心素养就会变成"空中楼阁"。

我国现有课程标准在本质上属于内容标准,编排体例主要遵循了学科体系的逻辑。现有课程标准虽然在总目标中提及类似学科核心素养的目标,但没有以学科核心素养为纲,没有将学科核心素养一以贯之地落实到课程标准的各个方面,特别是各个学段或年级或水平的表现标准。这种学科内容取向的编排模式导致了:课程实施程度和学业质量标准模糊不清,使教学管理和改进、学生学业评价缺乏明确的参考依据;过分强调学科内容和知识点的传授,轻视或忽视学科核心素养的培养,更遑论学生核心素养。素质教育喊了几十年,为什么我国中小学现状没有多大改变的原因之一就在于此。由此可见,学科核心素养作为连接内容标准与学生核心素养的纽带,必将成为研制新的课程标准的关键环节。

(二) 依据学科核心素养重组学科的内容标准

从抽象到具体的角度来看,一旦确定了学生核心素养,然后每门学科都需要本学科对学生核心素养所作的贡献,即回答该学科的本质与育人价值,提炼出学科核心素养。然后,依据学科核心素养,重新确定与组织该学科的内容标准。这一流程从逻辑上是自洽的,但实际操作起来有相当的难度,需要有扎实的相关研究基础。我们与课程比较发达的国家相比,最大的缺陷在于评价领域特别是对学生学习结果的实证研究太少,这给研制课程标准带来极大的挑战。比较可行的办法是,一是从学科核心素养审视、评判目前的内容标准,以确保内容标准的"聚焦";二是从已经得到某些实证的内容标准出发,反过来,检视学科核心素养的

合理性。通过这样"两两对照",形成逻辑上比较周延的内容标准。表 6 就是一种具体的做法：梳理相关主题的内容标准，逐条评判内容标准与该学科核心素养的匹配程度。如果不匹配的话，可采取删除或修改等调整措施。

（三） 选择适切的课程标准编排方式

梳理好现有内容标准后，则可对那些同时具有内容标准与表现标准性质的条目做进一步调整，而对那些只具内容标准性质的课程标准条目还需要研制相应的表现标准。具体研制时，可结合具体内容选择课程标准编排方式。

表 6　基于学科核心素养处理现有课程标准的分析框架

描述矩阵			评 判 矩 阵	
学习模块或主题	内容标准的描述	明晰内容标准所指向的素养	与下述学科核心素养是否匹配：A. 学科核心素养 1；B. 学科核心素养 2；C. ……	备注
模块/主题 1	内容标准 1 内容标准 2 …… 内容标准 n	解读内容标准，概括/提取/抽象出这 n 条内容标准所指向的素养	对照已确定的学科核心素养，判断前述明晰出的素养是否与它们匹配	如果概括出的素养没有与已有的学科核心素养匹配，则留待后议
模块/主题 2	……	……	……	……
……	……	……	……	……

选择纵向编排方式往往要求学科具有连续发展的特征。然而，我国各门学科内容标准基本以知识点为单位呈现，总体上并不具有连续聚焦特征。鉴于各门学科现状，以及现有研究基础与庞大研究工作量，我国课程标准编排纵向表现水平为时尚早。但对于一些具有连续聚焦特征的学科内容，如语文与英语课程中的写作、科学课程中的探究、数学课程中的推理、历史课程中的史证、技术课程中的设计等，可以尝试采取纵向表现水平编排方式，在尊重现有课程内容设置的现实基础上，可基于实际选择分年级或跨年级编排方式。相比纵向编排方式，选择横向编排方式往往对学科的逻辑性要求较低。就我国而言，可以结合实际情况，为现有课程标准设置相应表现水平，或者进一步具体化内容标准的要求，并为之配置相应案例。

（四） 建立一支专业的学业评价团队

课程标准研制需要强大专业知识的支持，研制工作通常由国家委托给相关专业部门或学术机构。这些专业部门或学术机构大多设置了评价部门，如 ACARA 本身就是一个融课程开发与学业评价为一体的机构，其核心任务是规范和检验课程标准。德国国家教育质量发展研究所（BMBF）的核心任务是规范和检验课程标准，主要通过标准化的考试任务来建立试题库，以评价学生、支持素养建设和结果取向的教学变革。[17]当今多数国家与地区基本都是靠评价来引领国家或地区的课程改革，把课程标准开发与基于评价监控的课程实施纳入统一的框架内。

在这一点上，建议我国将来在课程标准研发机构内建设一支学业评价专业团队，实现通过评价收集课程标准研制所需的实证数据，同时通过评价来引领各省、地区的课程改革。由于我国长期以来不重视学业评价人员的培养，尤其是教育测量人员的培养，因此极有必要加大这方面专业力量的建设，以便为课程标准研制与修订提供重要的实证证据。

（五）加大广大中小学教师的参与力度

研制国家课程标准，其中有一条国际经验就是非常关注社会不同人员的参与，尤其重视广大一线中小学教师的参与。这是因为课程标准研制是个不断完善的过程，而作为课程标准的直接实施者，中小学教师无疑是试点课程标准、提供完善课程标准所需信息的最重要人员。在某种程度上，教师参与课程标准的研制过程就是教师理解、接受课程标准的过程。

受教育传统与体制的影响，我国许多官方课程文本研制过程中，大多把教师作为教育产品的被动接受者，试图通过行政方式来推进改革，而一线中小学教师在课程标准研制过程中参与机制缺乏，参与程度不足。因此，课程标准研制需要建立新的机制，创设新的渠道，让更多的一线教师参与。这种参与过程就是教师熟悉、接受课程标准的过程，也是推动他们投入实践课程标准的过程。

参考文献：

[1] [16] 中华人民共和国教育部. 学生核心素养研究课题组. "学生核心素养研究"工作进展报告[R]. 2014.

[2] Aldrich, R. Lessons from history of education [M]. Routledge, London and New York, 2006：149.

[3] 关晶. 关键能力在英国职业教育中的演变[J]. 外国教育研究, 2003(1)：32 - 35.

[4] Reid, A. Rethinking national curriculum collaboration：Towards an Australian curriculum [EB/OL]. http:// www. dest. gov. au/research/publications/national_curriculum/default. htm, 2013 - 06 - 17.

[5] Goodson, I. The changing curriculum：Studies in social construction [M]. New York：Peter Lang, 1997：56.

[6] New Zealand Ministry of Education. Key competencies and the New Zealand Curriculum [EB/OL]. http://key-competencies. tki. org. nz/, 2012 - 06 - 08.

[7] 蔡清田等. 中小学课程相关之课程、教学、认知发展等学理基础与理论趋向[R]. 2010.

[8] [9] [10] [11] Education Servers Department. QEP Secondary at a glance [R]. Quebec, 2010.

[12] Scottish Government. Sciences：Experiences and outcomes [EB/OL]. http://www. ltscotland. org. uk/learn-ingteachingandassessment/curriculumareas/, 2015 - 06 - 14.

[13] [14] [15] ACARA. Australian Curriculum[EB/OL]. http://www. acara. edu. au/home_page. html, 2015 -06 - 12.

[17] Eckhard, K. , Hermann A. , Werner B. , et al. The Development of National Educational Standards-An Ex-pertise [M]. Federal Minister of Education and Research (BMBF), 2004：13.

国际视野中的核心素养

- 国际"核心素养"研究的最新进展及启示
- 新西兰课程中的核心素养解析
- 全球化时代呼唤全球素养教育

国际"核心素养"研究的最新进展及启示

刘永凤

新世纪以来,基于"核心素养"的理论建构与实践探索已成为世界各国推进课程改革的关键环节。随着教育部发布《关于全面深化课程改革落实立德树人根本任务的意见》,"核心素养"及相关的研究成为教育界,甚至是学术界关注的热点议题。为此,部分学者尝试从国外优秀成果中汲取经验,兼具理论深度与现实意义的研究成果不断涌现。但总体来说,目前对国际"核心素养"领域研究的关注主要通过内容解读的方式对相关经验与案例进行阐述,较少运用科学计量方法对整体研究概况进行客观呈现。鉴于此,本文尝试以目前学术界较为认可的科学计量软件 CiteSpace 为分析工具,从权威数据库 Web of Science 收录的 712 篇研究文献管窥国外"核心素养"研究的历史与现状,使国内研究者和实践者能够系统直观地了解新世纪以来国外相关研究的发展动态与热点主题,希冀为国内研究提供新的思路与方向。

一、 数据收集与研究方法

(一) 数据收集

任何知识图谱绘制的科学性都根源于数据基础,即如何精准全面地检索到所要研究主题的全部文献是关键问题。[1]首先,为保证研究数据的可靠性,选取了国际上认可的、权威的数据库 Web of Science™ 核心合集数据库作为数据源,该数据库囊括国际公认的 SCI-EXPANDED、SSCI、A&HCI、CPCI-S、CPCI-SSH、ESCI、CCR-EXPANDED、IC 八大数据库。其次,综观国际上"核心素养"研究概况,目前影响较大的主要有以下几大模式:一是经合组织(以下简称 OECD)提出的"核心素养框架";二是欧盟构建的"核心素养指标";三是以美国、日本和新加坡等国为代表的"21 世纪技能框架"。查阅相关文献发现,以上模式对于"核心素养"的翻译主要有两种,即"Key Competency"与"21st Century Skills"。[2]因此,为能完整地囊括国际"核心素养研究"的主要文献,经过多次检索尝试,我们最后以"TS = ('Key Competence＊' or '21st Century Skill＊')、文献类型:(Article or Proceedings Paper or Review)、时间跨度:2000—2015"为检索方式,获取文献 712 篇,最终下载的文献题录数据包括篇名、作者、期刊、国别、摘要、关键词、参考文献、来源期刊等全记录信息。文献检索时间为 2016 年 1 月 28 日。

（二）研究方法

本研究主要基于科学计量学领域的知识图谱理论，这是一种将应用数学、图形学、信息可视化技术及计算机科学等学科的技术与传统的科学计量学引文分析方法结合起来，并利用可视化的图谱形象地展示某一研究领域的知识基础、热点主题、前沿领域以及整体知识架构的现代理论。[3]本研究所使用的 CiteSpace 软件，自发布以来，得到了学术界的广泛认可和使用，已成为科学计量领域独具特色且影响较大的可视化软件。本研究所采用的是当前最新版本，即 CiteSpace 4.0. R5. SE（2015 年 12 月发布）。

本研究将对 712 条文献记录进行国家（地区）分析、文献共被引分析、关键词共现分析。所以，在 CiteSpace 软件操作设置中，分析节点类型将依次设置为"country""cited reference""keyword"；时间分区（Time Slicing）为 2000—2015 年；分区时间间隔（♯ Years Per Slice）均为 1 年；选词标准（Selection Criteria）为在一定的时间域内出现频率最高的 50 个数据；图谱修剪方法（Pruning）：算法为最小生成树（Minimum Spanning Tree）、策略为修剪整体网络（Pruning the Merged Network）。① 可以肯定的是，通过以上方式所进行的分析能够有效地呈现国际上关于"核心素养"研究的最新进展：国家（地区）分析可以呈现世界各国（地区）的研究规模、影响力及相互合作关系；文献共被引分析可以探寻知识基础与研究前沿；关键词共现分析可以找到"核心素养"研究中的热点议题、演化路径以及未来的发展趋势等。

二、 国际"核心素养"研究的新进展及分析

（一）国家（地区）分布分析

利用 CiteSpace 软件对上述 712 条文献数据进行国家（地区）分析，最终生成的可视化图谱（略）。图谱中，圆环的大小与颜色分别代表世界各国（地区）"核心素养"领域研究文献的数量和发表时间，连线的粗细与颜色则分别代表世界各国（地区）相互合作关系和时间。从图谱左上角的统计信息可知，最终生成的知识图谱中共有 69 个节点（node），49 条连线（link），节点数代表国家数，节点间的连线代表两个国家（地区）存在合作关系。与此同时，笔者将图谱中未能呈现的文献数与中介中心性强度（betweeness centrality）②进行了排名统计（如表 1 所示）。

---

① 最小生成树算法的原理是通过构造网络图谱的最小脉络来简化图谱，整体网络修剪策略是指同时对所有时间段的图谱进行修剪，它能使生成的图谱较为集中，运用这两种修剪方法所生成的图谱较原始图谱更为简洁，便于直观清晰呈现分析结果。

② 中介中心性（Betweeness centrality）是衡量节点在可视化图谱中重要性的指标，数值不小于 0.1 节点通常是连接两个不同区域的关键枢纽，在图谱中会用紫色圈进行标注。

表 1　国家（地区）文献数与中介中心性统计（前十名）

排名	按文献数的国家（地区）排名（前十名）		按中介中心性的国际（地区）排名（前十名）	
	国家	文献数	国家	中介中心性
1	USA(美国)	107	USA(美国)	0.28
2	SPAIN(西班牙)	76	ENGLAND(英国)	0.19
3	GERMANY(德国)	56	AUSTRALIA(澳大利亚)	0.14
4	ROMANIA(罗马尼亚)	38	NETHERLANDS(荷兰)	0.12
5	ENGLAND(英国)	35	SPAIN(西班牙)	0.10
6	CZECH REPUBLIC(捷克)	28	SWEDEN(瑞典)	0.07
7	SLOVAKIA(斯洛伐克)	27	SWITZERLAND(瑞士)	0.04
8	AUSTRALIA(澳大利亚)	24	NORWAY(挪威)	0.04
9	CANADA(加拿大)	22	BELGIUM(比利时)	0.04
10	中国	20	GERMANY(德国)	0.03

结合图谱与表 1 可以发现：从文献数量上来看，美国研究的贡献程度最大，文献数达 107 篇，占总数的 15.3％。其次依次是西班牙、德国、罗马尼亚、英国、捷克、斯洛文里亚、澳大利亚、加拿大以及中国。从中介中心性强度上来看，美国、英国、澳大利亚、荷兰、西班牙等五国的系数均达到 0.1，其研究成果在全球"核心素养"领域研究中具有较高的权威性。中国中介中心性数值为 0.01，排名仅为第 26。从合作程度上看，国际范围内"核心素养"领域研究整体上分布较为集中，以美国、西班牙、德国、英国、澳大利亚、荷兰等为主的多数国家合作密切，成为研究成果的主产地。同时也能看到，以捷克、罗马尼亚、斯洛伐克、意大利、俄国等为代表的部分国家"核心素养"研究存在"单打独斗"现象，但这些国家的研究也形成了一定规模。值得注意的是，目前中国大陆的研究仅与我国台湾地区存在合作关系。

综上，国内"核心素养"领域研究应尝试从两方面改善：一是要进一步提升学术成果的影响力。虽说目前国内研究的文献数已进入国际前十行列，但其影响力仍稍显不足。伴随着我国教育政策的强力推进，国内学者应致力于产出一批高质量的研究成果，逐步树立"核心素养"研究的国际权威性。二是要加强与优秀国家的良性互动，特别是需要与美国、英国等欧美国家加强合作与交流，结合"他山之石"和本土经验来完善我国"核心素养"体系的建构。

（二）共被引文献分析

共被引文献分析是共被引分析中的一种，能够发现某一学科领域的经典文献，对其进行分析能够呈现国际"核心素养"领域研究的知识基础与研究前沿。利用 CiteSpace 软件，选择节点类型为被引文献(cited reference)进行分析，生成图谱如图 1 所示（为更清晰呈现高共被引文献，故将节点阈值设置为 ＞ ＝5）。

通过分析我们发现，共被引频次最高的为美国亚利桑那州立大学可持续发展学院的维

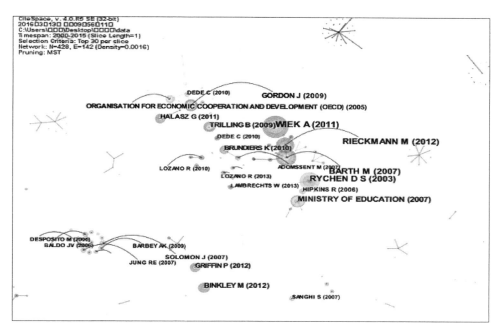

图 1　国际"核心素养"领域高共被引文献可视化图谱（共被引次数> ＝ 5）

克（Armin Wiek）教授于 2011 年发表的名为"Key Competencies in Sustainability：A Reference Framework for Academic Program Development"的论文，该文在 Web of Science 数据库中的被引频次达到 113 次，在所分析的 712 篇文献中的共被引次数达到 21 次。文中，维克（Armin Wiek）通过对大量文献的分析与梳理，将可持续发展的核心素养界定为五大类，即系统思维能力（systems thinking competence）、预测能力（anticipatory competence）、规范能力（normative competence）、策略能力（strategic competence）以及人际交往能力（interpersonal competence），并在此基础上提出了大学可持续教育的核心素养分层结构（如图 2 所示）。维克（Arnim Wiek）认为，批判性思维、沟通、多元化思维等基本能力，是每一个优质的大学课程都应培养的，这些能力是大学可持续教育的基础。而人际交往能力具有交叉性的特质，与其他四种能力互为相关。[4] 其次是巴斯（Matthias Barth）等发表的"Developing Key Competencies for Sustainable Development in Higher Education"，共被引次数高达 17 次。他研究发现，核心素养的发展既要考虑学习的倾向（认知与非认知），也要考虑环境的复杂性，在高等教育中提供不同的学习环境（正式学习与非正式学习），有助于能力的发展与提升。[5] 此外，经合组织（或称 OECD）的 DeSeCo（Definition and Selection of Competencies：Theoretical and Conceptual Foundations，简称 DeSeCo）项目负责人里兴（D. S. Rychen）的著作"Key Competencies for a Successful Life and a Well-functioning Society"也产生较大影响，已有不少国内学者对其进行了详尽的解读①，在此不再赘述。

———————

① 钟启泉教授的《基于核心素养的课程发展：挑战与课题》、辛涛教授的《核心素养模型的类型及结构》以及李艺教授的《谈"核心素养"》等论文都对 D. S. Rychen 在著作中阐释的核心素养框架进行了深入剖析。

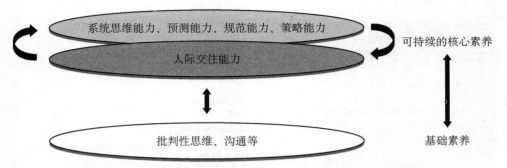

图2　维克（Armin Wiek）提出的大学可持续教育中的核心素养分层结构

表2中已列出共被引频次前十名的经典文献。其中，麦高（Barry McGaw）等与格里芬（Patrick Griffin）等的论文均源自著作"Assessment and Teaching of 21st Century Skills"，此书汇总了六位学者的研究成果，系统地从背景、内涵、方法论、技术支撑、评估目的以及政策框架六个维度论述了"21世纪技能"的教学与评估。此外，新西兰国家课程标准作为研究成果中为数不多的政策文件也引起国际学者的关注，鉴于我国目前正处在构建基础教育核心素养体系的关键阶段，该标准及其相关实践经验值得国内学者深入探究。以上都是国外"核心素养"研究的主要知识基础，以其为线索追踪施引文献，可以发现国外"核心素养"领域的研究前沿，从而为我国研究提供新的学术增长点。

表2　国际"核心素养"研究高被引经典文献（共被引频次前十名）

并被引频次	被引频次	发表年份	作者	文献题目	类型
21	113	2011	Armin Wiek 等	Key competencies in sustainability：a reference framework for academic program development	论文
17	91	2007	Matthias Barth 等	Developing Key Competencies for Sustainable Development in Higher Education	论文
17	142	2003	Dominique Simone Rychen 等	Key competencies for a successful life and a well-functioning society	著作
15	31	2012	Marco Rieckmann	Future-oriented higher education：Which key competencies should be fostered through university teaching and learning?	论文
12	103	2007	New Zealand Ministry of Education	New Zealand Curriculum	国家标准
11	17	2009	Jean Gordon 等	Key Competences in Europe：Opening Doors for Lifelong Learners Across the School Curriculum and Teacher Education	论文
10	104	2009	Bernie Trilling 等	21st Century Skills：Learning for Life in Our Times	著作
10	51	2012	Barry McGaw 等	Defining Twenty-First Century Skills	论文
9	24	2012	Patrick Griffin 等	The Changing Role of Education and Schools	论文
9	41	2011	Gábor Halász 等	Key Competences in Europe：interpretation policy formulation and implementation	论文

（三）关键词共现分析

关键词是文献内容的精炼与核心观点的标识。共现分析理论认为，一组关键词在同一组文献中同时出现代表其具有共现关系，共现的次数越多，文献的研究主题越相近。共现词的中介中心性系数超过 0.1，则表示围绕该词的研究影响力较强，可以视作某一领域的研究热点。[6]因而，对关键词进行共现分析能够彰显国际"核心素养"领域的研究热点与主题。利用 CiteSpace 软件，选择节点类型为关键词（key word）进行分析，生成关键词共现可视化图谱如图 3 所示（为更清晰呈现核心关键词，故将节点阈值设置为＞＝10）。同时，笔者将核心关键词的相关信息以词频高低为序进行了统计（见表 3）。

表 3　国际"核心素养"研究高频关键词相关信息统计（频次> = 10）

词频	关键词	中介中心性	年份	词频	关键词	中介中心性	年份
111	key competency	0.26	2006	16	innovation	0.05	2012
77	competency	0.15	2006	15	system	0.38	2007
72	education	0.84	2002	14	lct	0.00	2010
32	higher education	0.01	2005	14	management	0.19	2001
32	student	0.57	2000	12	training	0.00	2011
26	skill	0.64	2007	12	sustainability	0.00	2014
24	model	0.03	2009	12	learning	0.01	2013
24	performance	0.20	2006	12	future	0.53	2008
23	curriculum	0.09	2004	12	framework	0.54	2006
23	assessment	0.34	2006	11	design	0.00	2007
22	lifelong learning	0.08	2009	11	digital competence	0.01	2009
22	knowledge	0.11	2009	10	validity	0.00	2010
17	science	0.00	2000	10	e-learning	0.01	2008
17	technology	0.01	2012	10	work	0.27	2007

综合图 3 与表 3，并对二次检索发现的关键性文献进行内容解读，可以发现，新世纪以来，国际"核心素养"领域研究主要形成四大研究主题，即"核心素养"体系的构建研究、"核心素养"的评估研究、"核心素养"的可持续教育研究以及基于"核心素养"的课程实践探索。

1. "核心素养"体系的构建研究

综观国际上诸多高被引研究成果发现，"核心素养"体系的构建在各国以及相关机构的研究中均居于基础性的核心地位。此方面研究文献数量较多，主要聚焦于"核心素养"的设计、分类、指标、模块等要素的分析，由"key competency"、"competency"、"system"、"skill"、"model"、"design"、"digital competence"等高频关键词组成。解读相关文献发现，不同国家（地区）构建"核心素养"体系有所不同。譬如，前文提及的维克（Armin Wiek）将核心素养分为五大类，并构建了可持续的核心素养分层结构。DeSeCo 项目负责人里兴（D. S. Rychen）与萨尔加尼克（L. H. Salganik）定义了三大通用核心素养，即自主行动与反思、互动地使用工具、参与并融入社会异质群体，并在此基础上构建了核心素养的概念框架。[7]欧盟核心素养参考框架则将母语交流能力、外语交际能力、数学与科学技术能力、数字能力、学会学习、社会

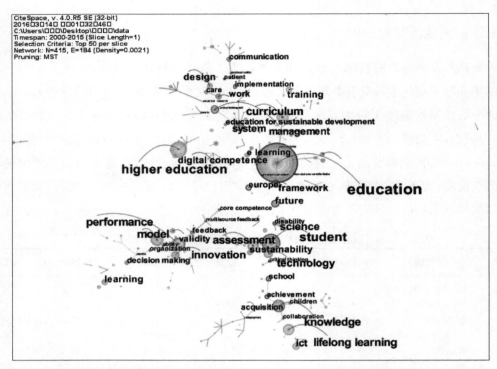

图 3　国际"核心素养"研究关键词共现可视化图谱（频次> = 10）

与公民能力、主动与创业意识以及文化意识与表达等八大能力纳入核心素养框架。[8]里克曼（Marco Rieckmann）通过德尔菲法对全球可持续发展领域的 70 位专家进行咨询后确定了可持续发展的十二大关键能力，其中，系统性思维，预测性思维和批判性思维最为关键。[9]此外，在经合组织的引领下，大多数成员国（如德国、新西兰、芬兰、澳大利亚、瑞典、瑞士等）纷纷致力于本国"核心素养"体系的构建研究，相关的研究报告均发布于 DeSeCo 项目组的官网上。

2. "核心素养"的评估研究

统计结果显示，在构建"核心素养"体系的同时，国际上积极推进其评价研究，通过推行多种评价项目、设计评价工具等方式对相关"核心素养"体系进行考量与验证，相关关键词主要由评价（assessment）、信息技术（ICT）、技术（technology）、管理（management）、创新（innovation）等组成。雷德克（Christine Redecke）在报告"The Use of ICT for the Assessment of Key Competences"中强调，不同的核心素养需采取不同的途径进行评估，当前已有评估工具包括基于计算机的测试、在线测试或简化游戏以及电子档案袋等，未来应加强学习分析和嵌入式评估相关技术的开发及其在学校课程评估中的应用。[10]David Pepper在梳理了欧盟各成员国的现行评估方式之后指出下一步的评估工作应从两方面加以创新：一是将核心素养进行拆分并使其与学习的结果相映射，为规划与评估学习提供基础；二是收集评估信息的方式应进一步扩展，要兼顾学习者在不同情境下对于核心素养的运用。[11]此外，OECD 推行 PISA 等项目也引起全球的广泛关注。

3. "核心素养"的可持续发展教育研究

近年来,来自联合国教育、科学和文化组织的可持续发展教育的理念在世界上得到了深化,核心素养也被纳入可持续发展领域的讨论领域,相关课程已经被开发并应用于高等教育阶段,包括可持续性(sustainability)、教育(education)、高等教育(higher education)、科学(science)、终身学习(lifelong learning)在内的关键词与此密切相关。在 OECD 发布的工作报告"定义和选择核心素养执行纲要"中,其教育官员提到,"可持续发展和社会凝聚力的关键在于所有人的能力提升,这些能力覆盖知识,技能,态度和价值观等多方面"。[12]巴斯(Matthias Barth)更是明确强调,核心素养不应囊括所有的能力,可持续发展这一特质应成为界定是否核心素养的标准。他认为,学习环境对发展可持续核心素养的影响不容忽视。[13]布鲁迪斯(Brundiers K)等在考察了基于项目或问题的学习、企业或政府中的实习等现实生活中的学习活动后,构建了一种有助于核心素养可持续教育的"功能性与渐进性"的学习模型(a functional and progressive model),并提出将其整合至本科课程的实施策略。[14]

4. 基于"核心素养"的课程实践探索

各国(地区)"核心素养"研究最终都落实到具体课程设置中,有关培养"核心素养"的教育政策与国家标准也纷纷出炉,相关关键词主要有学生(student)、表演(performance)、课程(curriculum)、效度(validity)、培训(training)、网络学习(e-learning)等。新西兰教育部调查发现,单纯的修订课程政策并不能真正发挥作用,关键在于寻求教学实践者的合作,因此他们采取协商的方式让学生、教师以及校长等参与到课程的重构中,最终形成了一个包含五大核心素养组合的框架,以推动核心素养在课程中的渗透。[15]米洛斯拉夫(Miroslaw Dabrowski)等考察波兰中小学普通教育的课程设置后发现,由于缺乏配套的教学材料与评估系统,核心素养未能很好地嵌入到学校教学中,这导致学校教育中核心素养培养处于边缘地位。[16]乔克(Voogt Joke)等在比较分析八个有关 21 世纪能力的国际课程框架后认为,提供操作性的定义、确定核心课程与 21 世纪技能之间的关联以及规范的实施与评估策略等要素都应被纳入国际课程框架中。[17]

三、 研究结论、启示与不足

本研究以国际较为权威的数据库 Web of Science 为数据源,基于 CiteSpace 可视化分析技术,从国家(地区)分布、共被引文献、关键词共现等方面实证地对 2000—2015 年间国际"核心素养"领域 712 篇研究文献进行了分析。研究结果发现:从国家(地区)分布来看,中国大陆仅与台湾地区存在合作关系,与其他国家(地区)的合作互动稍显不足;从共被引文献来看,国际上已经形成一批较有影响力的研究成果,值得国内研究学习借鉴;从研究主题分布来看,国际"核心素养"研究已取得实质性的进展,覆盖"核心素养"的构建、培养、评价以及课程实施等方面。

"核心素养"肇始于深化课程改革,优化于国际经验借鉴,完善于本土理论构建,落实于学校课程实施。显然，作为课程发展的 DNA，"核心素养"遵循从课程改革中来向课程实施中去的发展路径，它的形成本身也是学校课程的一个目标。[18] 因此，倘若要确保这一重要举措能发挥最具实质意义的教育效用，需从课程发展的视角对周密构建我国学生发展核心素养体系进行考量。一般认为，课程发展包括设计、实施、评价三个主要阶段，从这三个维度对国际经验予以立体关照，一定程度上能使其在我国的教育土壤中获得更宽广的生长空间。

（一）汲取先进的教育理念： 明晰静态孤立与持续发展之别

从本研究的统计结果来看，多国"核心素养"研究与可持续发展教育理念关系紧密，不仅有学者专门提出可持续发展之"核心素养"框架，甚至有人认为可持续发展应作为遴选核心素养的标准之一。可持续发展教育起源于联合国教科文组织（可持续发展教育），作为一种契合时代挑战与社会发展的教育理念，自 1988 年提出以来已成为世界各国教育改革研究的共同主题并获得广泛的认同。所谓可持续发展教育，其根本目的在于促进学生可持续发展伦理观念和可持续发展价值观念的形成，提高学生实施可持续发展的认识、技能与实践能力。[19] 由是观之，我国"核心素养"体系的构建理应融合可持续发展之教育理念，以持续不断的永动式创新替代孤立断裂的静止式保守，赋予学生可持续发展的精神和能力，从而使得个体生命的发展与整个社会的可持续发展保持和谐的统一。

（二）选择适切的推进方式： 打破理论与实践之界

首先是积极寻求教育实践者的参与。核心素养体系的理论构建必须与教育实践者及时沟通并采纳其合理建议，从而唤起他们的兴趣与合作，避免在最终的实践中陷入阻滞。其次要渐进式推进课程修订。构建核心素养体系旨在为修订课程标准与课程方案提供依据，一般而言，专家引领的课程修订方式比较通用且行之有效。然而，需要警醒的是，绝不能持有对现存已有课程全盘否定的态度，在修订过程中操之过急，强行加快修订进程，这样往往致使基层实践者产生抵触情绪而"欲速则不达"。因此，专家学者们抱以理性态度渐进式推进，对于课程的顺利修订确是重要支撑。最后，需开展有效的行动研究。行动研究可以促进理论研究者与基层实践者充分交流与真实沟通，打破理论与实践的界限。理论研究者应深入教学一线，通过听课、座谈、研讨等方式与基础实践者在"核心素养如何真正落地"等问题上实现真正意义上的合作与互动。

（三）预设合理的评估策略： 融通标准与评价之隔

改革的现实反复证明，理想化的课程标准与现实性的课程评价之间的冲突已成为每一次课程改革都绕不开的阻碍，如何有效化解两者矛盾是深化课程改革阶段必须仔细琢磨与妥善解决的核心问题。这一点需要我们在构建核心素养体系的初期就未雨绸缪，预设合理的评估策略，确保课程标准与课程评价趋于一致。从当前国际经验来看，合理的评估策略必须建立在研制科学的评价指标、设计合理的评价框架以及选择有效的评价工具等方面的基础之上。此外,如何设计贴近现实情境的评价试题、如何理性地分析评价结果以及如何确保评价反馈的及时有效等问题也是无法回避的重要课题。

最后,我们需要表明,在这项研究中仍然存在一些不足之处。第一,文献数量少。由于数据库收录文献的时间限制,本文只能根据科学网核心数据库包含在 2000—2015 年数据分析,未能概括国外最新研究的全貌。第二,文献类型有限。受限于 CiteSpace 软件要求,限于 CiteSpace 软件本身的技术限制,本研究只能进行包含完整的记录信息的文献分析,不能分析文献资料的类型有书籍、报纸等。第三,软件自身局限。所使用的 CiteSpace 软件作为一种新型科学计量分析工具,许多功能未达到最佳,其版本仍在不断更新。综上,本文的研究成果可能与实际状况有一定出入,期待后续研究能够弥补以上不足,更加深入地挖掘国外"核心素养"领域研究的优秀成果。

参考文献:

[1] 陈悦,陈超美,刘则渊,胡志刚,王贤文. CiteSpace 知识图谱的方法论功能[J].科学学研究,2015(2):242 – 253.

[2] 褚宏启.核心素养的概念与本质[J].华东师范大学学报(教育科学版),2016(1):1 – 3.

[3] 侯海燕.基于知识图谱的科学计量学进展研究[D].大连:大连理工大学,2006:25 – 26.

[4] Wiek, A. , Withycombe, L. & Redman, C. L. Key Competencies in Sustainability:A Reference Framework for Academic Program Development [J]. Sustainability Science, 2011,6(2):203 – 218.

[5] Barth, M. , Godemann, J, Rieckmann, M. , et al. Developing Key Competencies for Sustainable Development in Higher Education [J]. International Journal of Sustainability in Higher Education, 2007,8(4):416 – 430.

[6] Su H N, Lee P C. Mapping Knowledge Structure by Keyword Co-occurrence:A First Look at Journal Papers in Technology Foresight [J]. Scientometrics, 2010,85(1):65 – 79.

[7] Rychen, D. S. & Salganik, L. H. Definition and Selection of Competences (DeSeCo):Theoretical and Conceptual Foundations:Strategy Paper [M]. Swiss Federal Statistical Office, 2002.

[8] Gordon, J. , Halasz, G. , Krawczyk, M. , et al. Key Competences in Europe:Opening Doors for Lifelong Learners Across the School Curriculum and Teacher Education [R]. Social Science Electronic Publishing, 2009(0087).

[9] Rieckmann M. Future-oriented Higher Education:Which Key Competencies Should be Fostered Through University Teaching and Learning [J]. Futures, 2011,44(2):127 – 135.

[10] Redecker C. The Use of ICT for the Assessment of Key Competences [J]. JRC-IPTS Working Papers, 2013(1):3 – 5.

[11] Pepper D. Assessing Key Competences Across the Curriculum-and Europe [J]. European Journal of Education, 2011,46(3):335 – 353.

[12] OECD. TheDefinition and Selection of Key Competencies:Executive Summary [EB/OL]. http://www. oecd. org/pisa/35070367. pdf, 2005 – 05 – 27/2016 – 11 – 25.

[13] Barth, M. , Godemann, J. , Rieckmann, M. , et al. Developing Key Competencies for Sustainable Development in Higher Education [J]. International Journal of Sustainability in Higher Education, 2007,8(4):416 – 430.

[14] Brundier, K. , Wiek, A. & Redman, C. L. Real-World Learning Opportunities in Sustainability:From Classroom into the Real World [J]. International Journal of Sustainability in Higher Education, 2010,11(11):308 – 324.

[15] Rutherford, J. Key Competencies in the New Zealand Curriculum:Development Through Consultation [J]. Curriculum Matters, 2005,1(1):210 – 227.

[16] Miroslaw Dabrowski, Jerzy Wisniewski. Translating Key Competences into the School Curriculum: Lessons from the Polish Experience [J]. European Journal of Education, 2011,46(3): 323 - 334.

[17] Voogt, J. & Roblin, N. P. A Comparative Analysis of International Frameworks for 21st Century Competences: Implications for National Curriculum Policies [J]. Journal of Curriculum Studies, 2012,44(3): 299 - 321.

[18] 钟启泉.基于核心素养的课程发展:挑战与课题[J].全球教育展望,2016(1):3 - 25.

[19] 田道勇,赵承福.关于可持续发展教育概念的解析[J].教育研究,2009(3):86 - 91.

新西兰课程中的核心素养解析

| 陈　凯　丁小婷

新西兰 2007 年 11 月正式颁布了修订的课程纲要，于 2010 年开始实施。该纲要规定了课程的基本原则，设计了独有的课程体系，由"核心素养"、"学习领域"、"基本技能"、"态度与价值观"构成。[1]新西兰新课程（The New Zealand Curriculum，简称 NZC）的设置遵循八条原则，从不同的方面确保学生在学习中的主体地位，引导学生为自己的学习负责，并能够作为一个独立的个体获得成长。这些原则分别是高期望原则、学会学习原则、《怀唐伊条约》原则、社会参与性原则、多元文化原则、一致性原则、包容原则和关注未来的原则。[2]这八条原则将学生放在了教与学的中心，明确规定课程的设置要能确保学生参与程度，并对学生的发展提出合理的挑战；课程的设置还具有前瞻性和包容性，并确保学生获得新西兰人的独特身份。正如新西兰基础教育课程纲要第一部分"学习的方向"提出的愿景：课程旨在培养充满自信、积极进取、善于交流、积极参与活动、终身学习的年轻人。如何实现这一课程愿景呢？新西兰教育将其具体化为核心素养。

一、 新西兰核心素养的确定

NZC 中曾经采用过交际技能、处理信息技能、问题解决技能、运动技能、计算技能、自我管理与竞争技能、合作技能、工作和学习技能作为培养青少年的课程框架，[3]随着国际上对核心素养的关注，NZC 将这八项主要技能进行重组、整合，并上升到素养层面。

OECD 曾经在 1997 年启动了"素养的界定与遴选：理论和概念基础"项目（Definition and Selection of Competencies：Theoretical and Conceptual Foundations，简称 DeSeCo），项目指出，促进成功生活和健全社会的核心素养包含三大类，分别是：互动地使用工具、自主行动和在社会异质团体中互动。[4]在 DeSeCo 的形成过程中，各国际组织和 OECD 成员国都有所参与，其部分意见被采纳，也使得各国际组织和 OECD 成员国都对 DeSeCo 的研究成果普遍地接受和认同，在其各自的核心素养研制过程中，都以 DeSeCo 的核心素养为参照框架。核心素养的选择必须秉承三点：一是核心素养必须具有关键的核心价值，不仅有助于个人开发潜能，更加可以产生一定的经济或社会效益，进而拓及至终身学习、社会公民责任等各种关键的价值。第二，核心素养必须具有必要的核心价值，必须能够有助于个人将其在各种生活情境、社会工作、学校教育等领域中加以应用，并带来相应的效益。第三，核心素养必须具有重要的核心价值,不单单对成为特定领域专家重要,而且对每一个人都很重要,具有共同的重要性;不单单针对某一教育阶段重要,而是对每个教育阶段都很重要,保证可持续发展。[5]作为 OECD 成员国的新西兰,认为核心素养是为了适应当前以及未来生活和学习的素养,在这个观念下确定了以下五条核心素养:思考,与他人互动,使用语言、符号和文本,自我管理,参与和贡献。这些素养比之前规定的主要技能更复杂,尤其关注到那些指导行动的观念、态度和价值观。素养之间也不是相互独立,在每一个学习的关键区域都能相互作用,共同发挥功能。表1呈现了新西兰核心素养体系内容与 OECD 的核心素养内容的联系以及表述差异。

表 1　新西兰和 OECD 的核心素养的对应联系

新西兰核心素养版本	OECD 核心素养版本
使用语言、符号和文本	互动地使用工具
自我管理	自主行动
与他人互动参与和贡献	在社会异质团体中互动
思考	(思考作为一种跨学科素养,并未在 OECD 的框架中出现)

二、 新西兰核心素养分类解析

(一)思考

1. 素养内涵界定

思考主要是使用高阶思维处理学习、生活、工作过程中的各种信息、经验和问题,在思考过程中发展知识理解、作出问题决策、塑造个人行为以及构建知识体系,而好奇心和求知欲是这种素养的核心。在 NZC 纲要中的高阶思维主要涉及创造性思维、批判性思维和元认知思维,也包括对改革创新的思考。与之前八项技能对比,其有一些内容相联系、相对应(如表2所示)。

表 2　核心素养对应的主要技能[6]

核心素养中的思考内容	主要技能中的对应要素
媒体信息的辨别和分析	交际技能
案例逻辑性和确证性论证	问题解决技能
各种格式的数字信息的分析和组织	计算技能
信息的分析、推理、评价和解释	处理信息技能
自我鼓励的发展	自我管理与竞争技能
面对歧视行为的批判性回应	社会合作技能

其实核心素养体系所有要素都包括需要学生思考的认知成分,但是现在大众视野中的

思考还只停留在对知识和信息的加工。NZC认为,作为卓越的思考者应该积极地搜寻、应用和创造知识,他们反思自己的学习,利用个人的知识提出问题,并作出具有挑战性的假设——从这个层面讲,高阶思维正是思考素养追逐的目标。

思考作为课程的核心会给教学带来可持续的影响。Perkins研究团队发现当人们做不同事情时,使用高阶思维的倾向性更为缺乏——也就是说不是人们不能思考而是在面对思考时往往针对当前形势做简单化处理,这种思考倾向性说明了思考技能和思考素养之间的重要差异。[7]Paul将这种思考倾向性组织成五组:(1)好奇心、探究、将想法付诸实践、提问;(2)发散性思考、建立联系、开放思维和公平;(3)论证认真清晰;(4)提前组织和计划;(5)具有强烈愿望抓紧思考时间。所以说,作为核心素养,思考应该是提供给思考条件时,得愿意思考。[8]思考素养不止限于一种技能,更是一种愿望。

2. 与其他素养的联系

思考素养直接体现在批判性思维、创造性思维等方面,例如,学习者能够针对具体问题从许多不同的角度想象,并且广泛联系一系列学习领域。但是思考也和其他核心素养密不可分。学习活动中显然需要展示与他人相关的能力,如积极倾听、合作和协作工作。没有在团体中的参与和贡献,学生也不能完成这些事情。当学生学习反思他们所建构的论据时,也是展示自我管理的重要方面之一。学习者使用来自不同知识领域的证据进行口头或书面表达,或借助数学公式和图像或应用信息技术工具,有利于加深对该知识表达规范的理解。

3. 基于素养的教学

高阶思维是可以教的还是主要依靠学? Zohar和Schwartzer曾撰写关于发展高阶思维的研究综述,指出针对性的教学有利于高阶思维,在这个过程中教学往往提供的是学习的机会:[9]

(1)当学生完成具有认知挑战性任务,他们会拥有许多活跃思维的机会;

(2)需要向学生介绍各类思考模式和技巧;

(3)学生有机会将一种情境中的思考所得应用于其他不同情境;

(4)当学生反思自己思考时,教师可以提供关于思维或思考的专业名词,给予学生相关的语言工具支持;

(5)学生在学习应用思考工具和思维运作的过程中,能接收到专业反馈;

(6)教师鼓励学生自由思考,并帮助他们在所犯的错误中学习;

(7)学生开展实践并从中获取他们发展元思考能力的评测;

(8)教师更多充当教导者和教练,而不只是信息的传递者。

NZC建议在教学实施过程需要明确应用规则、清晰思考问题的途径和策略,也需要教师知道如何识别学生的学习困难并帮助其灵活应用策略解决问题。

NZC还采纳了英国学者关于在论证中发展思维能力的教学主张,论证强调用证据阐述观点,由于这些论证需要用到的数据、情境可能来自于不同学科领域,宏观层面涉及课程整合,微观层面则涉及学习者综合思维能力。教师在发展学习者论证中的思考素养过程中体现重要角色,具体如表3所示。

表3 基于论证的教学过程[10]

论证进程	教师行为
交谈和倾听	鼓励讨论 鼓励倾听
知道论证的意义	给论证下定义 为论证提供模型示例
定位	鼓励想法多元化 鼓励学生寻找自己的位置
利用证据作出辩解	检查证据 提供证据范例 提示学生使用证据来证明理由 强调辩解的重要性 鼓励辩论观点犀利
构建论证	使用写作框架或其他结构化的书面作品 促进学生的演示 创建角色扮演和分配角色
评价论证	鼓励评价 评估学生的实际论点、证据/内容以及证据的性质
驳论	鼓励学生预测对方可能反应 鼓励辩论(例如通过角色扮演)
反思论证过程	鼓励反思 询问学生改变想法的地方

4. 素养的水平评价

NZC 将核心素养转换为可观察的外显表现,将每一项素养分解成若干主题,包含素养的主要表征,并分为新手、学徒、熟手和专家四个不同水平(如表4所示)。这样的评价标准供给教师审视教学目标是否达成,也提供给学生反思自己的学习进展。"思考"作为学习者最直接需要的核心素养,更多关注思考行为的频率、学习习惯的养成以及学习思考的态度。

表4 "思考"核心素养的评价标准[11]

主题	新手	学徒	熟手	专家
个人思考	① 刚开始在课堂上思考 ② 很少分享思路	① 有时候思考老师的提问 ② 偶尔分享一些想法	① 经常思考老师的提问 ② 经常分享想法	① 经常思考老师的提问以及其他人所说的 ② 很频繁地分享想法
记载自己的思路	① 有时候向老师解释 ② 努力知道如何记录思考	正在通过某些途径,例如:日记或书上的笔记记下思路和想法	不需要什么支持就可以对思考内容组织语言并进行书面解释	① 能轻松、独立地写出是如何思考的 ② 能对自己的思考付诸实践、解释并作出决策
提出问题	刚开始在课堂上提问,都是些封闭问题	刚开始提出一些更高层次的相关问题	经常提出与本主题相关的高阶问题	提出高阶问题并经常自主探寻答案
运用思考工具	知道一些思考工具但是很少在思考中加以应用	在他人帮助下可以应用PMI思考法、六顶思考帽、头脑风暴等工具	经常应用 PMI 思考法、六顶思考帽、维恩图、思维导图等工具支持思考	善于独立选择和使用思考工具帮助组织思路

（二）使用语言、符号和文本

1. 素养内涵界定

从"素养"的英文单词本意出发，Literacy 指的是"读写能力；识字；有文化"。[12]这就意味着"素养"本身就是从"识字"派生出来的教育概念。从"素养"发展的历史来看，指代了学校所提供的公共知识概念，意味着社会公共领域的基础也就是共同教养、核心素养，即为由语言、符号和文本构建的读写能力。[13]

使用语言、符号和文本是一种对知识表达进行编码并赋予意义的过程，是表达和交流信息、经验、理念的基础。在 NZC 核心素养中，该项与众不同——它超越传统视野中的读写素养和技术应用能力，还包括旧框架规定的两项主要技能：交流和计算。正是这种素养体现人们对交流工具使用时机的清晰认识，强调自身如何利用工具去观察和诠释对世界的认识。该项素养包含三个方面内容：(1)语言是一种赋予意义的工具，在这里使用这个名词包含了所有交流和探索想法的内涵，远不止字、词和语法体系，例如数学中数字的语言传递想法。化学课堂也需要特有的化学反应规律和化学仪器使用来组织对学科的认识。学生往往面对三种语言环境的转换：家庭语言、课堂上的教学语言、学科领域的专业语言。(2)符号是构成语言的成分，语法就是一种字词之间关系的符号表达。学生急需学习特定语言系统中具体情境的符号表达，例如"＝"不止是计算出答案的意思，在代数中就是确保等式两边相等的意思；而化学中的"He"表示氦元素而不是英文中的"他"。(3)文本是所有赋予意义活动的产物。人们总习惯于把文本视为一页纸上书写的文字，但实际上文本表达呈现多元性，新闻报道的文本表述和教学参考书、诗词歌赋的文本特征截然不同。文本可以是口头表达——例如商店里双方交谈；也可以是可视化的——例如艺术作品、卡通画、广告、电影、视频、音乐和照片等都是目前可视化文本的主流形式；文本也可以是动态的，NZC 就认为舞蹈被看作一种可以阅读的文本形式。

信息时代的一个重要特征就是纸质文本呈现语言、符号和文本的形势已经有所改变，取而代之的电子屏幕上的文本以更丰富的形式承载知识、促进交流以及表征思维——这种表征方式带来的教育变革直接影响到未来的学习方式。近年来 ICT 从原来以传统方式获取和使用信息转向基于电子网络世界中知识构建和意义创造活动。在这个知识瞬息万变的"信息时代"中，学习作为存储现有知识的手段已经转向学习作为积极构建新知识的手段，[14]学生学习重点在每个主要学科领域建立对知识建构"游戏规则"的理解，例如在科学教育中掌握科学传达观点的方式——使用图形、表格以及描述物质性质的用词。

2. 与其他素养的联系

读写是学习的基础素养，只是停留在文本的符号不应被当作"阅读"，还需要对文本知识的思考，对领域"话语"的认识。例如在科学教育领域，读写是儿童学习科学的基础，相互渗透教学可以互相收益。所有儿童都能用图画或文字在日记中记录他们的观察和思考。儿童的文学作品和书写活动可以丰富他们的词汇，提高他们的听觉和视觉技能，发展他们的创造性，并以此促进科学学习。阅读也可以促进儿童进行观察，以及提出假设、推断和预测、解释数据等科学过程能力的发展。同时,读写还依赖于儿童调动已有知识开展综合复杂的思维活动,对科学知识的理解需要上升到元认知的层次,即理解科学而不是知道科学。

从文本获得丰富的经验确保所有学生拥有平等的学习机会,然而单单依靠经验本身是不够的,学生还需要获得各方面的帮助和支持,确保了解参与的各种类型社会实践活动具有的特殊意义。既然是参加社会实践,就需要与他人产生多方面联系,这时候两种核心素养之间就建立起紧密联系。此外,语言、文字和符号也是文化的重要组成部分,因此文化传播中的"参与和贡献"和本素养的联系也是显而易见。

人们在正式学习和非正式的学习情境中均使用语言、符号和文本,既包括书面、口头、听觉、视觉等各种途径,也体现在和数学、科学、技术融合的多学科领域。在这种素养的培养过程中,学生需要对文本中的字词、数字、图像所包含的相应变化、隐喻和技术呈现手段有所辨识和理解,逐步认识到如何选择语言、符号或文字并加以应用,理解这些选择会影响与人沟通过程中的相互理解,也会影响交流中彼此回应方式;具备这种核心素养的学生能自信地使用信息和通信技术来进行访谈或提供信息。

3. 基于素养的教学

该素养的教学跨越语言、数学、科学、技术等多学科领域,涉及读写、演算和推理、技术应用等多种技能。新西兰学校提倡学习者知道如何及何时更精确使用不同类型的语言、符号和文字。研究表明,每一个领域都有自己的语言、符号和文字,因此相关课程都要创设丰富的情境,来发展学生对不同领域相似和差异的理解。运用语言、符号和文字的能力发展需要融入特定的主题。[15]

4. 素养的水平评价

"使用语言、符号和文本"素养的评价主要体现在运用的难易程度和熟练程度,也包括情感态度层面的自信心和习惯,其核心素养的评价标准如表5所示。

表5 "使用语言、符号和文本"核心素养的评价标准[16]

主题	新手	学徒	熟手	专家
读写素养	① 比较费力地理解不同表达形式的目的性 ② 试图以多种形式进行书面或口头表达 ③ 尝试确认进行书面或口头表达的适当场合	① 刚开始理解不同写作或语言表达形式的目的性 ② 刚开始以多种形式进行书面或口头表达 ③ 刚开始为进行书面或口头表达选择适当场合	① 基本理解不同写作或语言表达形式的目的性 ② 经常以多种形式进行书面或口头表达 ③ 经常能确保进行书面或口头表达的适当场合以及具体做法	① 理解不同写作或语言表达形式的目的及意义 ② 能非常自信地以多种形式进行书面或口头表达 ③ 确保进行书面或口头表达的场合以及针对性的具体做法
计算能力	① 比较费力地理解不同数学思路和策略的目的和意义 ② 只能应用一两种数学策略解决问题 ③ 尝试确认应用数学工具的场合	① 刚开始理解不同数学思路和策略的目的和意义 ② 有规律地应用三四种数学策略解决问题 ③ 开始保证应用数学工具的场合	① 通常理解不同数学思路和策略的目的和意义 ② 有规律地应用五六种数学策略解决问题 ③ 基本能确保应用数学工具的场合	① 能理解不同数学思路和策略的目的和意义 ② 非常自信地应用各种数学策略解决问题 ③ 确保应用数学工具的场合以及针对性做法

主题	新手	学徒	熟手	专家
和其他领域建立联系	① 只拥有与规定学习主题相关的有限知识、技巧和其他相关内容 ② 很少尝试与其他主题建立联系 ③ 在使用正确的主题词汇时有一定困难	① 拥有与学习主题相关的若干知识、技巧和其他相关内容 ② 开始尝试与其他主题建立联系 ③ 开始正确使用主题词汇	① 理解并能够应用与学习主题相关的若干知识、技巧和其他相关内容 ② 经常能将规定主题与其他主题建立联系并正确使用主题词汇	① 理解并能够自信地应用与学习主题相关的若干知识、技巧和其他相关内容 ② 能将规定主题与其他主题建立联系并能够正确使用主题词汇
运用ICT	① 应用ICT获取信息有困难 ② 应用ICT展示自己的工作有困难 ③ 应用ICT与他人建立联系有困难	① 开始应用ICT获取信息 ② 开始应用ICT展示自己的工作 ③ 开始应用ICT与他人建立联系	① 经常应用ICT获取信息 ② 经常应用ICT展示自己的工作 ③ 经常应用ICT与他人建立联系	① 充满信心地应用ICT获取信息 ② 充满信心地应用ICT展示自己的工作 ③ 充满信心地应用ICT与他人建立联系

（三）自我管理

1. 素养内涵界定

这种素养包括自我激励、主动工作的态度以及为自己制订发展计划和设定高标准的能力。在课程实施过程中，"自我管理"往往被简单地视为事情的组织能力或对待事件的自律能力。但素养不能只停留在这种层面，"自我管理"还包括学习目标的设定、实现和监控全过程以及对学习目标达成的反思。它涵盖了之前课程框架中"自我管理与竞争技能""工作和学习技能"中大多数元素，也涉及"运动技能"的个人健康问题，例如健身、放松等。

NZC将"自我管理"纳入核心素养，也是因为新西兰本土的多元文化背景造就了学校教室小集体的多元化特点，师生和学生之间恰当地与不同文化背景的人开展互动先要了解自己所处的文化背景。

2. 与其他素养的联系

DeSeCo中与之相关的核心素养内容称为"自主行动"，强调作为学习者应大力发展自主性，强调自主并不意味着没有他人帮助自己独立完成，发现自己与他人的关系，反思学习方式、想法和技能随时间的变化，以及思考自己为什么思考、行动、学习和互动。从这个角度看，"自我管理"和另一核心素养"参与和贡献"互补，自我管理也体现和他人的联系：学生不可能单纯地从与他人互动中学会自我管理，也不可能在没有他人支持的情况下取得个人学习良好进步。

该素养体现了思考层面的元认知内容，自我管理首先就意味着对自己的认识和反思，例如意识到自己学习者的身份，分析自己优势和弱点，应用这种自我认知来投入到生活、学习以及未来工作中。善于自我管理的学习者在他人眼中往往是积极进取、随机应变、活力充沛且值得信赖的形象，他们行动精确，能清晰认识到自己的语言和行为可能对他人的影响，他们面对各种挑战能采取相应的策略，知道何时以及如何遵从他人的领导或作出自己的决策。[17]

自我管理也是信息时代认识自我的需要。学习者处于纷繁复杂、瞬息万变的电子网络化世界,基于网络的通信互动使得很多人在互联网的虚拟身份中迷失自我,对自己身份的重建缺失,对现实世界产生陌生感从而不利身心健康。所以管理自己成为追求健康以及理智学习的重要方面。

　　3. 基于素养的教学

　　新西兰教育部在2003年完成了基于实证的多个项目调研,其中将"自我调节的学习"(SRL)作为有效教学的十大特征之一,并从元认知、行为和参与、动机和情感三个维度分别呈现影响学习的内因与外因(主要是教室和教师两个层面):元认知策略用于监测个人学习的有效性,动机和情感层面包括了解和应用学习成果的愿望和态度,行为和参与层面包括有目的地使用特定的学习策略。研究表明,[18]来自学生自身的归属感、努力的目标、对学习价值的清晰认识、学习策略等均为学生自身直接控制,这些因素固然重要,但是真实和具有挑战性的任务、教师的支持和班级气氛是重要的外因,尤其卓越的教学可以促进自我调节学习。此外Zimmerman和Kitsantas观察和分析了学习新技能的过程,提出了描述自我调节学习的四个阶段:第一阶段,观察教师,对课堂上展示的知识或技能进行建模,学习者以此在脑海中进行初步建构;第二阶段,模仿,学习者尝试进行模仿活动,并根据需要接收教师的反馈;第三阶段,自我控制,学习者不再需要直接依赖模型或老师,因为他们已经熟练掌握了技能;第四阶段,自我调节,学习者能够调整完善技能,以新的方式应用该能力来应对新的挑战。[19]依据这些研究,NZC提出教学必须提供必要的引导来支持自我管理。

　　4. 素养的水平评价

　　"自我管理"既关注态度,例如是否主动、是否尽力以及是否愿意负责,也关注能力,主要体现在学习目标的树立和执行方面,其核心素养的评价标准如表6所示。

表6　"自我管理"核心素养的评价标准[20]

主题	新手	学徒	熟手	专家
表现主动性	① 在小团体中几乎不表现领导力 ② 几乎不听从指示 ③ 几乎不表现积极态度	① 在小团体中开始表现领导力 ② 有时候听从指示 ③ 有时候表现积极态度	① 在小团体中经常表现领导力 ② 一般情况下都听从指示 ③ 大多数情况表现积极	① 在一定活动中表现卓越领导力 ② 总是听从指示 ③ 总是表现积极
辨认学习目标	① 解释下一个学习目标比较困难 ② 实现自己学习目标比较困难 ③ 几乎不反思自己获得的成绩	① 在一定帮助下能解释下一个学习目标 ② 有时候能实现自己学习目标 ③ 有时候反思自己获得的成绩	① 经常能对下一个学习目标作出解释 ② 一般情况下都能实现自己学习目标 ③ 经常反思自己获得的成绩	① 总能对下一个学习目标作出解释 ② 能清晰解释自己如何实现自己学习目标 ③ 总是反思自己获得的成绩
对自己的行为负责	① 经常不遵守规则 ② 不理解选择的后果 ③ 因为自己选择的后果总是抱怨他人	① 有时候遵守规则 ② 开始审视选择的后果 ③ 因为自己选择的后果经常抱怨他人	① 大多能遵守规则 ② 经常能解释自己选择 ③ 几乎不怨天尤人	① 总能遵守规则 ② 能够清晰解释自己的选择 ③ 从不怨天尤人

主题	新手	学徒	熟手	专家
尽力完成学校作业	① 学校作业从不尽全力 ② 经常不完成作业	① 有时候尽力完成学校作业 ② 以最低标准完成作业	① 经常尽力完成学校作业 ② 经常以优秀标准完成作业	① 总能尽力完成学校作业 ② 以高标准完成作业

（四）与他人互动

1. 素养内涵界定

"与他人互动"是生活在 21 世纪的重要素养,来自不同文化的人们在社会中生存,需要在种种情境中彼此产生有效交流和互动。这种核心素养包括聆听他人建议和看法、辨识不同类型观点、交流以及想法分享。这种素养需要在学生阶段认识到学习处于一种开放环境;在不同的场合学习者可以拥有不同的角色;学生要意识到自己的言行对他人会产生怎样的影响;也要知道什么时候才是恰当的竞争或适合的合作时机;通过有效合作往往能获得比一个人"孤军奋战"更实用的效果。[21]

该素养与之前课程框架的"社会和合作技能"极其相似,但最大差异在于:不再局限社会全局视角,更突显个人与社会、与团队的联系。在这种联系中,学习者聆听、比较、辨识和分享各自的想法,更多地了解自己和他人的想法。从社会文化理论的角度来看,与其他人的互动在认知发展中起着非常重要的作用,因为思想和技能总是嵌入在各种交互活动以及活动情境中。

2. 与其他素养的联系

认知既有社会性,也有个人特点。个人认知本身是基于社会(文化)工具和社区的互动。从这个角度看,学习思考也是与他人相关的行为,例如与他人互动需要思考他人的需求。

NZC 提倡用艺术课程加强与他人合作的能力,因为艺术融合了许多非言语或超语言的形式,以一种强大的替代途径发展沟通能力,向他人表达思想。

社会文化理论假设,在任何情况下,需要探寻的知识分布在参与者之间,嵌入在各种交流过程以及文化的传承历史中。学生在学习或社会生活中遇到的"真实"问题没有充分预估,也通常没有一个"绝对正确"的答案。在这种情况下,不同的"参与者"将带来多样化的观点来承担和贡献不同的想法。要获得这种潜在的多样性,学生需要一定的互动素养并考虑各方面不同观点。从这个方面看,书写或口头表达为互动提供了工具,而思考则成为理解并增进这种互动关系的基础。

学习不只是个人的也是团体的,成员可能具有不同的专业知识或特长,与他人的互动也关注自己的参与和贡献。学习被看作是一种"学徒"的成长,成长过程中新手从观察入手,模仿有经验的他人。这种学习方式嵌入在其他的核心素养中,成为越来越熟练的自我调节手段，与他人互动促进对自我的认识和管理。

3. 基于素养的教学

该素养不能在潜移默化中形成，必须借助于教学，教师的计划、示范和帮助对最终的成功体现积极意义，教师既有计划者身份，又有教练或合作者角色。NZC 建议学生在"调查社区"中创造真正关心的问题，加强与他人互动。课程实施中往往采用训练探索式谈话法提升互动素养，该方法需要学习者积极理解他人的想法，挑战者和假设的提供者需提供依据，活动的进展表现为对提出的想法进行综合考虑并就最佳方案达成一致。[22] 这种练习可以帮助提高与他人交流互动的能力。

4. 素养的水平评价

"与他人互动"的评价不仅关注互动的意识和观念，例如积极性、承担责任、分享和互助等，而且也关注了交流互动的知识和技巧，其核心素养的评价标准如表 7 所示。

表 7　"与他人互动"核心素养的评价标准[23]

主题	新手	学徒	熟手	专家
积极倾听	① 很少听取别人意见 ② 对别人所说很难提出问题 ③ 重复他人的话很困难	① 有时积极听取别人意见 ② 对别人所说偶尔提出问题 ③ 有时能用不同的句子表达出别人的言语	① 经常积极听取别人意见 ② 对别人所说经常提出问题 ③ 大多数情况下能用不同的句子表达出别人的言语	① 能积极深度思考别人意见 ② 对别人所说能提出问题 ③ 能复述出别人的言语
团队工作	① 很少为了获得一个结果能在团队里积极地工作 ② 在团队工作时主要承担相对容易的任务，例如获取资源	① 有时为了获得一个结果能在团队里积极地工作 ② 在团队工作时主要承担有点困难的任务，例如记录	① 为了一定目标在大多数情况下能在团队里积极地工作 ② 在团队工作时主要承担更加困难的任务，例如面向公众展示	① 能在团队里积极工作获得成果 ② 在团队工作时承担富有挑战性的任务
分享主意	① 很少分享自己的主意和建议 ② 很少鼓励他人分享想法 ③ 很难接受其他不同意见	① 经常分享自己的主意和建议 ② 有时候鼓励他人分享想法 ③ 开始接受其他不同意见	① 大部分情况下都能分享自己的主意和建议 ② 定期鼓励他人分享想法 ③ 大多数时候接受其他不同意见	① 能够清晰分享自己的主意和建议 ② 能鼓励他人分享想法 ③ 能接受其他不同意见
和他人合作	① 很难知道和他人合作的时机 ② 很少在与他人合作中提供帮助	① 开始和他人合作 ② 有时候能在与他人合作中提供帮助	① 多数情况下能和他人合作 ② 通常都能在与他人合作中提供帮助	① 知道何时最适合与他人合作 ② 总能在与他人合作中提供帮助

（五）参与和贡献

1. 素养内涵界定

NZC 非常强调人的社会本质，所以在交互之外又提出了核心素养应该表现在社会活动参与度和对社会的贡献。这种素养是要积极参与家庭、社区、学校中的活动,也包括积极参与地方、国家甚至全球区域的活动,围绕同一主题、基于亲属关系、因为一定的相同利益或关注相同文化所展开,大家聚集在一起有目的地学习、工作、庆祝或者娱乐。这种素养不限于简单参与,还需要每一个群体成员都做出相应的贡献或者承担分工任务,与他人建立联系带动他人进入团体活动、同时也为大家创造机会。学生参与和贡献还体现在社区归属感和参加新环境活动的信心,理解平衡权利的重要性,理解自己这个角色和责任,理解自己可持续作出贡献的重要性。[24]

2. 与其他素养的联系

NZC非常强调学生需要有开发核心素养的机会。首先,发展高阶思维技能需要大量的练习;其次,语言、符号和文本的复杂性使得学生需要在有意义的任务中应用、建构;提供选择和赋予职责能帮助学生发展自我管理的能力;在人际交往中的实践帮助学生提高信息技术应用能力。而"参与和贡献"可以看作是学校和课堂提供一个有意义的"行动"规划和指引,将其他所有核心素养集中在一起发挥作用。例如NZC在"自我管理"的讨论中指出,积极参与学习是自我管理的一个指标。对于学习中的参与和贡献,学生需要准备好以下内容:已经知道可以做什么,下一步或未来将要做什么,以及在地方、国家或全球环境中找到自己的行动之间的联系。如果只是愿意遵守课堂纪律的规则,融入一个富有成效的课堂学习气氛,并不一定有利于终身学习发展。对于教师而言面临的挑战是如何提供外部动机促进学生开始参与——其最终目标也是为了实现可能深层内在参与;对于学生,终身学习首先要求在更广泛的背景下应用其学习成果,发掘这些学习对他们个人的意义和价值。[25]这种体现"自我管理"和"参与与贡献"两大核心素养联系的被称为"归属感",强调发现已经在影响自身的学习,应用学习影响自己向目标发展。充分认识自己属于特定背景的人更有可能看到他们可以参与和贡献的方式,从而更有动机和积极性来投入其中。[26]

3. 基于素养的教学

NZC指出该核心素养体现强有力的活动特征,素养不会通过单纯的自我修炼而产生,单单提供活动、学习的机会也是不够的。核心素养需要系统的课程和教学,来自教师的规划和建模、脚手架的搭建是成功的关键。

做事情本身并不一定会有利于素养的提升,只有在遇到的各类实际事件中,建设性地参与其中才能有效。在"真实情境"学习的机会需要有目的的教学辅导和练习活动,此时对概念、技能和价值观的脚手架设计对支持学生学习十分必要。[27]

4. 素养的水平评价

"参与和贡献"主要体现在态度层面,对不同区域、不同层次的共同体参与的积极性和贡献的多少进行评价,其核心素养的评价标准如表8所示。

表8 "参与和贡献"核心素养的评价标准[28]

主题	新手	学徒	熟手	专家
学校共同体	① 几乎不参与学校范围活动 ② 从不协助学校组织活动	① 开始参与学校范围活动,例如午餐和赛跑 ② 有时协助学校组织活动	① 经常参与学校范围活动 ② 经常协助学校组织活动	① 参与学校范围内提供的各项活动 ② 协助学校组织各项活动
班级共同体	① 对任何课堂学习活动采取消极态度 ② 不协助课堂组织活动	① 有时在课堂活动中扮演角色 ② 有时协助课堂组织的活动	① 在大部分课堂活动中表现积极 ② 经常协助课堂组织的活动	① 积极参与到所有课堂活动 ② 组织特别的课堂活动
校外共同体	① 从不参加校外组织活动 ② 只对自己家人给予帮助	① 有时参加校外组织活动 ② 很少帮助他人	① 参加校外一定范围的组织活动 ② 频繁帮助他人	① 参加校外组织活动 ② 参加例如志愿者服务、文化活动、音乐团体的组织活动
交流	① 可以用两种媒介和他人交流,例如会谈和记录笔记 ② 刚开始分享想法 ③ 几乎不鼓励他人分享想法 ④ 很难接受别人观点	① 可以用三种媒介和他人交流 ② 有时候分享想法 ③ 有时鼓励他人分享想法 ④ 开始理解和接受不同的观点	① 可以用至少四种媒介和他人交流 ② 总是乐意分享想法 ③ 经常鼓励他人分享想法 ④ 大部分情况下能理解和接受各种异议	① 用不同媒介和他人交流 ② 总是很有自信地分享想法 ③ 鼓励他人分享想法 ④ 能理解异议和接受建议

三、 新西兰课程核心素养评析

新西兰的教育体制被视为世界上最好的教育体制之一。经济合作与发展组织(OECD)对全球 130 个国家和地区的中小学教育质量进行测定,显示新西兰中小学教育质量表现上乘,远远高于其他国家。[29]新西兰的课程设置为高质量的基础教育奠定了坚实基础,其国家课程纲要为教与学指明方向,也为设计和评价课程提供指导,更关注青少年未来工作和终身学习的需要,促使他们意识到自己的潜力。将新西兰的教育成果与十年课程改革联系起来,我们需要借鉴其核心素养的设置及实施的特色之处。

(一)普适性

新西兰课程中确定的五项核心素养具有普适性,体现在以下四个方面:

(1)总纲作用:核心素养与课程愿景遥相呼应,在国家课程纲要里彰显学生发展目标,指引课程建设和教学改革。

(2)不分学科:NZC 的核心素养不指代具体学科知识或技能,既是普通中小学教育必需,也是高等教育、职业教育对人才的基本要求,具有普遍适用的特点。

(3)核心特点:NZC 的核心素养建立在 OECD 规定之上,从三项拓展到五项,表述更全面,但是项目不多,极为精炼,抓住社会中人的发展最本质的需求,只有最核心最本质的东西才具有普适性。核心的主体是人,不是学科。

（4）组成多元化：从 NZC 评价标准可以看出素养包含了能力、意识、精神、观念、技能以及胜任力多方面的要素。核心素养更是个人终身发展、融入主流社会和充分就业所必需的素养的集合，这些素养是在现代民主社会中，为儿童和成人过上有责任感和成功的生活所需要，也为应对当前社会和未来技术变革和全球化挑战所需要。

（二）相互渗透

以上五种核心素养在人的成长过程中紧密联系，往往不能孤立发展。核心素养的发展往往贯穿一生，在真实的生活中，人们不可能在某一时间段只运用一种素养，而是综合运用多种核心素养以及一种学科素养。核心素养概述了很多生活所需技能的普遍理解，在越复杂的环境中，核心素养越能得以发展，但如果只是专注于核心素养的细节描述，未必能获得完备的核心素养发展。核心素养本身既是发展的目标，也是获得其他成果的必备基础。成功的学习者充分利用各类资源整合核心素养，其中包括个人发展目标、和他人的沟通和联系、社会知识和价值观、文化工具（语言、符号和文本），并培养不同学习领域的知识和技能。在发展核心素养过程中，成功的学习者不断增强应用核心素养的内驱力，并真正认识到何时、如何以及为什么这样利用核心素养。

NZC 指出论证是培养各种核心素养的有效途径。论证需要批判性思维和创造性思维，需要某种方式的参与和贡献，以及与他人交流的能力，如主动倾听，协同工作。当学生反思已经构建好的论据，他们实际上在诠释自我管理能力。与此同时，从不同领域获得证据开展工作可以加深学生对知识表征模式的理解，可以增强学生语言、符号和文字等的能力。[30]

（三）"核心素养"教学以学科为载体

在核心素养的视域下，课程设计指向于核心素养，核心素养需要融入学科课程，实施的载体就是学科教学，对于广大师生理解抽象的核心素养问题需要结合学科本身特点才能发挥作用。新西兰课程实施过程中没有单独设置学科核心素养，要求每门学科课程都要承担起所有核心素养的培养责任。[31]例如 NZC 中思考与其他核心素养相对独立，已经成为目前学习中最为关注的对象。NZC 围绕高阶思维的设计主要体现在课程为学生发展思考素养提供了学习和反思的机会。通用的思考技能不能成为特定学科领域知识的替代品，每个学科领域都包含问题解决、信息评估以及判断正误。表 9 展示了不同学科领域的思考素养表现。

表 9　各学科领域中对思考素养的关注[32]

特点	学科领域	素养具体表现举例
关注学科的问题解决思维模式	物理	物体运动的规律方程
	文学	故事的呈现维度(情节、角色、背景等)
	创造型写作	自由写作策略

特点	学科领域	素养具体表现举例
关注学科的解释和判断模式	数学	正式推断证明
	科学	实验证据
	历史	来自史实文献的证据

核心素养更是一种跨学科素养，渗透在各学科中得以发展，例如核心素养之一的"语言、文本和符号"，不限于单一的语言学科能力，也不单是数理符号的应用技能，其特点就是为了有效地表达和交流，包括基于信息技术的语言交流、文本理解和符号应用。

（四）强化学习视角

以核心素养为导向的 NZC 兼重思考与行动、理解与应用，打破原有的教学权威局面，转向关注学习科学的设计导向。提倡学生学习过程中培养对周围环境的好奇心，并能进行主动的探索、体验、试验、寻求答案与合作学习；积极正向地参与家庭、学校、社会生活，并能主动地与周围的人、事、物及环境进行互动，寻求沟通，解决问题；关注如何将所学理论转化为实践，并落实于生活中，以开放的心胸来适应及参与社会生活。

NZC 核心素养考虑学习的背景，社会文化理论框架指出情境和关系被视为影响学习的重要因素。学校文化与核心素养联系体现在：学校集体专注反思、给予师生挑战性思考任务等氛围直接影响学习的方式。在传统的课程框架内，教学常被视为以知识为中心，但是在社会文化框架内，教学被视为以学习者为中心，学习很少是一个孤立的个体的行为，社区文化、学习共同体、师生交流等多种关系对学习产生影响，在 NZC 中得以考虑。学生来自不同的文化背景对教师教学特别具有挑战性，教师需要考虑每一类学生的学习需求。在社会情境中，传达思考的语言、文本以及技术等文化工具被广泛地应用，"与他人相关"的核心素养扩展到学习视角表现在新西兰课程常需要展示社会对学习的影响。此外，NZC 强调元认知能力，有助于学生看到所使用的工具的意义以及对社会和他人产生的影响，这种理念在"使用语言，符号和文本"素养中得到了拓展。NZC 提倡关注"学习的机会"，承认了学习条件的重要性，教师和学生共同参与并做出贡献，体现各自责任，社会和教育领域外的民众也可能对此有所贡献。[33]

（五）核心素养的确定以实证研究为基础

新西兰确定核心素养借鉴了大量已有的教育实证研究成果，从上文解析中可以看出新西兰教育部门修订课程纲要建立在充分的研究证据之上，每一项核心素养的重要性并非空谈理论，都有国内外相关实践和实证研究支撑，这种课程研发的态度本身就值得我国学习。

以"自我管理"为例，NZC 引证了关于学习风格、学习情绪、学习目标设置、教学干预元认知等多方面的研究成果，此外，自我管理与学习成功高度相关，善于自我调节学习策略的学生比不具备的学生在阅读素养测试中达到更高的水平——新西兰本土研究还发现,选取样本学生只是"适度"使用这种策略,如果加以强化,可能获得更佳成绩。[34]

（六） 素养评价全面性

素养的概念和传统学科不同,那么素养的评价理念也需要与传统评价策略不同。欧盟委员会 2010 年的报告中指出原有评价体系的不足,认为应该警惕那种认为将相关科目纳入考试范围就能够落实对各项核心素养的评价的想法,考试的结果只是其中的一项指标。不过素养的评价需要面临两个重要限制:一是态度、动机、情意等核心素养中的关键要素无法通过传统考试进行充分评判;二是素养的实践有太多脉络,情境的复杂性不利于素养的评价。核心素养比分科知识具有更强的综合性、情境性、内隐性和适应性等特点,对此进行评价是一个世界性难题。新西兰核心素养评价建议是根据课程核心素养培养目标要求,按一定的规则对核心素养培养效果做出描述和确定,检查和促进核心素养的培养实效,不仅测评学生的能力,更加考究学生的态度和观念。新西兰对五项核心素养分别提出不同主题内容、不同水平层次的要求,有利于教师教学关注形成性评价的导向。素养的内容和评价的方法紧密联系:既有表现本位评价,关注学生共同合作以解决问题的能力、团队分工工作、互动访谈等能力;也体现"自我管理"素养发展学生自我评价能力,强调由学生自己确认自己的学习结果,对于自己学到什么样的程度能进行自我判断,透过管理与控制自己的学习历程,提升元认知水平。

参考文献:

[1] 张晓露. 新西兰课程改革的八条原则[J]. 课程·教材·教法,2014(3): 126 - 126.

[2] 祝怀新,陈娟. 新西兰课程改革新动向——新课程计划草案解析[J]. 基础教育参考,2007(12): 37 - 41.

[3] 蔡忠,唐瑛. 新西兰基础教育改革[J]. 全球教育展望,2003,32(12): 74 - 76.

[4] 辛涛,姜宇. 核心素养模型的类型及结构[J]. 教育研究与评论: 中学教育教学版,2015(7): 91 - 92.

[5] 蔡清田. 课程发展与设计的关键 DNA: 核心素养[M]. 台北: 五南图书出版股份有限公司,2015: 53.

[6] [17] [21] [22] [24] [26] [27] [32] [33] [34] Hipkins R. The Nature of the Key Competencies [R]. Wellington: New Zealand Council for Educational Science, 2006.

[7] Perkins D. Knowledge Alive [J]. Educational Leadership, 2004,62(1): 14 - 18.

[9] Zohar, A. & Schwartzer, N. Assessing Teachers' Pedagogical Knowledge in the Context of Teaching Higher-order Thinking [J]. International Journal of Science Education, 2005,27(13), 1595 - 1620.

[10] Shirley Simon, Sibel Erduran, Jonathan Osborne. Learning to Teach Argumentation: Research and Development in the Science Classroom [J]. International Journal of Science Education, 2006,28(2): 235 - 260.

[11] [16] [20] [23] [28] 10 Key Competencies Success Rubric [EB/OL]. http://www. slideshare. net/clivem-work/10-key-competencies-success-rubric-3404439,2016 - 07 - 15/2016 - 12 - 20.

[12] 陈博,魏冰. 科学素养概念三种取向的界定[J]. 上海教育科研,2012(2): 48 - 52.

[13] 佐藤学. 课程与教师[M]. 钟启泉,译. 北京: 教育科学出版社,2003: 88.

［14］Gilbert, J. K. How Students Learn：Science in the Classroom ［J］. Science Education, 2005,89(6)：1043 – 1045.

［15］［22］［30］杜惠洁,赵阳漾,于蕾. 论新西兰对关键能力的培养与过程监控[J]. 浙江工业大学学报：社会科学版，2014,13(4)：423 – 427.

［18］ Alton-Lee A. Quality Teaching for Diverse Students in Schooling：Best Evidence Synthesis ［M］. Ministry of Education, 2003：79.

［19］Zimmerman, B. J & Kitsantas, A. Developmental Phases in Self-regulation：Shifting from Process Goals to Outcome Goals ［J］. Journal of Educational Psychology, 1997,89(1)：29.

［25］Lynn Davies. Global Citizenship：Abstraction or Framework for Action? ［J］. Educational Review, 2006,58(58)：5 – 25.

［29］王薇. 新西兰基础教育的制度、特色及启示[J]. 外国中小学教育,2013(10)：17 – 23.

［31］邵朝友,周文叶,崔允漷. 基于核心素养的课程标准研制：国际经验与启示[J]. 全球教育展望,2015,44(8)：14 – 22.

全球化时代呼唤全球素养教育

| 周小勇

一、引言

21 世纪以来,世界主要国际组织以及多个国家和地区均实施或提出了适应 21 世纪知识社会的人才能力框架,描述了 21 世纪学习者应该具备的关键能力或核心素养。[1]几乎所有的框架都将全球素养列为核心素养的一个重要维度。例如,经济合作与发展组织(Organization for Economic Co-operation and Development,简称 OECD)计划于 2018 年将全球素养纳入 PISA 测试范围。该组织认为今天的年轻人将与来自不同背景和文化的人一同生活和工作,学校需要帮助他们做好准备,迎接一个联系越来越紧密的世界。为此,OECD 将开发一个新的独立测试并将之纳入 2018 年的 PISA 测试体系,用来衡量全球近 80 个国家的年轻人有关全球议题的知识、技能、态度及价值观。[2]与 OECD 的立场相似,欧盟也认为全球化给欧盟带来了新的挑战,每个欧盟公民都必须具备广泛的核心素养以适应迅猛变化和高度关联的世界。欧盟提出了面向全球化时代的 8 项核心素养,其中外语交流能力、文化意识及表达即欧盟版的全球素养。[3]一些主要民族国家也纷纷提出了各自的核心素养框架。美国 21 世纪技能合作组织(Partnership for 21st Century Skills)于 2007 年发布了著名的 21 世纪技能彩虹图,该组织认为,应当在核心课程中渗透全球意识、经济和商业素养、公民素养、健康素养以及环境素养等跨学科主题。[4]新加坡政府同样认为全球化、人口变化和技术进步是未来社会的主要驱动力,新加坡的学生应当准备好应对这些挑战并抓住这些变化带来的机遇。为此,新加坡教育部提出了面向 21 世纪的核心素养框架,其中全球意识和跨文化交流技能是重要的维度。[5]我国教育部委托北京师范大学研制的《中国学生发展核心素养》总体框架中,同样也将国际理解作为一个重要的维度。[6]从这些例子中可以发现,许多国际组织和国家都将全球化时代的一些需求作为其教育政策的重要维度,有些侧重于将世界看作一个整体的体系——全球性的相互依存塑造了人类生活本身;有些则强调应将与来自不同背景和文化的人一同生活和工作的能力看作公民的基本权利;还有些则强调跨文化理解与文化多样性的重要性;也有部分方案强调针对全球性问题的意识和行动。我们把这些要素统称为全球素养。全球素养教育对身处 21 世纪全球化时代的学生而言,其重要性不言而喻。正如全美教育协会(National Education Association)所称:"在 21 世纪,全球素养不是一种奢侈品,而是必需品。……全球素养理应成为教育——从基础教育到研究生教育——的核心使命。"[7]

二、 全球素养的定义与代表性框架

尽管众多国际组织和民族国家都将全球素养作为重要的维度纳入其核心素养框架,但无论是名称还是涵义,并没有一个统一的说法,有些框架对这一素养的描述还比较模糊,说明全球素养作为新兴概念,尚未有统一的定义。早期的研究倾向于将全球素养看作一种思维方式或观点(mode of thought),因此强调培养学生的全球意识和跨文化意识;[8]国际文凭组织(The International Baccalaureate Organization,简称 IBO)将之称为国际思维(International mindedness);[9]另有一些组织用 global literacy 来指称全球素养,认为 global competency 和 global literacy① 这两个词的涵义相同,可以互换使用;[10]加拿大安大略省多伦多公立教育局(Toronto District School Board)将全球素养等同于广义的 21 世纪技能,将所有跨学科的通用 21 世纪技能如批判性思维与问题解决能力、创造力与探究精神、合作与领导能力、沟通能力以及全球公民意识和品格都看作是全球素养。[11,12]本文倾向于将全球素养看作是近年来兴起的核心素养运动中的一个维度,即把全球素养看作核心素养框架中的跨学科通用素养,依据这一视角挑选了一些国际组织和非政府机构提出的全球素养框架加以说明和分析。

经济合作与发展组织长期以来一直致力于全球教育,其对全球素养的定义最具代表性。OECD 将全球素养定义为:[13]

全球素养是指从多元视角批判地分析全球和跨文化问题的能力;理解文化差异如何影响人们的观念、判断以及对自己和他人的看法的能力;在普遍尊重人类尊严的基础上与来自不同背景的他人进行坦诚、得体和有效沟通的能力。

美国向来注重全球素养教育。全美州立学校首席教育官理事会(Council of Chief State School Officers)和美国亚洲协会于 2012 年联合发布了一份题为《全球素养教育:为我们的年轻人融入世界做好准备》的报告,报告将全球素养定义为:[14]

全球素养即理解具有全球性意义的议题并有针对性地采取行动的能力和气质。

美国另一个致力于全球素养教育的全国性非政府组织"世界智慧(World Savvy)"对全球素养的定义如下:[15]

全球素养指在当今这个联系紧密的世界生活和获得成功所必需的知识、技能和气质。具有全球素养的人是终身学习者、对文化差异有充分的意识、具备理解和思考多元视角的能力、具有批判性和比较思维能力、具有问题解决能力、能够接受变化和不确定性并且能够理解重要的全球性议题。

Fernando Reimers 将全球素养定义为帮助人们理解他们所生活的扁平化世界、综合不

---

① 严格来讲,这两个词的涵义不太相同,literacy 的原意是读写能力,比较侧重知识;competency 原意是胜任力,比较侧重行动的能力。因此尽管这两个都被翻译成全球素养,但 global literacy 侧重于有关全球化、多元文化和全球性问题的知识,而 global competency 除了指相关的知识外,更强调将这些知识用于真实情境、解决实际问题的能力。

同学科的知识理解全球性事务和议题以及处理这些事务和议题的能力。[16]全球素养还包括能够平和地、谦恭地及富有成效地与来自不同背景的人打交道的态度和伦理气质。

尽管有关全球素养没有一个放之四海而皆准的定义,但这些定义都将全球素养教育置于全球化及科技发展所带来的机遇跟挑战这个大的背景之下,关注学习者应对这些机遇和挑战所必需的能力。

与其他素养一样,全球素养中的素养(英文为 competency)并不仅仅意味着知识和技能。"素养是指在特定的情境中凭借并调动心理社会资源(包括技能和态度)应对复杂需要的能力。比如,有效沟通的能力就是一种素养,它需要依赖个人的语言知识、实用信息技术技能以及他/她对所交往的对象的态度。"[17]全球素养也同样如此,全球素养并不仅仅意味着有关世界和全球化的知识或跨文化交际的能力,它包含了知识、技能、态度及行为等多个维度。几乎所有的全球素养框架都将全球素养分为若干个维度,下文介绍和分析了几个常见的全球素养框架。

全美州立学校首席教育官理事会及美国亚洲协会是美国著名的智库组织,该组织认为,[18]全球化使得全球的经济越来越趋于扁平化,生产、销售和消费呈现全球分布的态势,劳动力在世界范围内的流动性越来越大,劳动力的分布也呈全球化态势,对人才培养提出了新的要求;与此同时,全球化也带来了许多问题,其中许多问题既是本地的,也是全球性的,应对这些问题需要未来的公民能够深刻理解全球性问题的本质并与世界各个角落里的其他公民共同协作解决。该组织认为,我们的年轻人所面临的问题是全新的,但我们的教育却在帮助我们的年轻人解决这些问题方面做好准备,需要提出新的教育理念,以培养学生对世界的认知、多元视角思维、跨文化沟通技能以及采取行动改变现状的意愿和能力。该组织将上述知识、技能、态度以及行动能力称为全球素养,并提出了包含了探究世界、分辨不同视角、沟通思想以及采取行动等四个维度的全球素养框架(如表 1 所示)。

表 1　CCSSO 全球素养框架[19]

CCSSO 全球素养框架	通过学科和跨学科学习理解世界			
	探究世界 学生能够探究周边环境之外的世界	分辨不同视角 学生能够分辨自己和他人的视角	沟通思想 学生能够与不同背景的人有效沟通自己的思想	采取行动 学生能够将他们的想法转化为适当的行动以改善环境
	辨识议题、产生问题并解释其重要性; 运用多种语言、资源和媒介来辨识并权衡相关的证据; 分析、整合并综合证据形成清晰的应对方案; 在有说服力的证据的基础上构建论证方案并得出正当的结论。	认识并表述自己的视角、辨识对这一视角产生影响的因素; 检视他人的视角并辨识对这一视角产生影响的因素; 能够解释文化交互的影响; 能够阐述知识、技术和资源的差别化水平如何影响人们的生活质量和观点。	认识并表述不同的听众对意义的不同理解,这些不同的理解如何影响沟通; 能够倾听并有效地与不同人群沟通; 选择并运用适当的工具和媒介与不同的对象打交道; 反思有效的沟通如何影响相互依存的世界中的理解和协作。	识别并创造机会为改善环境而采取个人的或协同的行动; 在充分考虑证据和潜在影响的基础上评估计划或行动方案; 以创新和符合伦理的方式采取个人或协同行动以改善现状并对拟采取的行动后果进行评估; 反思自己为改善现状提出倡议和做出贡献的能力。

同样，经济合作与发展组织[20]也认为全球化一方面带来了创新和更好的生活水平，但另一方面也加剧了经济不平等和社会阶层分化；基于高科技尤其是互联网技术的商业模型一方面鼓励了创业精神，但同时也削弱了弱势群体的工作机会与社会福利；人口的跨国流动对某些人而言意味着更大范围内自由流动的能力，对另外一些人却只意味着逃离贫困、战争的无奈之举，因而在很长一段时间内需要挣扎着适应新的文化和环境。经合组织认为，需要通过教育帮助人们发展相关的能力以应对全球化和科技发展所带来的挑战与机遇，全球素养教育是满足这一需求的重要途径。经合组织将全球素养分为知识、技能和态度等三个维度，并认为这三个维度向内而言蕴含了价值维度，向外而言外显于行动（如表2所示）。

表2　OECD全球素养框架[21]

	知识和理解	技能	态度
OECD全球素养框架	对全球议题的知识和理解；跨文化知识和理解。	分析与批判思维；以谦恭、适当和有效的方式与他人打交道的能力；同理心；适应能力。	对来自其他文化的人持宽容态度；尊重文化"他者"；全球思维；责任。
	价值观 尊重人类尊严； 尊重文化差异。		

美国另一个非政府组织"世界智慧"组织也大力推进全球素养教育，其理由与前述组织所称几乎一致，此处不再赘述。该组织将全球素养分为价值观与态度、技能与行为等三个维度，这三个维度建立在全球素养核心理念之上（如表3所示）。

表3　"世界智慧"组织的全球素养框架[22]

	核心理念 世界大事和全球议题具有复杂性和相互依存性； 人们自身的文化和历史对理解自己与他人的关系而言非常关键； 影响复杂多样的全球性力量、事件、状况和议题的条件呈现多元化特征； 目前的世界体系是由历史的作用力塑造的。		
	价值观与态度	技能	行为
World Savvy全球素养框架	对新的机会、思想和思维方式持开放态度；主动与他人建立友好关系；对身份、文化有自我意识；感知并尊重差异；看重多重视角；不会对不确定和不熟悉的环境感到不自在；能够反思情境以及把我们生命放在更广阔的情境中思考其意义；质疑习以为常的假定；有较强的适应能力并保持认知上的敏感性；同理心；谦恭。	构建问题、分析并综合相关证据、得出指向更深层次探究的合理结论，以此作为探究世界的方式；辨识、描述并应用对不同（包括自己和他人的）观念的理解；选择并运用合适的工具及策略与他人有效沟通和合作；主动倾听和参与包容性对话；有熟练的21世纪科技素养；面对新的环境能显示出顺应能力；能够应用批判的、比较的和创造性的思维和问题解决技巧。	在问题解决和决策过程中寻求并应用对不同视角的理解；在探究和证据的基础上形成观念；坚持终身学习与反思；勇于承担责任、采取合作行动；分享知识、鼓励对话；将思想、关心和研究发现转化为适当的个体或群体的负责任行为以改善环境；与他人协同思考和解决问题。

需要说明的是,这几个框架在价值取向和关注的焦点方面存在细微的差别。在把全球素养看作是 21 世纪公民在面对全球化时代所带来的机遇和挑战时应当具备的素养方面,这几个框架存在共识。但全球素养应当被看作 21 世纪公民应当享有的权利还是 21 世纪公民应当承担的责任而言,这几个框架的侧重点不同。例如,"世界智慧"组织和经合组织的全球素养框架更加强调公民在面对全球化时代的机遇和挑战时应当具备的能力,这种能力对 21 世纪的公民在"全球经济中(与他人)竞争并获得成功"[23]而言至关重要。换句话说,将全球素养教育看作公民的应当享有的权利,带有较为浓厚的新自由主义倾向,其基本假设是:公民具有受教育、养成能力并参与自由市场竞争的权利。新自由主义公民观并不否认公民应尽的义务,但较之义务而言,它更关注公民更大限度的自由。[24,25]与此相反,全美州立学校首席教育官理事会及美国亚洲协会提出的全球素养的框架则更加关注公民对更广阔的世界及其多样性的理解、对全球性议题的理解与关注、与来自不同文化的公民协同解决这些议题所需具备的能力以及采取行动改变现状的能力等,其关注的重点在于作为全球化时代的公民为承担责任(而非单纯地出于参与全球经济的目的)而应当具备的知识、能力和价值观。换言之,具备全球素养的公民与他人相比,不在于他/她是否具备了与全球其他地方的公民相互竞争的能力,而在于他/她是否愿意承担更多的责任、乐于解决全球化所带来的问题并具备解决这些问题的能力。从价值取向而言,它具有共和主义公民观的倾向。[26,27]

此外,尽管全球素养(与其他素养一样)都包含了知识、技能、态度和价值观、行动等若干个要素的多元框架,但全球素养不能看作是这五个要素的简单叠加。本文作者认为,它们之间存在逐步递升的层级关系(如图 1 所示)。这其中,知识和技能是基础,有关全球议题和多元文化的知识、外语知识和能力、发现和解决问题的能力、跨文化交际能力以及自我反思能力是全球素养的基础层面;在知识和技能的基础之上,多元文化意识、多视角思维、开放和包容的态度、责任感等得以发展和养成,是

图 1　全球素养维度层级图

一个人的品格和品质的体现;当然,仅仅有知识和能力,有意识和态度还远远不够,全球素养的最高层面是行动,全球素养教育的最终目标是培养能够应对全球化带来的机会和挑战、具有改变世界、让自己和世界变得更美好的、具有行动力的公民。

将行动置于全球素养的最高层,意味着全球素养具有强烈的情境指向。素养与技能的区别在于:技能是完成任务或解决问题的能力,而素养是将学习结果充分应用于指定的情境(如教育、工作、个人或职业发展)的能力;素养并不仅仅局限于认知因素(涉及理论、概念或默会知识的运用),它还包括了实用层面(涉及技术技能)、人际交往属性(如社会和组织技能)以及伦理价值观[28]。全球素养是身处全球化背景之中的公民在应对全球化带来的机遇和挑战时处理具体情境所必须具备的知识、技能、态度和价值观以及将这些知识、技能、态度和价值观付诸改善现实的实际行动。

三、 全球素养教育的课程与教学设计

全球素养与学科素养不同,属于通用素养的范畴,全球素养教育的模式不拘一格,既可以通过设计独立的课程(群)来实现,也可以整合到学科课程中去,还可以通过课外活动的形式达成。对学校教育尤其是 K-12 教育而言,鉴于目前的学校教育课程框架大多是固定的,因此与学科课程整合是比较切实可行的模式。此外,由于全球素养在教学目标上的独特性,除了需要对课程内容加以设计外,也需要在教学方式上精心设计,以取得有效的教学效果。

就课程设计而言,从横向来看,几乎所有的课程如艺术、母语与外语、数学、科学以及社会等,都可以承载全球素养教育。全美州立学校首席教育官理事会(The Council of Chief State School Officers,简称 CCSSO)和美国亚洲协会联合开发了全球素养与学科课程融合方案,并提出了基于各学科课程的全球素养矩阵模型,表 4 描述了基于数学课程的全球素养矩阵。

表 4　基于数学课程的全球素养矩阵

探究世界 学生能够探究周边环境之外的世界	分辨不同视角 学生能够分辨自己和他人的视角	沟通思想 学生能够与不同背景的人有效沟通自己的思想	采取行动 学生能够将他们的想法转化为适当的行动以改善环境
辨识需要借助数学或统计手段或从数学或统计手段中涌现出的具有本地、区域及全球意义的议题并形成可研究的问题; 选择或建构恰当的数学或统计模型或手段以处理具有全球性重大意义的可研究问题; 操作、评估或综合数学或统计分析以就全球性的重大问题形成或审议证据、得出结论并做出决策; 针对全球性的重大问题对数学或统计分析的结果进行解释和应用以建构并支持某个观点。	认识并表达自己的观点和对世界的理解,判断数学和统计如何影响自己的观点和对世界的理解; 审视他人、其他组织或思想流派的观点如何影响数学或统计学上的发现被阐述或应用的方式,或者反过来,对数学或统计的理解或学习如何影响人们的观点; 解释不同文化的贡献和跨文化交流如何影响数学知识的发展,数学又如何影响不同的社会与文化; 探究并描述获得数学和统计知识、科技和资源如何影响个人及社会的观点及生活质量。	认识并表述不同的个体对同一个数学或统计信息的理解可能不同,也因此会影响人们之间的交流和协作; 运用恰当的语言、行为和数学及统计模型有效地和不同的对象打交道; 针对不同的对象和目的选择并运用恰当的科技和媒体对数学思想进行建模、分析、表征和交流; 思考在当今这个联系日益紧密的世界数学如何有助于跨文化交流。	识别并创造机会运用数学或统计分析以促进个人的或协同的行动来改善环境; 运用数学或统计描述、表达式或者模型来计划、权衡和支持为解决全球性重大议题所做出的合理的、符合伦理的行动,充分考虑已有的途径、多样化的观点和潜在的后果; 运用数学和统计支持个人的或协同的符合伦理、具有创造性的行动,为可持续发展做出贡献并评估行动的影响; 思考数学和统计如何帮助人们提高改进本地、区域和/或全球性问题的能力。

注:资料来源于全美州立学校首席教育官理事会(CCSSO)和美国亚洲协会联合网站。

数学课程只是承载全球素养教育的课程之一,限于篇幅,其他课程中的全球素养元素无法展开述评。如前所述,艺术、科学、语言及社会课程都是全球素养教育的良好载体。当然,要将全球素养教育落到实处,仅仅有这样一个纲领性的框架远远不够,研究者和课程开发专家需要进一步研究的是确定全球素养教育的总体目标(aim)、分维度目标(dimensional goals)、全球素养教育的主题和话题（theme and topics）以及落实到课程单元的具体目标（targets）等。唯有如此，全球素养才能真正融入学科课程中去，在培养学生的学科素养的同时提升学生的全球素养。

在学科课程中融入全球素养教育还需要纵向考虑，即针对不同的年龄层次和认知水平设计相应的全球素养元素。例如，美国一家全球教育公司[29]在给教师提供的全球素养教育指导手册中，按照从幼儿园到高中的顺序列举了各年级的全球素养知识、能力、态度与价值观维度的具体目标，以方便教师在课程设计时将这些目标融入学科课程中去。以幼儿园和小学一年级的目标为例，列举如下：

● 理解：学生能在地图上找到自己所在的地区和国家；学生能列举并描述对他们的家庭和社区有重要意义的事件、庆祝活动和故事；学生能理解其他地区的人们具有和自己不一样的传统；

● 探究：学生能提问一些问题帮助他们了解所处地区的国家情况；学生能阅读或查阅书籍或网站了解所处地区的国家情况；学生能够从艺术作品中了解所处地区的国家情况；学生能从音乐作品中了解所处地区的国家情况；

● 联系：学生能和其他同学合作进行有关全球话题的项目；学生能讨论自己正在学习的内容并在讨论中听取不同的观点；即使有不同意见，学生仍能继续与其他同学讨论或听取同学的观点；学生能接受来自其他同学、老师的不同的传统、故事和想法；学生能与其他同学、老师、家长或社区的其他人分享他们在各个学科中有关本地区的学习和项目；

● 整合：学生能在不同的情境——如在学校情境以及在社区情境——中引用自己所学的有关不同文化的知识；学生能通过利用展示媒介（如口头展示或书面展示等）比较自己的文化与其他文化

这些目标针对幼儿园和小学一年级学生的认知特点设计，学科教师可以将这些目标分解，依据这些目标和本学科的特点选择恰当的教学材料，将这些目标融入学科课程中去，通过学科课程或者跨学科课程循序渐进地实现全球素养教育的总体目标。

如前所述，全球素养是一个包含了有关全球性议题的知识、技能、态度和价值观、行动等多个维度的综合框架，但并非是这五个维度的简单叠加。尽管这样的分类可以帮助教师理解全球素养的复杂性，但深度、有效、面向情境的全球素养教育要求将以上几个维度整合设计，以整体思维来设计课程要求所设计的学习经验更具指向性和现实意义，有助于学习者突破教室的物理界限，将所学的知识和技能创造性地应用于现实情境，实现高质量的全球素养教育。例如，讲授古代文明的教师通常会设计文明间的比较活动——不同古代文明之间的饮食、社会风俗、政治制度比较等，毫无疑问，这些活动能够提升学生的比较技能和古代文明的知识。但如果不去思考为何要进行这样的比较以及这样的比较对如今的全球性议题有何现实意义，这样的活动就谈不上是有深度的、有效的或是面向情境的。这意味着全球素养教育的实施者除了需要精心设计课程外，还需要掌握全球素养教育的"专有教学法（signature pedagogy for global competence education)"。[30]①

Mansilla 和 Chua 将全球素养教育的专有教学法定义为全球素养教育中普遍存在的一套教学方法集,它能够培养学生理解具有全球性意义的议题并有针对性地采取行动的能力和气质。[31]这套教学方法集是开放的而非封闭的,它包括了全球素养教育中被反复运用且被证明行之有效的教育隐喻、方法或主题。作者举例阐述了"研究旅行"和"有目的的比较"这两种方法。

"研究旅行"聚焦对异文化的理解。旅行可以使学习者真实地体验一个具体的地方——该地区的物理和环境质量、人工或自然风景、人文和社会特征以及通过饮食、价值观、风俗习惯、人际关系或信仰等表现出来的文化特征等。通过研究旅行,学习者能够观察、生活并投入到一个陌生的环境,经常遭遇书本知识没有描述过的意外情境,在这一过程中,学习者可以形成对异文化的理解与尊重、锻炼处理陌生情境带来的问题的能力及与不同文化的人打交道的能力、形成多元视角等。

"有目的的比较"教学法的前提是个体能够通过考察不同地点的同一现象来理解世界。以问题为引导的比较才能取得好的比较效果,这样的问题是比较的前提,否则比较只能停留在表面,比较只是方法而已,解决问题的能力才是教育的目的。有目的的比较通常以问题为出发点、结合理论创建比较模型、以模型引导不同案例之间相关要素之间的比较、通过其中的相似点和不同点启发学生的理解。有目的的比较方法可以提升学生解释所研究的现象并提出有创造性的解决方案的能力。

以上仅仅是全球素养教育专有教学法的两个例子而已,全球素养教育的方法集是一个开放的集合,只要是有助于培养学生全球素养的方法,都可以纳入这个集合,但这些方法应该经过精心设计,符合以下一些特征:[32]

● 具有明确的全球素养目的:专有教学法都经过审慎的设计,把培养学生的全球素养作为核心目标,并致力于深度、相关和持久的学习;

● 具有扎实的学科基础:专有教学法应当能为学生提供有意义的机会,帮助他/她们理解学科概念和思维模式,并运用于解决实际问题;

● 关注学习需求:专有教学法应符合全球素养的学习需求,这些需求包括(但不仅限于)克服刻板印象、管理情绪、理解复杂的因果关系等;

● 以案例为核心:全球素养教育的目的不是有关世界的一般性知识,而是关注具体情境中的具有全球性意义的特定议题;

● 以难度递增的方式呈现:全球素养教育的议题在教学过程中会反复出现,但其难度和复杂性随着学习者的发展特征而逐步增加;

● 适应性:全球素养教育的教学设计应当呼应不断涌现的全球性趋势或事件、新的信息

---

① 专有教学法(signature pedagogy)是 Lee Shulman 教授于 2005 年提出的一个概念,用以指"为某一特定专业而培养人才不可或缺的教学模式",也即某一专业或领域所具有的代表性教学法,如医学教育中的临床观察或法学教育中的案例教学法等。

技术或者新的学习理论做出适当调整。

四、 全球素养教育在当代中国的现实意义

伴随着中国不断扩大对外开放,中国与世界在政治、经济和社会层面的联系越来越紧密、互动越来越频繁,全球素养教育的重要性也日益凸显。

首先,全球素养教育有助于培养具有全球竞争力的中国人。时至今日,中国与全球的经济融合越来越深入,已经成为全球第二大经济体,但中国的全球竞争力长期徘徊在全球第28位左右,如果从分项指标①仔细分析中国的全球竞争力,我们进一步发现中国在全世界的竞争力排名的主要贡献源自于其庞大的市场体量和宏观经济环境,而在初等教育(排名第41位,比上年度上升5位)、高等教育(排名第54位,比上年度上升14位)以及创新(排名第30位,比上年度上升1位)方面,中国与欧美发达国家以及亚洲的新加坡和日本之间都还存在很大的距离。[33]有鉴于此,中国政府在其《国家中长期教育改革和发展规划纲要(2010年—2020年)》中提出,为"适应国家经济社会对外开放的要求,(需要)培养大批具有国际视野、通晓国际规则、能够参与国际事务和国际竞争的国际化人才"。[34]全球素养教育注重培养学生的外语能力、建构和解决问题的能力及跨文化沟通的能力,在培养国际化人才方面具有不可替代的作用,但国内学校教育在全球素养教育方面明显落后于欧美发达国家,也落后于新加坡、日本和韩国等亚洲国家。

其次,全球素养教育有助于培养"讲好中国故事、传播好中国声音"的中国人。中国虽然已经是世界第二大经济体,日益走向世界舞台中心,但国际交流和传播是一个双向过程,在崛起发展中我们会面临更多的传播难题,如何消除误解、建构与传播好国家形象,这是中国在复兴过程面临的现实问题。全球素养教育强调培养学生的外语技能、跨文化交际知识和技能、开放包容的态度,对于培养通晓国际话语、善于用国际话语讲述中国故事的中国人有切实的帮助。

最后,全球素养教育有助于培养负责任的中国公民和全球公民。中共十八大以来,国家主席习近平在多个场合提及"构建人类命运共同体"的理念,指出21世纪世界的总体特征是"各国相互联系、相互依存,全球命运与共、休戚相关,和平力量的上升远远超过战争因素的增长……同时,人类也正处在一个挑战层出不穷、风险日益增多的时代。世界经济增长乏力,金融危机阴云不散,发展鸿沟日益突出,兵戎相见时有发生,冷战思维和强权政治阴魂不散,恐怖主义、难民危机、重大传染性疾病、气候变化等非传统安全威胁持续蔓延。"[35]全球素养教育关注学习者应对全球化带来的全球性问题的能力、开放多元的价值观以及勇于采取

---

① 全球竞争力指数由萨拉·伊·马丁教授为世界经济论坛设计,旨在衡量一国在中长期取得经济持续增长的能力,并于2004年首次使用。GCI由12个竞争力支柱项目构成,其为识别处于不同发展阶段的世界各国竞争力状态提供了全面图景。这些支柱是:制度、基础设施、宏观经济稳定性、健康与初等教育、高等教育与培训、商品市场效率、劳动力市场效率、金融市场成熟性、技术设备、市场规模、商务成熟性、创新。

实际行动解决问题的态度,致力于培养负责任的国家公民和全球公民,是构建人类命运共同体的关键手段之一,其重要性理应受到足够的重视。

五、 结语

21世纪以来有关教育的一个悖论是:一方面,学校的制度化水平发展到了极致,但另外一方面,学校在帮助学生(与他人协作)应对全球化所带来的机遇和挑战方面却做得远远不够。[36]我们(及我们的后代)面临着许多全球性问题——如何改善全球范围内依然存在的贫困与饥饿、建立公平与可持续发展的全球贸易模式、消除流行疾病以及如何消除误解、减少冲突、构建和平与安全的环境等,在面对这些挑战时,很少有学校真正教授给学生这些必要的技能、态度和价值观,从而帮助他们在不久的将来跨越国界、通力合作,寻求永久解决这些挑战的方案。很多时候,我们的学校领导过于关注如何提高学生的成绩和升学率,全球素养要么零星散落在学科课程中,要么被忽略,鲜有系统的课程设计与实施。中国正在进行基于核心素养的课程改革,全球素养教育作为核心素养的重要维度之一,希望能够得到决策层的高度重视,在新一轮课程改革中融入核心素养教育。

参考文献:

[1] 彭正梅,郑太年,邓志伟. 培养具有全球竞争力的中国人:基础教育人才培养模式的国际比较[J]. 全球教育展望,2016(08):67-79.

[2] Schleicher Andreas. Pisa Tests to Include "Global Skills" and Cultural Awareness [EB/OL]. http://www. bbc. com/news/business-36343602,2016-05-27/2017-04-20.

[3] EC. Key Competences for Lifelong Learning-a European Framework [R]. Luxembourg European Communities,2006.

[4] Learning Partnership for 21st Century. Framework for 21st Century Learning [EB/OL]. http://www. p21. org/our-work/p21-framework,2007-05-15/2017-04-20.

[5] Singapore MOE. Elaboration of the MOE 21st Century Competencies [EB/OL]. https://www. moe. gov. sg/education/education-system/21st-century-competencies,2015-04-15/2017-04-20.

[6] 中国教育学会.《中国学生发展核心素养》总体框架[R]. 北京:中国教育学会,2016.

[7] Van Roekel. Global Competence is a 21st Century Imperative [R]. Washington:NEA, 2014.

[8] Hanvey Robert G. An Attainable Global Perspective [J]. Theory Into Practice, 1982,21(3):162-167.

[9] IBO. IB Answers. What is International Mindedness? [EB/OL]. https://ibanswers. ibo. org/app/answers/detail/a_id/3341/~/what-isinternational-mindedness%3F,2015-07-08/2017-04-22.

[10] Asia Society. Global Competence:The Knowledge and Skills Students Need for Success in an Interconnected World [EB/OL]. http://asiasociety. org/files/afterschool-ehtrainers-workshop-globalcompetence. pdf, 2010-07-15/2017-04-20.

[11] Toronto District School Board. A Vision for Learning in TDSB [R]. Toronto:Toronto District School Board, 2016.

[12] 周靖毅. 加拿大安大略省中小学课程结构改革的动向与启示[J]. 全球教育展望,2017,46(4):40-50.

［13］［20］［21］［30］Schleicher A. Global Competency for an Inclusive World［R］. Paris：OECD, 2016.

［14］［19］Mansilla Veronica Boix & Jackson Anthony. Educating for Global Competence：Preparing Our Youth to Engage the World［R］. New York：Asia Society, 2011.

［15］［22］［23］World Savvy. What is Global Competence?［EB/OL］. http://www. worldsavvy. org/global-competence/, 2017 - 02 - 12/2017 - 04 - 22.

［16］［36］Reimers Fernando. Educating for Global Competency［M］. New York：Routledge, 2010.

［17］Rychen D. S., Salganik L. H. The Definition and Selection of Key Competencies Executive Summary［R］. Paris：OECD, 2003.

［18］Mansilla Veronica Boix, Jackson Anthony. Educating for Global Competence：Preparing Our Youth to Engage the World［R］. New York：Society and Concil of Chief State School Officers, 2011.

［24］Heater D., What Is Citizenship?［M］. Cambridge：Polity Press, 1999.

［25］Dill Jeffrey, The Longings and Limits of Global Citizenship Education［M］. New York：Routledge, 2013.

［26］Marshall T. H. Citizenship and Social Class［M］. New York：W. W. Norton and Co., 2009.

［27］Shultz L. Educating for Global Citizenship：Conflicting Agendas and Understandings［J］. Alberta Journal of Educational Research, 2007, 53(3)：248 - 258.

［28］Cedefop. Terminology of European Education and Training Policy：A Selection of 130 Key Terms［R］. Thessaloniki：European Centre for the Development of Vocational Training, 2014.

［29］VIF. K-12 Global Competence Indicators［EB/OL］. http://www. p21. org/storage/documents/Global_Education/P21_K-12_Global_Ed_Indicators. pdf, 2015 - 05 - 20/2017 - 05 - 01.

［31］［32］Mansilla Veronica Boix & Chua Flossie. Signature Pedagogies in Global Competence Education：Understanding Quality Teaching Practice［M］. Singapore：Springer Singapore, 2017.

［33］Schwab Klaus. The Global Competitiveness Report 2016 - 2017［R］. Geneva：WEF, 2016.

［34］中华人民共和国国务院. 国家中长期教育改革和发展规划纲要(2010—2020 年)［R］. 2010.

［35］习近平. 共同构建人类命运共同体［EB/OL］. http://cpc. people. com. cn/n1/2017/0120/c64094-29037658. html, 2017 - 01 - 20/2017 - 05 - 01.

批判视角中的核心素养

- 处于十字路口的日本课程行政——基于「关键能力」的教育改革
- 「核心素养」的局限：兼论教育目标的古今之变
- 教育目标系统变革视角下的核心素养
- 课程改革一定要「核心素养」吗？——兼评全球化时代的香港课程改革
- 「核心素养」的隐喻分析：意义与局限

处于十字路口的日本课程行政
——基于"关键能力"的教育改革

| 【日】磯田文雄　著　沈晓敏　苏春鹏　译

一、 文部科学省对关键能力（competencies）的强调

日本文部科学省正在为大学教育至初等教育编制以"关键能力"为核心的课程，并要求大学及中小学予以实施。大学教育方面，学士课程正在向项目型（program）课程转型，大学入学选拔开始引入"合科型"和"综合型"试题。中小学教育方面，基于学生应具备的素质和能力编制教学大纲的工作正在进行中。

（一）项目型学士课程教育

"《学士课程审议报告》[①]提示了'各专业领域应培养的学士能力'，作为大学编制课程的'参考指南'。如今重要的能力被认为是：（1）批判性和理性思维能力为代表的认知性能力。这是活用知识和技能、将复杂事物当作问题去理解、解答无解问题所需要的。（2）伦理性与社会性能力。这是担负作为一个人应有的自我责任、关照他人并发挥团队合作力和领导力、担负社会责任所需要的。（3）基于综合且持续的学习经验的想象力和构想力。（4）遭遇预料之外的困难时作出正确判断所需的基本素养、知识和经验。

这些是在前景难测的时代高等教育应培养的'学士能力'的要素。这些能力的培养是发达国家和成熟社会的共同课题。

为了使肩负下一时代使命的年轻人掌握这些能力，有必要从项目（program）中心或具体成果中心的角度，而不是从迄今为止的组织和形式的角度来重新审视学校制度的整体……也就是说，先要确定在成熟社会中职业生活和自立所必需的能力，思考初等教育、中等教育、高等教育各阶段什么样的智力活动和体验活动能有效培养这些能力，然后基于这种思考去构筑各阶段的项目，同时寻求教育方法的质的转变。"（2012 年中央教育审议会报告）

日本的大学教育在这一基本认识下，开始考虑用什么项目来培养学生必须掌握的能力，实现大学教育向授予学位的项目型"学士课程教育"转变。

《教育基本法》第 7 条第 1 项规定"大学作为学术中心，在培养高度的教养和专业能力之

---

① 指 2008 年中央教育审议会报告《面向学士课程教育的构筑》。

同时,还要通过深度地探索真理,创造新的见解,并将这些成果广泛地运用于社会,从而促进社会的发展。"实际上,迄今为止日本的大学是根据学术体系来教授学术、培养人才的。制度设计、教员配备和教育管理都围绕这一点。所谓向"学士课程教育"转型,就是不依照迄今为止的学术体系,而是以"学生必需的能力",即以"关键能力"为基础来重新构建大学教育。

(二) "合科型"与"综合型"

"大学入学考试中心举行的考试都是以考'知识和技能'为主的试题。[①] 今后大学入学选拔将重视'扎实的学力'……高中阶段将引入评价基础学力的新型测试,为此,以后将不再单独评价'知识和技能',而是要对'知识·技能'和'思考力·判断力·表现力'进行综合评价。

为此,日本要废除现行的大学入学考试中心举办的考试,实行称为'大学入学报考者学力评价测试(暂称)'的考试。"

"'大学入学报考者学力评价测试(暂称)'将以活用知识和技能、自主发现课题、探究解决方法、表达探究成果所必需的思考力、判断力和表现力等能力(思考力·判断力·表现力)为中心实施评价。"

"为了评价跨越现行学科(科目)框架的'思考力·判断力·表现力',有必要组合'合科型'和'综合型'试题来研制考试题目。目前要密切关注具体的试题研制进展,将来的目标是高考只有'合科型'和'综合型'试题,对学科所必需的'知识和技能'将与'思考力·判断力·表现力'综合起来进行评价。"(2014 年 12 月中央教育审议会报告)[②]

(三) 应该培养的素质和能力

文部科学省举办的"有关基于应有的素质和能力的教育目标、内容和评价方法的研讨会"(以下简称"研讨会")从"为了更有效地改进课程,必须以应有的素质和能力为起点,对教学纲要的结构进行重新审视和改善"(着重号为笔者所加)这一视角出发,对与素质和能力相应的教育目标和内容进行了结构性分析。(2014 年研讨会《论点摘要》)

"其中一个举措是,根据应有的素质和能力,可以从以下三个角度对教育目标和内容进行结构性调整。"

(1) 有关跨学科的、认知性、社会性、情意性的通用技能(能力)等。①作为认知性、社会性、情意性的通用技能。比如,问题解决、逻辑思维、沟通、团队合作等主要与认知和社会性相关的能力,以及意志、情感控制等主要与情意相关的能力等。②元认知(自我调整、反省思维和批判性思维等成为可能的能力)。[③]

---

① 针对中央教育审议会这样的观点,也有人强烈地表示反对,认为大学入学考试中心在受约束的条件下对思考力、判断力和表现力仍然进行了恰当的评价。

② 2015 年 9 月 15 日公布的文部科学省《大规模连接系统改革会议》(中期报告)尽管没有提及"合科型"和"综合型",但文部科学省引入"合科型"和"综合型"的方针可以说没有改变。

③ 元认知是指对自己的认知过程的认知和知识,与对自我认知过程进行有意识的控制和监控的过程相关。

（2）与学科本质相关。具体来说，就是各门学科对事物的认识方式、思想方式、处理方式和表征方式等。例如，通过各学科的全局性"本质问题"[①]、与此相应的可迁移的重要概念[②]和技能、问题处理的复杂过程等形式加以明确的方式方法。如，"能量是什么？ 电是什么？ 具有怎样的性质？"

（3）与学科固有知识和个别技能相关。例如：与"干电池"有关的知识、"检流计"的使用方法。

中央教育审议会正在依据上述观点研究教学纲要的修订。审议报告在 2016 年推出，预定小学自 2020 年、中学自 2021 年、高中自 2022 年开始实施。

日本目前就是这样以关键能力为核心推行旨在重新整编日本学校教育的改革。然而，这项改革将彻底地摧毁迄今为止学校教育的根本。也就是说，根据学术体系和研究成果构建起来的学科、分科课程、学科教学法、学科教师资格、以学科为标准的教师配备等，整个学校教育的骨架要以关键能力为核心进行重新架构，而日本在这些方面存在着严重的经验不足。

即便基于关键能力的学校教育改革的推进是正确的，但为此进行的理论研究、预备性调查、可行性研究、教育行政制度的重构等必须做的事情还很多，不应匆忙启动这一改革。

尽管如此，文部科学省仍将基于关键能力来确立教育目标并构想实现目标的教育体系视作世界教育改革的潮流，继续推动着以关键能力为核心的改革。

二、 规制世界教育改革的关键能力

许多国家开始把能力（competency）定义为人的整体能力，而不是片段化的知识和技能，据此定义来确立目标，规划培养能力所需的教育体系，这已成为世界教育改革的潮流。OECD 的"关键能力"概念对各国产生了巨大影响。"关键能力"已被当作世界教育改革的潮流、国际上学力排名的指标、现代正统教育的思考方法。

（一）什么是能力

"不同于能力（competency）理论的解释，能力这个词意指人的职业和生活能力时，多用于经营学、心理学和教育学领域。该词的意思大致包含两个方面。

第一，非理论化、体系化知识，而指应用于具体职场情境的一系列具体的知识和技能……相当于'职场技能'。

第二，指作为理论化、体系化知识之基础的一系列知识、态度和思想方法等基础性能力，姑且称其为'基础能力'。这种基础能力与大学入学考试准备过程中形成的能力具有高度相

---

① 比如，"在我们整个人生中多次产生的重要的"问题、"与学术的核心概念和探究相应的"问题、"有助于学生有效探究并掌握一些重要而又复杂的概念、知识、专项技术的"问题。

② 可迁移性概念意指能够在新情境中灵活应用的概念。

关性。"[1]

　　这就是说,在日本通过入学选拔形成基础能力的机制正在变得脆弱。此外,就职后由经验积累的默会性知识体系也在流动化的职业中失去了有效性,无法应对现代社会的变化要求。

（二） 雇用和关键能力

　　"关键能力"(key competency)是在经济合作与发展组织(OECD)自 2000 年开始的 PISA 测试中作为概念框架被定义的。PISA 测试的"不只是知识和技能,还包含了技能和态度,是能够灵活应用多种心理的和社会的资源、在特定的情境中应对复杂问题的能力。"具体地说,它由以下三个部分构成:(1)综合应用社会文化性工具和技术性工具的能力;(2)在多种社会团体中构筑人际关系的能力;(3)自律行动的能力。

　　"在欧洲,自 1990 年代起青年失业成为一个社会问题。以 OECD 为中心开展了对雇用素养的定义及测评方法的研究,这项研究项目简称 DeSeCo(Definition and Selection of Key Competencies),它发展出了针对中等教育学业水平的国际比较项目,即 PISA 测评。"

　　"日本也从提高年轻人的雇用可能性(employability)这一角度出发,以经济部门为主针对年轻人应具备的能力,提出了称为'人之力'或'社会人之基本力'的提案。"(内阁府 2003 年、经济产业省 2006 年)[2]

　　能力这一概念是因年轻人的雇用问题而产生的,在欧洲是始于中等教育的议题,而日本则是因大学毕业生出现就业问题而成为议题的。经济界和行政部门对大学教育的改革表现出强烈的关注,并推出相关政策。这场议论也波及到了初等和中等教育。日本的"学力低下"论最初是因出现了"不会分数的大学生"等大学生学力下降现象而产生的,但这种论调后来波及到了初等和中等教育。

（三） 全球化经济中雇用的可能性

　　以这种雇用必需素养为前提的经济就是全球化经济。在全球化的现行国际经济体系中,每个国家都谋求在国际竞争中胜出所需要的人才,这种人才应必备的素养,就是关键能力。全球化经济是超越国民国家的国际经济体制,其所追求的人才的素质和能力当然是具有世界共通性的。

三、 内格里（A. Negri）与哈尔特（M. Hardt）眼中的全球化经济体制

　　全球化经济体制是怎么定义的呢? 当站在内格里与哈尔特的"帝国"论[3]的立场上看的话,关键能力的作用和局限就很清楚了。以下引自佐佐木毅的《政治学是思考什么的?》。

　　"资本主义生产和交换的全球化使经济关系从政治统治中获得自由,政治主权正在走向

衰退。面对这种论说，有人庆贺经济关系从资本主义政治中解放出来，另一些人则面对资本的冰冷逻辑，悲叹劳动者和市民的反抗之路被封锁。对于这两种反应，他们指出，所谓国民国家主权的衰退绝对不是主权本身的衰退，而是主权采用了'帝国'这一新的全球化形态。'帝国'无非是通过在一个逻辑下活动的国民和超国民组织担负主权。"

（一）"帝国"和帝国主义全然不同

"'帝国'和帝国主义是完全不同的。帝国主义是试图超越现代国民国家的国境来扩张主权，而'帝国'出现在现代主权国家的黄昏中。今天已不是列强联合作战的帝国主义，一个称为权力的理念取代了帝国主义。……'帝国'是'去中心、去领土的统治装置'，与以同质性为前提的国民国家不同，它在操作其统治网络时，有弹性地吸纳多元化的身份认同和异质领域——以不知界限的形式。"

（二）以永久地再生产现状为目标

"'帝国'统治的基本特征是，根本没有界限。它没有征服的起源，而是宛如没有时间限制，以永久地再生产现状为目标。这意味着它定位于历史的终点。它的支配涉及社会生活的所有方面，并要求对人的存在方式也进行支配。"

（三）"帝国"的政体内含很多分裂和阶层秩序

"对于国家的败北和多国籍企业的胜利这一单纯变化的图示，'帝国'论指出这同时意味着超国家水平的权力的诞生。政治权力绝对不是消失了……

用一句话来概括，它是一种内含很多分裂和阶层秩序、与平等这一观念无缘的体制。乍一看，各种各样的主体和机构似乎在其权限层面以及在其负责的领域内能毫无秩序地随意立足，但是内格里与哈尔特认为其中存在着三层金字塔式结构。"

第一层："第一层面向均质而平面化的全球化市场的实现、负责发出全球化指令。在金字塔顶点一个超级大国、在权力行使上拥有霸权的美国占据其位。位于第一层第二级的是由若干国民国家组成的群体。其职能是在金融和贸易方面管理、运营国际经济关系，如G7、巴黎俱乐部、伦敦俱乐部等。第三级是以这些上位的权力体为中心的种类繁多的联盟，如IMF、WTO、世界银行等组织。"

第二层："第二层担负连接职能，负责具体推广并实现上述指令。构成第二层的是，在第一层的保护和保障下活动的多国籍企业以世界性规模广泛构筑的网络，以及从属于此网络、将全球化潮流与当地连接起来的国民国家群。"

第三层："位于第三层的是在全球化权力的调整下，代表民众、群众①的利益的各种组织。其中除了从属国和小国家之外，还有以全球市民社会为后盾的独立的媒体和宗教团体，其中

---

① 群众被马克思看作"劳动的动物"，在新的政策条件下他们会作为一个集合（包括政治）的主体登场。

最突出的要属 NGO——其中有的被视作全球资本的别动队，有的作为弱者的代表在与资本苦苦斗争。"

（四）差异作为非本质的、相对性的现象被搁置

"包容性契机。意思就是'帝国'对差异是开放的，把差异作为非本质的和相对的东西搁置起来。而为了被'帝国'包容，其条件就是同意差异被搁置，由此差异的威胁就被相对化了。"

"……肯定内部接受的差异。差异在今天作为一种文化现象，因不会成为政治纠纷的源头而被称颂。'帝国'不消除差异，无意强制性地将差异变得趋同，而是将其拉拢进来，与其一同作用。"

由上可见，通往"帝国"的教育的核心概念就是关键能力。因此，人们是从关键能力超越国境、包容多样性、是全球化人才所必需的素质和能力这一点来阐述它的作用的。

四、"帝国"的学力观、关键能力

（一）人格完善视角的缺乏

安彦忠彦是前面提到的研讨会的主席，他强烈指出能力中心主义存在以下问题。[4]

"无论何种政治体制的国家的教育都通用，但其思想性薄弱，近乎不透明（虽不完全），所以只具有功能性、技术性、手段性的性质。如果不对此加以认真推敲，恐怕就会不问思想上、政治上的优劣，只认其作为'手段'的效果来运用（这个概念），仅偏向'能力'培养的'功能'层面，这将成为憾事。"

关于"能力（学力）"的定位，在我看来，说到底它对于人类只是"部分的手段＝手段·部分"，更重要的是看它能否加以健全地应用，而人们却容易忘记它与"主体"即"人格"的关系。只有"人格"的形成才是"整体的目的＝目的·整体"，这一点在"能力为本"的观点中没有获得应有的重视。

为了包容多样性，就把人格的完善、与价值相关的部分远远地搁置起来。而且"帝国"的目标是对现状的永久性再生产，因此它所需要的是"帝国"再生产所必需的素质和能力，只要具有功能性、技术性和手段性就行了。

然而，我们有必要回到日本的《教育基本法》来看这个问题。

［教育目的］

第 1 条 教育以人格完善为目的，致力于培育拥有和平、民主国家和社会的建设者所必需的素养和身心健康的国民。

教育基本法高度强调教育的目的是人格完善。但是，"能力"中这个人格完善是缺失的。对于人格完善问题，仅通过道德教育的学科化来解决，我认为是极其不可靠的。

对于道德的学科化,日本存在着争议。2015 年 3 月 27 日发布的教学纲要已做出了修正,在讨论素质和能力之前,已经对人格完善下了定义。

(二) 经济界主导的能力论

我们已经清楚"能力"这个议题是由年轻人的雇佣问题引发的,显然经济界在主导着有关能力的讨论。关键能力以 PISA 型学力的面目出现,在日本也得以广泛传播。举办 PISA 测试的 OECD(Organization for Economic Co-operation and Development)不愧是经济协作开发机构,用经济开发的手段在研究人力资源的开发。

"帝国"是资本主义再生产系统的政治表现,到了教育领域,就会从经济目的出发来讨论教育问题。

但是,我们不能仅仅从雇佣的可能性来谈教育,必须站在孩子的角度,考虑如何帮助孩子健康成长,如何培养能挑战未来问题的素养或能力。

1963 年,经济审议会的审议报告《经济发展中人的能力开发的课题和对策》出台时,教育学者[5]对忽视每个人的成长、优先考虑经济增长效率的教育投资论展开过批判。经济审议会的审议报告曾写道:"直截了当地说,无论是教育也好,社会也好,都要彻底推行能力主义",并强调培养和尊重"高级人才与人力资源"的重要性。

针对此次的关键能力,我却没有听到什么强力的反驳,莫非是我学习不够?

五、 对抗关键能力的教育实践

(一) 为了人生、为了生成(becoming)的教育

"英国的伯内特(Barnett)批判了基于能力的课程改革,认为高等教育必须是为了学生的人生、为了生成的教育。他阐述道:

在高等教育领域,技能和表现(performance)正在取代知识,感觉到了知识很快会落后的时代,知识作为扎实教育的核心不足以应对变化的世界。但是,技术是已知情境中的技术,无法应对超复杂的世界。大学在社会中存在的理由在于通过研究、批判性地审视过去的命题、并提出新框架的普适性中。学生通过参与、认知(knowing)这种普适性,从而成为自己。"(Barnett,2000,2001,2003,2004,2009①)

(二) 以知识为基础的教育

"学校是通过有别于日常生活的、以学术研究为后盾的知识来赋予世界以意义的地方。

---

① 详见: Barnett, R. Supercompexity and the Curriculum [J]. Studies in Higher Education, 2000,25(3): 255 - 265. Barnett, R., Parry, G. & Coate K. Conceptualizing Curriculum Change [J]. Teaching in Higher Education, 2001,6(4). Barnett, R. Recapturing the Universal in the University [J]. Educational Philosophy and Theory, 2003,37(6): 785 - 797. Barnett, R. The Purpose of Higher Education and the Changing Face of Academics, London Review of Education, 2004,2(2): 61 - 73. Barnett, R. Knowing and Becoming in the Higher Education Curriculum, Studies in Higher Education, 2009,34(4): 429 - 440.

这种知识被组织成学科。学科是从教育学的角度对学术研究成果进行情境化重构的产物，对学校、学生、教师而言都是稳定的源泉。传递以往时代的知识是非常重要的。这种知识是保持国家（以及国际）一贯性的源泉，对于学生和教师是身份认同的源泉。"[6]"课程要让知识成为人们在赋予世界以意义时可以汲取的明晰要素"。[7]

"对于知识和人格形成的关系，斯塔雷特（Starrett）说道：个人不是脱离自然和社会的独立存在，而是存在于自然、社会和文化的动态关系中。知识是在有意识地开拓这些关系中产生的。知识通常是对话性的。知识引向责任。知识不仅仅是知性间的碰撞，同时内含着道德行为。

……

学术性课程不仅对于学习者的自我理解和自我建构起着不可或缺的作用，并指向培养所有学习者对自然、社会和文化世界担负责任的能力。"[8,9]

（三）扎根本土的教育

重视关键能力培养的全球化人才是"无根之草"。[10]

"寻求活跃于世界任何地方的通用的人才，起因于对成本的敏感，认为执念于本地区是绝对没有积极意义的。从社会性来看，这样的人才最终可能成为'无根之草'。另一方面，任何社会都拥有其个性和历史，'无根之草'堆积于一个地方，是不可使社会得以建设发展的。思考社会和本土的未来、汇聚众多人去描绘新的蓝图并付诸实践的人才最需要的是对本土的执着。缺乏专业性很强的政治、行政和地方经济的旗手，社会的再生产是不可能的。"

人生活在具体的人际关系中，而不是和抽象的国家一起生存。家庭、社区和职场的伙伴，人生存于这些具体的人际关系中，与他们之间产生爱、友情和信赖，并执着于此地，感受生存的意义。

作为超越关键能力的教育实践，中野和光[11]论及过"扎根本土的教育"。中野和光对阿弗雷（Michael l. Umphrey）[12]的观点曾做如下介绍：

"人出生在某个地方，在某个地方成长、活动，那么这个地方一定是一个特别的地方。一个人必定存在于某一个地方，他根据经验和目的赋予这个地方以意义，这个意义又随着人的成长而变化。赋予一个地方以意义并生活下去，这是任何年龄都不会改变的。

学校也是其中一个地方。地方有小有大，比如学区、校区、整个州。从这个意义来讲，我们居住的社区、国家和地球也都是一个地方。扎根本土的教育培养起来的孩子，将来无论去哪个地方生活，想必都会珍爱那个地方。"

所谓"扎根本土的教育"，如已故的白井嘉一所说的，[13]其实就是战后日本教育实践史中的乡土教育、生活教育、生活作文教育的美国版。我们还要寻求重视秘仪化功能的教育。（秘仪化功能是指，"虽是随处可见的形式上相同的行为，但共同体却将这些行为作为成员固有的东西加以秘密地仪式化了，由此为成员的日常生活赋予了意义。"[14]）

超越关键能力的教育，其实就存在于我们周遭由来已久的日本教育的实践研究中。

参考文献:

［1］金子元久.大学の教育力—何を教え、学ぶか[M].ちくま新書,2007：141.

［2］金子元久.大学教育の再構築[M].玉川大学出版部,2013：142.

［3］Hardt, M., Negri, A. Empire[M]. 2000(日文版『帝国』、以文社).

［4］安彦忠彦.「コンピテンシー？ ベース」を超える授業づくり—人格形成を見据えた能力育成を目指して—[M].図書文化,2014：6－7.

［5］山住正巳.日本教育小史—近・現代—[M].岩波新書,1987：222－223.

［6］Young, M. Overcoming the Crisis in Curriculum Theory[J]. Journal of Curriculum Studies, 2013,45(2)：101－118.

［7］［9］中野和光.グローバル化の中の学校カリキュラムへの一視点[R].日本カリキュラム学会第26回大会課題研究,2015.

［8］Starrett, R. J. The Moral Character of Academic Learning［R］. Second International Handbook of Educational Change, 2010.

［10］佐々木毅.グローバル人材と「人材の高度化」との間[J].IDE, 2015.

［11］中野和光.教育のグローバル化の中の教育方法学[R].日本教育方法学会第50回大会課題研究,2014.

［12］Michael l. Umphrey. The Power of Community-Centered Education-Teaching as a Craft of Place［J］. Rowman & Littlefield Education, 2007：164.

［13］白井嘉一.戦後日本の教育実践[M].三恵社,2013.

［14］磯田文雄.教育行政–分かち合う共同体をめざして[M].ぎょうせい,2014：67－69.

"核心素养"的局限：
兼论教育目标的古今之变

刘云杉

一、 "核心素养"： 词语的政治学

"核心素养"已成为描述新的教育目标与课程目标的概念工具,成为 21 世纪人才培养的基本要求。因此,有必要对此概念的来龙去脉及其后的观念体系与价值立场再做辨析。

首先,在教育政策与研究话语体系中,"素养"正逐步替代"素质"。"素质教育"——作为中国基础教育近 30 年改革的关键概念,在其概念内涵与实践外延上却陷入双重尴尬：初观其表,作为政策工具的"素质教育",其实践定位却是"升学教育""应试教育"的"批判武器",是应试教育的"对立物";在激起对应试教育广泛的愤懑与深刻的不满中,所欲建设的"素质教育"却面目模糊、观念混杂、内涵多样。[1]细究其里,以提高人的素质为根本宗旨的"素质教育",中文中的"素质"语意却有偏差,在《现代汉语词典》中,"素质"的解释为：(1)"事物本来的性质";(2)心理学指人的神经系统和感觉器官的先天特点。[2]分别对应英文中的 nature 与 faculty。汉语中的"素质"仅局限对个人的生理学与心理学维度的理解,这一定位至多是教育的前提和条件,而非教育的结果。有学者指出,素质教育是一种教育的口号,而非教育的术语。"素养"解除了"素质"之概念困扰：作为一个合成词组,"素质"+"养成",即凸显了先天素质与后天教养的化合作用。在坚持"素质是素养的上位概念,素养的特性尤其他的可教、可学、可测的特点在素质层次结构中得到了科学的说明";于是,"依据学生发展核心素养体系,建构可理解把握、可操作实施、可观察评估的培养目标"。[3]由此,近 30 年来作为教育口号的"素质教育",借助"核心素养"的躯壳,从批判的武器真正落实为培养的目标、教学的内容与评价的标准,"引导学校教育从知识教育走向能力教育,进而走向素养教育"。[4]

其次,"核心素养"还意味着与国际接轨,各国际组织与经济体为应对时代变化与未来发展需要纷纷制定 21 世纪核心素养。OECD 提出关于素养的权威报告 *The Definition and Selection of Key Competencies：Executive Summary* 所用为"competence",在《新英汉大辞典》中解释为：(1)能力,胜任,称职,对工作的胜任,足以过温饱生活的收入;(2)competent：有能力的,能胜任的,合格的;(3)competency：作证能力。中文语境中的"素养"——既超越知识,又超越能力,用所涵养的态度重新融合生成的,既包含知识,又转换为能力,还指向态度与人格的培养目标,在英文语境中对应的却是 competence(胜任力)——这一来自经济组

织、工作世界的概念。

　　这一核心概念来自职业教育领域，所指为对工作、职业的胜任能力，随着教育普及化与高等教育大众化后成为一个热词。OECD所研制的21世纪核心素养，其宗旨在于实现个人成功的生活与发展健全的社会，它认为核心素养应该为人人所需，并在多个实用领域都有特殊的价值，素养的选择应考虑其在多种情境中的适用性，包括经济与社会、个人生活等领域以及一些特定的领域，如商业等行业，尤其突出劳动力市场对技能与素养的要求。欧盟2005年发布的 *Key Competences for Lifelong Learning：A European Reference Framework*，其目标在于支持成员国，确保它们所培养的年轻人在基础教育与培训结束时，具备一定水平的核心素养，这使他们能够应对成人生活，并为未来学习和工作打下基础；此外，还确保这些国家的成年人能够在人生中不断发展和更新自己的关键素养。[5] 美国的P21（*Partnership for 21ˢᵗ Century Skills*）所聚焦的是受教育者未来职业发展的需要，关注的是学生在未来工作和生活中必须掌握的技能、知识与专业智能。[6]

　　在 Competence 成为政策热词之后，是西方社会经济、政治与教育的转型，有一系列相近或相关的词汇共同构成相互支撑的概念体系。伦敦大学教育学院专注高等教育理论的教授巴兰特在1994年出版的 *The Limits of Competence：Knowledge，Higher Education and Society* 中指出：在一个学习型社会，在高等教育大众化的时代，出现了一系列新词汇、新概念及其后对高等教育的重新定位："skills"（技能）与"vocationalism"（职业教育主义）、"competence"（胜任力）与"outcomes"（成效、结果）、"capability"（有才能）与"enterprise"（有进取心）；然而，在这一系列新词与热望之后，高等教育中一些重要的词语及理念却被丢弃了，它们是 understanding（作为一种心智状态的理解力），critique（判断力，其内核是 critical thinking（审辩性思考））、interdisciplinary（跨学科）以及 wisdom（智慧）。[7]

　　起源于职业教育、扩充至高等教育，盛行于基础教育，由欧美借台湾再辗转至大陆研究话语圈的"核心素养"，[8] 其意涵不断地丰富、扩充着。词语绝非中性的客观所在，一个词语的传播、运用，意涵的演变，新词的产生与蹿红，旧词的黯淡与弃用，词语记载着时间之流中不同的价值与利益，词语透射丰富的政治学。英国文化研究的重要奠基者威廉斯采用"历史语义学"（historical semantics），分析了文化与社会中的若干关键词，不仅强调词义的历史源头及演变，而且强调历史的"现在"风貌——现在的意义、暗示与关系，[9] 以透析词语这一密码中所承载真相。本文受其启发，在教育目标从"受教育者"到"核心素养"之后，梳理了一系列教育词语的变化，以此检讨教育的古今之变，凸显现代性与现代教育的沉疴。需要指明的是，虽从中国当下热点议题入手，但症结不在中西的表面差异上，而在深层的古今之变中。就此而言，全球共此炎凉。

二、　"核心素养"后的人才观：人如何被定义

　　当我们谈"素养"时，我们所谈的是"人才"，即作为财富重要的生产者与创造者的人，其

后是经济维度对"人"的再定义,人蕴涵着潜能,教育将潜藏的财富挖掘出来:要让像"财富"一样埋藏在每个人灵魂深处的所有才能都发挥出来,例如记忆、推理能力、想象、体力、审美观、与他人交流能力、领导者的天然气质等。[10]"人"是作为"人才"被识别、被定义且被命名的:即经济生活重要的参与者,不仅是生产者,也是消费者。

人被识别为"人才",其后经历了教育的古今之变。古典教育的核心是"认识你自己",人有神性,与神的关系是生命最重要的坐标,善的生活指安于特定的边界,德性的本质即适度(moderation)。《中庸》曰:天命之谓性,率性之谓道,修道之谓教。在天命之下,教育最重要的功能为:品鉴人性、涵养人心、安顿人身。潘光旦指出:一个人在身、心、灵三方面都发展到相当程度,才能称为"完人"。德、智、体三育指个人的修养。[11]然而,"神我相与"的"灵"在现代教育中已经极为陌生了。

启蒙以后,人摆脱了自然与神的监护,纵深、丰富且有差异的内在世界被夷平了,人被放逐于外在的、物的世界中,识别与定义人的方式变了:英国政治学家科贝特在1806年的《政治纪事》中提到,在兴起的工业社会中,人们被简化成了"人手"(hands)。[12]这是"人力"、"人力资本"比较明确的表达。现代教育丢掉了人的内在与灵魂向度,人不过是才干与才能的载体;晚近的消费社会中,人为欲望与诱惑所操纵,人性变晦暗了。现代教育由内转为外,人逊位于知识,"人不尊,则转而尊器物。人之为学,则惟学于器物,而技能乃更尊于知识"。[13]"人力"取代了"人心"与"人性",定位个人的价值参照不再是宗教与家庭,而是经济生活,即人对物的生产与消费能力,以及人对人的支配与控制能力。教育从古典教育的"养心"与"养性"转变为现代教育的"养财",此所谓教育的古今之变。[14]

现代社会的前期是一个"生产社会",个体首先是生产者,其次才是消费者;可在晚期现代社会,秩序颠倒了,个体首先是消费者,其次才是生产者。在生产社会中,社会对成员的塑造依照其劳动分工的需要,看其是否有能力与意愿担任不同的职业角色;在消费社会中,社会要求其成员首先具备作为消费者的能力与意愿。在消费社会里,经济的增长并不依靠国家生产力的强度,而是依靠消费者的态度、热情与能力,"工作"曾经扮演的连接个人动机、社会整合与系统再生产的角色,已经被"消费"所替代。在晚期现代社会,个人寻求自我认同、获得社会的一席之地,拥有一种有意义的生活,都需要在消费市场中实现。因此,有学者指出,20世纪的社会驯化生产者,21世纪则驯化消费者。①人再被简化为人手——工作的能力之后,进而又被扭曲为"人欲"——消费的能力与品位。

以经济维度来定义人,会让人更有能力吗?现代社会分工的专业化,对劳动者的技能与知识提出了更高的要求。要求教育在其中发挥更大的作用,然而,机器化的生产与专业化的分工真能提升人的能力吗?亚当·斯密在《国富论》中指出:

分工的进步,使人民大多数中的最大部分的职业,局限在少数极单纯的作业上……他停

---

① 参见:[英]齐格蒙特·鲍曼. 工作、消费、新穷人[M]. 仇子明,等,译. 长春:吉林出版集团,2010:6. 刘云杉. 大众高等教育再认识:农家子弟还能从中获得什么?[J]. 中国农业大学学报(社会科学版),2015(1):119-130.

滞生活之划一单调，自然把他精神上的勇气销毁了。他自身特定职业上的技巧熟练，就是由牺牲其智的、社会的、及尚武的诸种德性而获得的。（在之前的社会形态中）各个人杂多的作业，使他不得不奋其能力，并不得不随时想些办法，去对付那不断发生的困难。他们的发明心是活跃的，他们的精神，也不会陷入文明社会下层人民悟性莫不受其麻痹的昏睡愚钝状态中。（在这里）每个人都是战士，在某种程度上，都是政治家，关于社会利益，和这些利益支配者的行动，他们都能下相当的判断。[15]

分工促进了社会的利益与整体的利益，却以人的异化与能力的扭曲为代价，纽曼引述科普尔斯顿博士的论述：

专业划分与劳动分工易于完善每一种技艺，增加国民的财富、促进全社会的普遍舒适生活与福利。……每个人越是把力量集中于一个工作，他在工作所表现的技术自然越娴熟，速度越快。然而，尽管他因此对国民财富的积累所做的贡献更有效，但是，作为一个合理的存在物，他却变得越来越渺小。由于他的行动范围变得狭小，他的心智与思维习惯同样变得萎缩；他就像某个强大机械的一个组成部分，放在里面就有用，而一旦离开这个机械他便毫无意义，一文不值。[16]

社会的利益与个人的利益成反比。现代文明很大程度上是外部文明，相应的社会态度对于"工具"过高的估计，把手段看作是目标本身，甚至不惜将人的价值"工具化"。我们再进一步追问，外部的文明会让人更幸福吗？或者说"财富"会给人带来幸福吗？威廉斯仔细辨析过此词在英文语境中的变化：

Wealth，源自相关词 well，最接近的词源为古英文的 wel、well，指的是幸福（happiness）与兴旺（prosperity）。到了 17 与 18 世纪，这个词的意涵不仅与金钱、财产有较为直接的关系，另有一个强烈的贬义意涵出现：随着个人财富与社会财富的分离，就整体而言，wealth 与 wealthy 带有"个人主义"与"拥有"的意涵，原先所指的幸福与福祉（well-being）的一般意涵，已经消失且被遗忘。所以另有一个词被创造出来：illth（财灾）表达"不幸福"与"浪费"。[17]

Wealth 一词成为一体两面的概念，正面是财富，反面是财灾；或者说在合适的限度内为财富，超出限度为财灾。财富的合宜的用度在哪儿？亚里士多德指出："以足够维持其素朴（节制）而宽裕（自由）的生活"为度，将这两个词联合起来，划出了我们应用财富的边际——两者如果分开，宽裕（自由）将不期而流于奢侈，素朴（节制）又将不期而陷于寒酸。人们处理财富上表现过弱（吝啬）或过强（纵滥）的精神都是不适宜的，这里惟有既素朴而又宽裕，才是合适的品性。[18]

自创 illth 一词的罗斯金指出，生产既可能带来财产，也可能带来财灾，因而要谨慎地思考怎样的劳动才是合宜的，什么样的劳动才是正当的劳动：

老实说，不是劳动得到了分化，而是人本身被分化了——被分化为片片断断，人变得支离破碎，生命成为碎屑……在这件事情上你不得不面临严酷的抉择。你要么成为工具一般的生物，要么做一个有生命的人。你无法两者兼得……人类正从机器操作者沦为机器本身，这乃是本世纪最大的罪恶。他们并非食不果腹，问题在于他们无法从赖以谋生的工作中得到快乐。他们并非是因上流社会的鄙视而受到了伤害,问题在于他们无法承受自己对自己的鄙视,因为他们觉得自己是在被迫从事一种低级劳动,这种劳动使他们觉得自己牛马不如。[19]

拥有了"财富",精神、文化与趣味上却陷入"财灾",英文中有一个专门的词汇:Philistines(非利士人)。他们是现代社会中大多数的中产阶级,他们执着于外部文明,对工具手段(财富、工业、生产、进步等)和个体成就的信仰,使他们拒绝追求"和谐的"和"普遍的"完美状态。[20]19世纪60年代后,阿诺德反复用此词指称市侩式的英国中产阶级,这类人对人文思想、启蒙教育、文学艺术修养都不感兴趣、情趣狭隘,是只追求物质利益的平庸之辈。[21]

继而,又出现一个概念,learned ignoramus(有知识的无知者),或者说是"无学而有术的专家"(the specialist)。传统上人分为两类:有知识的人与无知的人。而新出现的专家根本无法纳入两个范畴中的任何一个:他既不属于有知识的人,因为除了自己的专业知识之外,他知之甚少;他也不属于无知识的人,因为他是一个"科学家",一位"专家",他通晓自己方寸天地中的一切。麻烦的是,他在自己所生疏的领域是个无知者,但他却不像一个无知者,而是摆出一副学有所长的神态;他固执己见,自以为是。这些为科学而劳作的工蜂甚至不能保证科学的真正进步。[22]科学家愈多,真正有文化的人越少,这是一个悖论。

类似的词语还有"训练有素的无能"(trained incapacity)或职业性的畸形(professional deformation),[23]词语的丰富表明病症侵袭既深且广。现代工商社会中出现大量的职业"套中人":他从头到脚都被职业制服包裹着,这个人的塑造完全按照其技术特征的模型来塑造,而且要求分毫不差,该压下去的地方要压下去,该挺起来的地方要挺起来……[24]

三、 "核心素养"后的能力观: 教育如何被定位

在提出"能力的限制"时,巴兰特强调,在大众化背景下,高等教育已从培育精英跌落为制造小办事员(clerks)——再生产着资本主义经济、政治与文化体系中各级、各类零部件。伴随着文凭的膨胀、教育的贬值,职业市场上衡量一个人的标准通常不再是你拥有什么样的教育文凭(资格),或者深究你学了什么(专业知识),而是直接看你能做什么,能解决什么问题。因此,高等教育面临"范式转换",学术能力(academic competence)正为操作能力(operational competence)所替代,前者强调在一个学科的边界内学习前提性的知识,认知的策略是"知识是什么",评价的标准是真理维度上的"是否求真",目的在于促进更好的理解,聚焦于学习的条件。后者则致力于在一个机构的情境中习得策略,认识的策略是"知道如何做",评价的标准是经济维度上的"是否有利",目的在于促进实践上的效益,聚焦于学习的后果。[25]

1994年的巴兰特以教育学者的细致仔细地解释高等教育正在经历的转型,在英国绅士冷静平和后,嘴角挂着些许嘲弄,神色难掩若干沮丧:高等教育已从城邦之外的象牙塔走入社会最核心的地带,高等教育的大门在向所有人开放的同时,真要转身成为任何持币购买者

皆可进入的知识超市吗？

早在 1872 年，哲学家尼采在《论我们教育机构的未来》时，以他既是先知也是巫师的尖锐预示着：现代教育有两种倾向，第一种是尽量扩充和普及教育的冲动，把教育送往最广泛的阶层；第二种是缩小和削弱教育本身内涵的冲动，要求教育放弃崇高的使命，教育机构与生计机构的边界正在模糊。

普及教育是最受欢迎的现代国民经济教条之一。尽量多的知识和教育——导致尽量多的生产和消费——导致尽量多的幸福：这差不多成了一个响亮的公式。在这里，利益——更确切地说，收入，尽量多赚钱——成为教育的目的和目标。[26]

智识与财产结盟，培根的"知识就是力量"在此表现为知识就是财富：

教育的真正任务似乎是要造就尽可能 courante（通用）的人，与人们在一个硬币上称作 courant（通用）的东西属于相同性质……现代教育机构的意图只能是按照每一个人的天性能够变成"courant"的程度来对其加以促进，如此来培养每一个人，使他依据其知识量拥有尽可能大的幸福量和收入量。每个人必须学会给自己精确估价，必须知道他可以向生活索取多少。[27]

如此，"教育机构"（这个纤足的、娇惯的仙女）已经衰落为"生计机构"（被使唤的丫鬟），她虽以教育自称，但不过是一个有智识的女仆，生计、收益、需求方面的女管家。任何一种学校教育，只要在其历程的终点把一个职位或一种谋生方式树为前景，就绝不是真正教育。[28]于是，有了速成的教育，以求能够快速地成为一个挣钱的生物；有了深造的教育，以求能够成为一个能挣许多钱的生物。然而，"最大可能的普及教育"却使教育大为贬值，它不但不能给人以特权，甚至不能使人受到尊敬，最广泛的普及教育恰恰就是野蛮。[29]

进而，文化、文明与野蛮的对立出现了。现代教育正在生产大量的新型野蛮人。随着教育的日益普及，educated 所惠及的阶层不断扩大，大多数接受教育的人却不属于"educated"阶层，而被视为 uneducated 或是 half-educated。educated 的意义仍固守"教养"（bringing-up）、properly brought-up（教养良好）。[30]加塞特用新亚当（The New Adam）指这样一种受教育的野蛮人，心智完全封闭，陷入一种智识上的冥顽不化，他们看似更聪明、更敏捷，更有能力，然而这些反而使他更加封闭。他们陷入了思维定式的泥淖之中无力自拔，各种陈词滥调、先入之见、零敲碎打的思想、空洞无物的言词，统统胡乱地堆积在他们的头脑中。[31]

教育不仅是习得向外拓殖的技艺，更需具备反身于己的修行。教育要使人学会做事（to do）的技能，教育更使人学会做人（to be）的修养。做人与做事之间绝非二分为精英教育中的"成人"与职业教育中的"做事"，也非少数人的"为己之学"与多数人的"为稻粱谋"。教育的目标如果仅仅是让年轻人去适应他们的环境，为谋生而学习一门技艺，教育在此已异化为一种经济行为。教育还有超出职业培训之上的更高使命吗？难道超出职业培训之外的教育仅仅是有幸摆脱"这个窘迫、必需、生存斗争世界"少数精英[32]所独享的"闲暇"特权吗？

超出职业培训之上的教育也应该是每一个人都需要也都有资格与资质获得的权利，基础教育不同于职业教育。"在爱弥儿成为一名军人、教士或行政官员之前，他先要成为一个人。"[33]教育的眼界、教育的用心与用力处不在训练一个人能做什么,也不在教会一个人去占有或攫取什么,而是"认识自己"并"成为自己":

并非"做什么"(doing),而在于"是什么"(being);也不仅仅在于"是什么",而在于"成为什么"(becoming)。因此,自我培养(self-culture)是教育实质。[34]

当下技术发达,能力超强,而"文化"却被不得体地忽视、不正当地扭曲了。教育不仅针对人的手、人的脑,教育更要面对人的心,人的灵魂,以及心、手、脑之间既和谐又全面地发展。我们有必要还原且重审 Culture 在人的教育中的核心位置。在教育中,文化主要按心灵的本性培育心灵,照料并提升心灵的天然禀赋。它意味着知识与育人的结合,即赫尔巴特的"教学的教育价值"。Culture 的词源是拉丁文 cultura,对土壤及其作物的培育,即小心照料,按其本性并提升品质。[35]教育中的 Culture 正是这心、手与脑之间相互促进、和谐成长中所体现出来的一种心灵状态、人格气质与行为习惯,譬如"教养"指一种内在的心灵状态及其外显出行为习惯,譬如西塞罗用 cultura animi 指心灵的陶冶过程。纽曼的"智性的教化"(the culture of intellect)体现为"调养其性情,培养其道德,增强其心智",一个心智有力量的人,具有稳定性、理解力和各种才能,就会体现出自身的控制,对眼前事物的正确判断,而这些若没有经年累月的努力和训练通常是无法获得的。[36]这就是教育中最需要精心照料,且需要时间慢慢化育的 Culture 的意涵,中国古语中的"春风化雨"所言也接近此意。

Culture 还意味着教育的过程是一个文明化的过程,是一个文化的过程。教育是留在我们人性与心灵秩序中的文明,是在个体的生命中烙下的文明的印记,它将单薄的个体纳入到历久弥新的文明之河中。让文明有传承,让单薄的个体有信靠,有来龙去脉。柯勒律治对文明(civilization)与教养(cultivation)之间关系的论述值得我们警醒:

如果文明不以教养为基础,如果文明不与人类特有品质才能的和谐发展为基础,那么这种文明抑或产生极大腐化作用,抑或其本身就是一种混合低劣的善;这是病态的狂热,而非健康的勃勃生机;这样的国家,即使拥有卓越的文明,也称不上完美,至多是浮华(varnished)。[37]

如果文明的繁荣不以人类的品质才能的和谐发展为基础,那不过是浮华。如果教育不培育心灵,涵养人性,那不过是在用华丽绚烂、闪闪发光的装饰掩盖着人内在的干瘪与空洞,"没有虔诚之心的知识算不上知识,至多是内在或外在逻辑或手艺的培养,却并不是对一个灵魂的教化"。[38]自由教育(Liberal Education)本意为"在文化之中"或者"朝向文化的教育",它的成品是一个有文化的人,在于唤醒一个人自身的优异与卓越,用权威与传统的引导,将人引入一个虔敬谦卑的状态中,以提升人性之中的卓越与美好。[39]

然而,在浮华的文明下,自由教育中的 liberal 也失去了最初的意涵,不再指能培育心智的知识,而是可卖弄的学识。恰如尼采所说的"博学的肥胖症":[40]在时髦的野蛮、匆忙与虚荣制作中,在过早要求的个性化作业中,却没有风格,没有规范,没有传统。天性中所有的放肆从其深处发出呐喊,所有的虚荣不再受到有力的约束。应记住,正规的教育所应培育的是认真的、一丝不苟的眼光和习惯,而全面放任所谓的"自由个性"无非是野蛮的标志。[41]

四、警惕评估的僭越：重提"受教育者"

有学者指出,核心素养是从学习结果界定未来人才形象的类概念。[42]学习结果、能力绩效成为核心素养中重要的维度,可评估、可显现、可测验使高蹈虚空的素质教育有落地的根基,有行动的抓手。"结果"在素养中如何表现呢? 准确地说,这是在工作中所表现出来的完成任务的能力,指在一系列复杂的工作情境中,面对技术的、专业的或职业的任务,包括在方案设计、计划实施与问题解决等环节所体现出的个人能力[43]——这是一个职业世界对工作者的能力评估工具。然而,教育所面对的只能是人,这意味着把人视为目的而非手段,这还意味着关注人生的目标而非实现这一目标的手段。教育是另一维度的概念与价值:知、情、意、行或身、心、灵;或心、手、脑,有的可评估,有的不可评估。

"素养"所评估的不过是工作情境下有胜任力的肉身载体,人已经被完全工具化、物化了。如尼采所预言,在这生计机构中,教育似乎被定义为一种眼力,一个人凭借它可以"出人头地",可以识别一切容易赚到钱的捷径。[44]"财产和权力、聪明、果断、口才、显赫的威望、响亮的名声——所有这些在这里都变成了手段"——各种必备的能力清单不过是一份说明书。[45]按照这份能力清单,凭借评估所铺就的阶梯,眼尖皮实的人步步往高处走——其后,是庸俗的成功学风行。

素养所评估的学习结果将诱使学习者的策略是"可视性"——即被评估之眼看见。然而,在教育场域,外显与内隐有复杂的关系,既可以是量与质,又可以是行动与价值;两者既可能一致,也可能完全分离。手与脑,有的部分可评估,有的难评估;而心灵与人格部分,多数是不能评估的。善用评估,也要知道评估的边界,更要理解与尊重不可评估的"禁区"。今天推崇心理学与测量学、统计学与管理学所贡献出来的科学测量运动,似乎"不可评估"仅是科学化程度不够的"不能评估"或技术化不足的"评估失效"。雅思贝尔斯的话仍值得深思:

> 心理学通过试卷考核和其他机械手段,在企业和学校减少摩擦,以提高生产力和学习能力,我敢说,这往往是把人看作机械的物的一种实际贬低,以及在过高的希冀中,对虚假的知识的个别情况作出的诊断……心理学家打算作为人类的主管,实在是不可置信的怪现象。心理分析在科学外表下,不顾科学因素的整体性俨然作为一场信仰运动,这一运动在美国已成为可笑而荒唐的现象,在我看来,心理分析的渗透与人的转变一起借助于极权统治的思维方式,似乎成为一种毁灭人类尊严的方法。[46]

在大数据的时代,学习者的一切,都在各种数据、评估指标与奖惩维度上"显现","看见"及其后的"可视性"、"可表现性"甚至"可隐藏性"成为新的权力技术。所谓的表演逻辑——"亮点"与表现主义——评估常僭越其边界,甚至侵入道德领域。[47]

评估之眼多是简单的,它能看到人"主动做了什么",也不难觉察人"被动地不做什么",但难以洞悉人"主动地不做什么"。今天的教育几乎忘掉了训育,人们热望教育做加法,不断生成新与好;却少寄望教育做减法,不懈地抵御与抗拒坏与恶。训育在赫尔巴特那里却占有极为重要的分量,教育(erziehung)这个词是从训育(zucht)与牵引(ziehen)两词来的。训育是对青少年的心灵产生直接的影响与有目的地进行培养,具有内在坚定性的性格寓于意志之中,意志不是可以改变的愿望与情绪,它有前后的一致性与坚定性,性格见之于一个人决意做什么决意不做什么这两者之间的比较中。[48]我们不能仅看人作用于对外部世界的力,更要训育其作用于自身的意志与能力——"节制"与"有所不为"曾经是德性的重要内容。

评估之眼多是有限的,它只能看到人表现出来的东西。然而,教育不仅仅是在人身上表现出来的东西,更重要的是内在心灵的建设与人性磨砺,这中间有大量内隐的、难以评估、不可评估的内容。中文以诗意的"春风化雨"隐喻,而美国学者白璧德却用惊心动魄的"化合作用"凸显其内在的蜕变之难:需要用一种类似男子的气概与力量来协调散乱的知识片段与理性、意志和性格的联系,这需要强悍的气概,绝非一件容易之事。[49]简单的评估更多地是将教育视为一个搬运知识的机械过程,教育不是一个将知识堆积至某个头脑中的过程,不是将知识"分化"到人脑中的过程,不是填鸭式地"塞进去"、再鹦鹉学舌地"吐出来"的过程。教育的内涵既纵深又综合,单一且分散的指标如何评估? 潘光旦曾解析:

我国古代的智字,不只指知识的获得,也指价值意识的培养。西文中的 wisdom,也是这个意思。近人把"德育"和"智育"完全分开之后,于是"智"字的本义转晦。价值意识之发达,用之于理智,便知是非真伪的区分;用以待人,便识善恶荣辱的辨别;用以接物,便识利害取舍的途径;甚至艺术家所称的"奖赏能力",即美丑的辨别力,西文所谓的 taste,也无非是价值意识的一部分。[50]

评估之眼又是骄傲的,于是"表现""表演"主义盛行——绩效(performance)即此意涵,我们更需要记住教育中另一个词完善(perfection)。人的全面发展与和谐的发展才是教育的核心。潘光旦在"完人教育新说"中提出德、智、体、群、美、富六育,其中的富育指的即是职业教育,即发展吃饭能力的教育。[51]富育有其位,但为末位。在人的培育,任何维度单一发展,任何能力无序发展,其余方面都将面临被抹杀,或被利用来做某种工具。如果只强调某些绩效,人就如同八爪鱼一般,分裂地四处往外扩展,但内在却浅表化、空洞化了。如此分裂且表现型的绩效,诱导人成为"超人"与"非人"的同时,能为自己赢得闲暇、自由的状态中吗?

学校(school)一词,古希腊语的词根是闲暇(leisure)——闲暇自有其内在的愉悦与快乐和人生的幸福境界;这些内在的快乐只有闲暇的人才能体会。安闲的快乐"出于自得,不求外靠"。[52]教育是让人能操持闲暇,即不被他人他物所役使的"学以为己"的活动,人生凭这些活动于闲暇之中陶冶性情,进于善德。[53]这是学校的初衷,这是教育的宗旨。

何为受教育者? 站在后现代的今天,回望教育的童年,雅典的雄辩家之一的伊索克拉底对"受过教育的人"的定义:

首先,他能够处理生活中的日常事务,能够因为适应生活而快乐,具有深邃的洞察力。其次,他的行为在任何一个社会都是端正和得体,如果碰到一群态度不友好和难以相处的人,他能够以平和的心情去面对。他处事公平,温文尔雅。第三,他能够适度地控制自己的情绪,在厄运和痛苦中不气馁,表现出男子气概,符合自然赋予的特点。第四,也是最重要的一点,他从不恃宠骄横,也不因成功而忘乎所以。他始终做一个睿智的人,在机遇赋予他的一些成就而非完全凭自己的才能获得的时候,他更应该持节制的态度。那些灵魂在这些方面表现出和谐的人,那些我称为智慧和完美的人,即具有完全美德的人,在我看来,才是真正受过教育的人。[54]

　　布鲁姆以"巨人与侏儒"[55]喻古今之变,在"受教育者"与"核心素养"之后,我们需要深思古今之变中究竟意味着什么?

参考文献:

[1] [47] 刘云杉. 自由的限度:再认识教育的正当性[J]. 北京大学教育评论,2016(2):27-62.

[2] 中国社会科学院语言研究所词典编辑室. 现代汉语词典(第6版)[Z]. 北京:商务印书馆,2012:1241.

[3] [4] 柳夕浪. 从"素质"到"核心素养"——关于"培养什么人"的进一步追问[J]. 教育科学研究,2014(3):5-11.

[5] [6] 师曼,等. 21世纪核心素养的框架及要素研究[J]. 华东师范大学学报(教科版),2016(34):29-37.

[7] [25] [43] Ronald Barnett. The Limits of Competence: Knowledge, Higher Education and Society [M]. SRHE & Open University Press, 1994:157,160,72.

[8] 蔡清田. 核心素养在台湾十二年公民基本教育课程改革中的角色[J]. 全球教育展望,2016(2):13-23.

[9] [17] [19] [30] [35] 雷蒙·威廉姆. 关键词:文化与社会的词汇[M]. 刘建基,译. 北京:生活·读书·新知三联书店,2005:17,515,153-154,141-142,101-104.

[10] 联合国教科文组织. 教育——财富蕴藏其中:国际21世纪教育委员会报告[M]. 北京:教育科学出版社,1996:10.

[11] [50] [51] 潘光旦. 完人教育新说[A]. 潘光旦. 潘光旦文集(第2卷)[C]. 北京:北京大学出版社,1994:61,63,62.

[12] [20] [21] [34] [37] [38] 雷蒙·威廉斯. 文化与社会:1780—1950[M]. 高晓玲,译. 长春:吉林人民出版社,2011:8,23,132,28,128,185,71,91.

[13] 钱穆. 现代中国学术论衡[M]. 北京:九州出版社,2012:169.

[14] 刘云杉. 教育失败者究竟遭遇了什么?[J]. 清华大学教育研究,2014(4):7-16.

[15] 亚当·斯密. 国富论[M]. 郭大力,王亚南,译. 上海:上海三联出版社,2009:281-282.

[16] [24] [36] 约翰·亨利·纽曼. 大学的理念[M]. 高师宁,等,译. 贵阳:贵州出版集团,2006:3,154-155,156,22.

[18] [52] [53] 亚里士多德. 政治学[M]. 吴寿彭,译. 北京:商务印书馆,2014:64,416,399.

[22] [31] 奥尔特加·加塞特. 大众的反叛[M]. 刘训练,等,译. 长春:吉林人民出版社,2011:108-109,66.

[23] 罗伯特·K·默顿. 社会理论和社会结构[M]. 唐少杰,等,译. 南京:译林出版社,2006:8,349.

[26] [27] [28] [29] [32] [40] [41] [44] [45] 尼采. 论我们教育机构的未来[M]. 周国平,译. 南京:译林出版社,2012:30,31,81,31-32,80,71,43-46,30,80-81.

[33] 约翰·S·布鲁贝克. 高等教育哲学[M]. 王承绪,等,译. 杭州:浙江教育出版社,1987:81.

[39] 施特劳斯. 自由教育[A]. 刘小枫. 古典传统与自由教育[C]. 北京:华夏出版社,2005.

[42] 崔允漷. 追问"核心素养"[J]. 全球教育展望,2016(5):3-10.

[46] 雅思贝尔斯. 什么是教育[M]. 邹进,译. 北京:生活·读书·新知三联书店,1991:31.

[48] 赫尔巴特. 普通教育学[M]. 李其龙,译. 北京:人民教育出版社,2015:133,8,107.

[49] 欧文·白壁德. 文学与美国的大学[M]. 张沛,等,译. 北京:北京大学出版社,2004:66.

[54] 肯尼思·约翰·弗里曼. 希腊的学校[M]. 朱镜人,译. 济南:山东教育出版社,2013:156.

[55] 布鲁姆. 巨人与侏儒[M]. 张辉,等,译. 北京:华夏出版社,2003.

教育目标系统变革视角下的核心素养

刘新阳

  伴随着《中国学生发展核心素养总体框架》的发布，[1]"核心素养"已成为当下我国教育界的热门话题。尽管围绕核心素养的讨论观点纷呈，但由于系统性视角与一致性理论框架的缺失，大有"乱花渐欲迷人眼"之势。核心素养不仅是 21 世纪教育目标的具体体现，更昭示着信息社会、知识经济、终身学习以及全球化浪潮等时代背景下教育目标系统的"范式转换"。核心素养所触发的教育目标系统变革是多维度的，既有思维方式上的转变，又有系统层次结构的调整，还涉及内容与结构的表征。因此，教育目标系统变革为我们深入理解核心素养这一概念提供了一种有效的研究视角。笔者试图以上述三个维度的变革为线索，以对教育目标系统影响最为直接和广泛的欧盟核心素养框架为参照，对我国当前核心素养研究中的主要问题进行系统反思，以期获得对核心素养更为清晰和全面的认识。

一、 核心素养： 触发教育目标系统变革的催化剂

（一） 教育目标系统的量变引发质变： 核心素养的产生

  教育目标的变革反映了社会发展对人才规格需求的变化。20 世纪中叶以来，以布卢姆教育目标分类理论为代表的一系列研究成果的出现，为教育目标系统结构的建立以及教育目标的科学化表达提供了理论依据，教育目标的制定及落实成为影响教育变革的主导力量。在工业社会时代，教育目标普遍指向具体知识与技能的习得，我国的"双基"与西方的"3R"（reading，writing and arithmetic，读、写、算）是典型代表。随着信息技术对社会生活的影响日益广泛和深入，新的知识与技能需求不断被提出，诸如"信息技术能力"等"新成分"被扩充到传统教育目标之中。世纪之交，以欧盟"新基本能力"（new basic skills）①为代表的高阶综合能力又被"追加"到原有教育目标之中。[2]然而，面对 21 世纪科学技术的飞速发展及其引发的社会生活各方面的深刻变革，仅凭"做加法"的方式"更新"教育目标的做法已难以为继，为了破解这一困境，核心素养应运而生。经合组织于 1997—2003 年间开展的"素养的定义与遴选"（Definition and Selection of Competencies，简称 DeSeCo）项目通常被认为是探索核心素养的内涵与成分的源头。但是，如果从教育目标系统变革的视角来看，欧盟于 2006 年颁布的

---

① 欧盟于 2000 年提出的"新基本能力"包括：信息技术技能、外语、技术文化、企业家精神、社会技能。

核心素养框架无论是从与教育目标系统联系的紧密性方面还是从对教育政策与实践产生的影响方面均较前者更为显著。[3]对于作为教育目标的核心素养，欧盟的相关研究报告对其内涵给出了清晰的阐释："核心素养代表了一系列知识、技能和态度的集合，它们是可迁移的、多功能的，这些素养是每个人发展自我、融入社会及胜任工作所必需的；在完成义务教育时这些素养应得以具备，并为终身学习奠定基础"。[4]

（二）教育目标价值取向与思维方式的转变：核心素养的催化作用

核心素养所反映的是个人对于 21 世纪社会生活的基本"胜任力"，它植根于基本知识与技能，体现为综合运用相关知识与技能富有灵活性和适应性地解决现实问题的通用能力。从教育目标的价值取向来看，核心素养的关注点从传统教育目标的知识与技能转移到了人的毕生发展，追求个人幸福生活目标与社会经济发展目标的兼顾与协调。从思维方式的角度来看，核心素养转变了传统教育目标单一的分析式思维方式，有助于建立更具系统性和综合性的教育目标系统结构。

核心素养所体现的"以人为本"的教育价值观以及系统化思维方式，是触发教育目标系统变革的催化剂。作为高层次的教育目标，核心素养的落实，必然触发各级各类教育目标的全面变革。从正式到非正式的各类教育场景，从领域、学科到课堂教学的各个层级，对教育目标的考量都将从对分科知识与技能的关注转向对"为了学习者核心素养的持续发展，我们可以做什么"这一问题的回答。

综上所述，作为教育目标的核心素养，所体现的不仅是 21 世纪信息社会对人才规格的新需求，更是教育目标系统变革的关键推动力。只有将核心素养置于教育目标系统变革的视域之中，以教育目标系统结构作为参照框架对其进行全面考察，方能解决当前诸多"各执一端"的片面纷争，从而形成对核心素养全面而深刻的理解。

二、核心素养引发教育目标思维方式的变革

核心素养的提出反映了人们在思考教育目标内涵、构建教育目标系统的时候，所采取的思维方式正在发生变化：以往分析的、还原论主导的思维方式正在转向综合的、系统论的思维方式。当前国内对于核心素养的研究与讨论中，存在着一些认识误区，究其根源，在于思维方式的滞后。因此，更新思维方式，是正确理解核心素养的必要前提。

（一）思维方式滞后导致的核心素养认识误区

当前对于核心素养内涵的认识方面所存在的误区，可以概括为两类：一类纠结于"究竟什么素养才称得上核心"，认为"核心不能多"，[5]"有核心就必然有非核心"；[6]另一类则是对"核心素养究竟是基础素养还是高级素养"[7]，"是关键素养还是全面素养"[8]争执不下。

上述两类误区，从根源上来看，均是由于未能转变思维方式造成的。"只见要素不见整

体""看重结果轻视过程"是以往教育目标领域思维方式的典型特征,其认识论本质是分析的、还原论的,其价值观是效率至上。以这种思维方式看待核心素养,如同缘木求鱼,自然会导致诸多困境。上述第一类问题的根源在于缺乏对核心素养的整体性理解,将核心素养等同于其构成成分的简单集合;第二类问题的根源则在于孤立地看待核心素养,而没有将其置于系统性的教育目标层次结构之中加以考察。

对两类误区的分析过程,其实也是展现核心素养所代表的教育目标系统化思维方式的过程,它既包含横向维度上对核心素养各构成要素的整体性把握,也包括纵向维度上对作为教育目标系统中一个特定层级的核心素养所处地位及其作用的系统性认识。

（二）教育目标系统化思维的横向维度： 作为整体性概念的核心素养

有"核心素养"就必然有"非核心素养",这是典型的分析式思维所导致的推论。核心素养是一个"整体性概念"(a holistic notion),[9]这是国际范围内核心素养研究领域的共识。在相关文献中广泛使用的"核心素养体系""核心素养框架"等表述就是对其整体性、系统性特征的体现。尽管核心素养的内容表述是分领域的,但这并不意味着核心素养就是若干领域素养的简单集合。从系统论的角度来看,各领域素养是相互支撑、相互依存的关系。联合国教科文组织提出的"五大支柱"①,可视为对核心素养整体性的一种非常形象的隐喻:核心素养框架体系是由全部支柱共同支撑的,任何一根支柱都不能单独成其为"核心",只有系统性组织在一起的全部支柱,才能"称（撑）得起"核心。

核心素养是一个整体,如果非得说什么是"非核心素养"的话,恐怕把核心素养的任何一项单独抽取出来,都可以称之为"非核心素养"。从这种意义上来讲,诸如"欧盟八项核心素养"之类的表达并不严谨,因为只有八项"成分素养"构成的整体,才能称之为核心素养。

（三）教育目标系统化思维的纵向维度： 作为共同基础的核心素养

核心素养所表述的是能够适应 21 世纪的成功生活与健全社会需求的人的"先决条件"(prerequisites)。[10]先决条件意味着"必要不充分",欧盟核心素养报告明确指出:"虽然我们不能断言,只要具备了核心素养,就能在任何领域取得成功,但可以肯定的是,缺乏核心素养的人将不能达成自我实现、融入社会与充分就业这三个相互关联的目标"。[11]因此,核心素养是 21 世纪各行各业对人才需求的"公因子",是"共同基础"。例如,法国的核心素养框架即命名为"共同基础"。

如果说核心素养指向的是"成才"的必备条件,那么它必定要建立在更为基础的"成人"的基本条件之上。这些条件是人的"生存底线",包括文化基础（如传统"读写算"技能、运用信息技术的基本技能等）、身心健康基础、道德品质基础等。在大多数核心素养框架中,均找

---

① 联合国教科文组织于 1996 年发布的报告《学习：财富蕴藏其中》(Learning: the Tresure Within)提出"四大支柱"：学会求知(learning to know)、学会做事(learning to do)、学会发展(learning to be)、学会与人相处(learning to live together),于 2003 年又增补了学会改变(learning to change),现统称为"五大支柱"。

不到这些"基础要素",这并非说明它们不重要,恰恰说明它们太重要了,已成为核心素养不可或缺的基础。需要指出的是,有学者将这些"基础要素"称之为"基础素养",[12]笔者认为这是有问题的。素养是知识、技能、态度等的综合体,这些"基础要素"在综合性上尚未达到素养的层次,它们是素养所植根的基础。

在作为人才共同基础的核心素养之上,是进一步分化的专业素养或职业素养,它们体现的是特定专业或职业对从业者综合能力的要求,这与人力资源领域对专业胜任力(competencies)的概念界定是一致的。

图1 核心素养与基础要素、专业/职业素养关系的示意图

综上所述,以教育目标的系统化思维方式看待核心素养,有助于建立核心素养与作为个人发展必备条件的基础要素及特定专业或职业领域的具体人才规格需求之间的有机联系,从而避免了以还原论的、孤立的眼光看待核心素养所造成的种种误解和困境。如图1所示,根深叶茂的大树是对核心素养地位与特征的绝佳隐喻:核心素养是树干,植根于基础要素,为各个分支(专业/职业素养)提供"共同基础"。需要强调的是,仅具备基础要素不足以自发形成核心素养,但脱离基础要素的核心素养必定是无本之木、无源之水。基础要素与核心素养的上述关系同样适用于描述核心素养与专业/职业素养之间的关系。

曾有学者系统梳理了欧盟核心素养八项构成要素的表述方式及演进路径,[13]可以很好地印证基础要素与核心素养的上述关系。如图2所示,欧盟核心素养的八个构成要素是在传

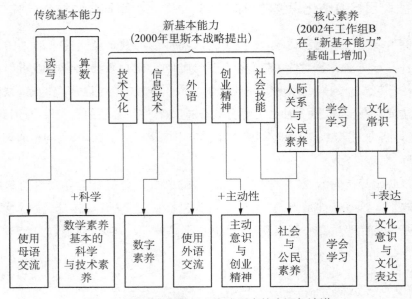

图2 欧盟核心素养八项构成要素的来源与演进

统基本能力、新基本能力以及三项跨学科素养的基础上融合发展而来的。从"读写"到"使用母语交流"、由"社会技能"与"人际关系与公民素养"融合为"社会与公民素养"、从"文化常识"到"文化意识与文化表达",无论是演进过程还是表述方式,均充分体现了核心素养源自基础要素又超越基础要素的内涵特征。

综上所述,植根于"成人"的基础要素并为在特定专业/职业领域"成才"提供"共同基础"是核心素养的内涵特征。在这一认识的基础上,"核心素养究竟是基础素养还是高级素养、是关键素养还是全面素养"的困境就可以得到破解,认为核心素养"偏重能力、轻视知识"的观点也会不攻自破。

三、 核心素养与各层级教育目标的关系问题

以教育目标的系统化思维方式看待核心素养,笔者建立了两个层级结构:第一个层级结构即上文所述的"基础要素—核心素养—专业/职业素养"结构,它反映的是理论意义上核心素养概念的内涵特征;第二个层级结构则是实践意义上的,是由各级教育目标所组成的教育目标系统结构,在这一层级结构中核心素养处于怎样的位置、与其他层级的目标存在怎样的关系,将是本节讨论的主题。

(一) "承上启下"的核心素养

核心素养作为"国家教育总目标的具体体现"在教育目标系统的层次结构中居于高度抽象概括的国家教育总目标与相对具体的课程目标之间,发挥着"承上启下"的枢纽作用。因此,对核心素养的正确认识及其内容结构的科学制定,对于实现我国教育发展与改革的战略目标具有重要意义。

1. 核心素养是国家教育总目标的具体体现

在当前我国教育实践中,能够找到对应文本依据的教育目标表现为三个层次:相关法律、党的教育方针及国家宏观教育政策中所体现的"教育总目标",各级各类课程标准中体现的"课程目标",以及教科书、教师用教学参考资料及教师教学设计方案中体现的"单元教学目标"及"课时教学目标"。[14]不难看出,高度抽象概括的"教育总目标"与相对具体的"课程目标"之间存在着较大的落差,这在一定程度上影响了教育改革的实施成效。

作为教育目标的核心素养,是面向所有人、面向各类教育活动的,因而在教育目标层级结构中居于较高层次,但同时核心素养在内容方面又是相对具体的,因此可以将核心素养定位于"国家教育总目标的具体体现"。这一观点也是国内学者普遍认可的。[15]上承"教育总目标"下接"课程目标"的核心素养,对于弥补我国教育目标层级结构中存在的上述"断层"、助力教育方针政策有效"落地",具有重要意义。

2. 警惕核心素养的"窄化"与"虚化"

当前对核心素养的研究中,存在将其"窄化"和"虚化"的倾向,这对于在实践中落实核心

素养的上述定位，进而发挥其在教育目标层级结构中的枢纽作用是非常不利的。

所谓"窄化"，主要体现在违背了核心素养"面向所有人、面向各类教育活动"的基本属性，把核心素养局限在"学生发展"或"基础教育"范围内。例如，"中国学生发展核心素养总体框架"这种表述，就有将核心素养外延窄化之嫌。核心素养被提出的一个重要时代背景是知识经济、学习型社会对以往主要依赖学校教育的学习方式的变革，当终生（life-long）学习乃至"宽生"（life-wide）、"深生"（life-deep）学习[16]成为全社会的基本需求[17]，核心素养也就成为面向所有人、面向所有人的毕生发展的教育目标。这一点在欧盟核心素养报告的标题——"面向终身学习的核心素养——欧洲参考框架"（Key Competences for Lifelong Learning—A European Reference Framework）[18]中即表露无遗，足见其重视程度。面向所有人的核心素养，在价值观意义上，体现了21世纪信息时代的新型教育民主，这种教育民主不只是"数量上的民主"，即满足于形式上提供"均等"的教育机会，更是"质量上的民主"，即为每一个人提供高质量且适应其个性化选择的教育机会。[19]当然，鉴于基础教育对于人的发展的关键作用，针对性地开展基础教育阶段核心素养发展的具体内容与目标研究是十分必要的，但此类工作的开展必须以作为教育总目标具体体现的、面向所有人的核心素养框架体系的确立为前提，这不仅是开展研究工作的先后顺序问题，更是关乎核心素养的"基点"与"基调"的理论问题。

核心素养的"虚化"问题，主要源自核心素养具体内容的不当表述。当前国际上影响较大的核心素养框架，在内容表述上多是分领域的、具体化的。例如，欧盟核心素养对每项成分素养描述均按照"素养名称—具体说明—构成要素"三级结构进行的，特别是对于"构成要素"部分，又细化为知识、技能、态度三个方面进行具体表述。[20]作为教育总目标的"具体体现"，如果表述方式过于抽象和概括，则无法发挥其在教育目标系统中"承上启下"的枢纽作用，其后果将是核心素养在实践中被悬置和虚化。就目前公布的《中国学生发展核心素养总体框架》文本内容来看，其具体表述形式表现为由3个方面、6项成分素养和18项主要表现构成的三层次结构（如表1所示）。其6项成分素养以及平均分布的18项主要表现均采用"四字词组"的表述形式，虽然文字工整，但难免有形式重于内容之嫌，关键问题是这种表述不够清晰明确，特别是所使用的"底蕴"、"积淀"、"情怀"、"情趣"、"意识"等词汇，其内涵均无法明确界定，这不仅会影响到核心素养在教育实践中的落实，也会导致核心素养测量与评价方面的困难。当前已有文献反映了核心素养在教学一线的虚化、泛化和形式化问题，[21]这是值得警醒的。

表1　《中国学生发展核心素养总体框架》的内容表述[22]

方　　面	成 分 素 养	主 要 表 现
文化基础	人文底蕴	人文积淀、人文情怀、审美情趣
	科学精神	理性思维、批判质疑、勇于探究

方　面	成 分 素 养	主 要 表 现
自主发展	学会学习	乐学善学、勤于反思、信息意识
	健康生活	珍爱生命、健全人格、自我管理
社会参与	责任担当	社会责任、国家认同、国际理解
	实践创新	劳动意识、问题解决、技术应用

（二）核心素养与三维目标的关系

当前关于核心素养与三维目标关系的讨论非常热烈，因为它们分别是即将开展的新一轮课程改革和持续推进的第八次课程改革的"关键词"，它们均蕴含着丰富的课程理念，体现着课程改革的价值取向，往往被认为是课程与教学变革的"风向标"或"指挥棒"。核心素养与三维目标的关系牵涉诸多层面，核心素养并非三维目标的简单替代或升级，只有从目标层次、课程理念及课程改革实践等多层面分析，才能在获得对两者关系较为全面认识的同时深化对核心素养的理解。

1. 从教育目标层次上来讲，核心素养高于三维目标

三维目标是伴随着第八次课程改革产生的，从首次正式提出三维目标概念的《基础教育课程改革纲要（试行）》文本来看，三维目标是国家课程标准中对课程目标的表述。[①] 从实际情况来看，现行基础教育各科课程标准的课程目标部分，绝大多数均是从知识与技能、过程与方法、情感态度价值观三个维度来进行表述的。经过十几年的实施，三维目标已经被广大教师所熟知，在教学实践中亦被用来叙写单元、课时等微观层面的教学目标。[23]综上所述，作为一种教育目标的表述方式，三维目标在实践中对应的是课程及以下层次。基于前文对核心素养所对应教育目标层次的论述不难看出，核心素养在目标层次上是高于三维目标的。

另外，由于三维目标提出自基础教育课程改革领域，相关研究与实践也主要集中于基础教育、学校教育领域之内。而上承国家教育总目标的核心素养，是面向所有人、面向包括正式与非正式教育在内的各类教育活动的。因此，从教育目标的涵盖范围或影响范围来看，核心素养亦大于三维目标。

但是，这是否意味着在新一轮课程改革中，核心素养与三维目标在各自层次上与范围内"各司其职""相安无事"呢？问题显然没有这么简单。核心素养所传达的课程理念，将会引发我国教育目标系统的深刻变革。

2. 从所传达的课程理念来看，核心素养是对三维目标的继承和发展

从"双基"到三维目标再到核心素养，可谓改革开放以来我国基础教育改革发展进程的缩略表达。[24]"双基"所传达的课程理念是"知识本位"，从教育目标的价值取向上来看存在

---

① 《基础教育课程改革纲要（试行）》对三维目标的表述文本为："国家课程标准是教材编写、教学、评估和考试命题的依据，是国家管理和评价课程的基础。应体现国家对不同阶段的学生在知识与技能、过程与方法、情感态度与价值观等方面的基本要求，规定各门课程的性质、目标、内容框架，提出教学和评价建议"。

"重知识获取、轻人（学生）的发展"的弊端。用三维目标取代"双基"并非否定"双基"和轻视知识，而是通过在"知识与技能"的基础上增加"过程与方法"以及"情感态度价值观"这两个维度，将知识本位的单一价值取向转变为多维度、综合性的价值取向。

在对待知识的态度以及教育目标的价值取向上，核心素养与三维目标是一脉相承的。就结构特征而言，素养通常被认为是知识、技能以及情感态度价值观等要素的综合体，因此核心素养在基本结构维度上与三维目标也是一致的。

从所传达的课程理念来看，核心素养可视为对三维目标的进一步发展，主要体现为"素养"较之于作为三维复合体的"能力"具有更为丰富的内涵。首先，素养是"属人"的，与现代教育所尊崇的"以人为本""以学习者为中心"的理念高度契合，体现了我国课程改革的价值追求从"知识"到"能力"最终回归到"人"的演进路径。其次，素养相比能力更为强调学习结果的可迁移性以及学习者对复杂多变的真实境脉的适应性，而这正是 21 世纪信息社会和知识经济对人才素质的关键需求。再次，素养相比能力具有更加鲜明的"跨学科"特征，这对于改变当前过于强调分科课程的现实状态具有重要价值。

3. 从课程改革实践来看，核心素养有助于突破三维目标所面临的困境

在近十几年的课程改革实践中，三维目标也遭遇了一些问题和困境，这既反映出三维目标本身的一些不足之处，也揭示出课程改革的深化发展对教育目标系统的新需求。

前已述及，当前实践中三维目标主要用于表述课程、单元及课时层次的目标，课程目标体现在宏观指导性的课程标准之中，抽象层次较高，单元及课时目标则对应具体教学内容，要求有较强可操作性。在各类政策文本及学术讨论中，对三维目标的关注点多集中在较高抽象层次上，实践层面的解读较少，导致一线教师在教学实践中没有参考、无所适从。[25]这种情况经常导致三个维度之间的割裂与分化问题：三维目标在实际教学中演变成只剩"知识与技能"，"过程与方法"未能充分落实，"情感态度与价值观"被形式化和虚化。[26]

三维目标所遭遇的这些困境，再次印证了前文所述的思维方式问题。三维目标说清楚了目标的三个维度，但是对于作为最终学习结果的、由三个维度统合而成的"目标"本身究竟是什么，在理论和实践层面都是不清楚的。正如有人把三维目标类比为立方体的"长、宽、高"，[27]虽然在数学意义上三维坐标的确定意味着空间的确定，但在现实中，"长、宽、高"仅描述了"框架"而非"实体"。相较之下，核心素养则可以视为"三维目标的整合和提升"，[28]作为知识、技能、态度等多维综合体的素养，终于将"长、宽、高"所描述的"框架"实体化和具体化了。

三维目标从具体思维方式上看，可以称之为"先分解后综合"，其实质是试图通过将教学目标分解为若干维度而达到对其全面把握的目的。从现实状况来看，它较好地解决了"分解"而没有解决好"综合"。特别是在一线教师那里，分维度表述教学目标被认为是割裂，合在一起写又感觉牵强。可见，"综合"并非简单组合或糅合，"综合"是系统工程，要运用系统思维。

与三维目标相对照，核心素养在教育目标表述的思维方式上，可以认为是"先综合后分

解"。"素养"这一概念的内涵是多维度的,既可以从结构成分上按照知识、技能、态度等进行分解,又可以依据抽象层次和内容领域进行划分(由于这部分将在下文详细论述,此处仅点到为止)。换句话说,基于素养概念重建教育目标系统,能够适应自"教育总目标"以下直至"课堂教学目标"多个不同抽象层次的需求。在实践中,教师将能够摆脱"三维目标需一碗水端平"的束缚,转而思考具体的教学内容能够为不同领域的素养或素养的不同成分贡献什么。笔者发现已有一线教师在自己的论文中对核心素养与学科教学的关系表达了类似的认识,[29]这的确令人欣喜。

当然,并不是说有了"素养"或"核心素养"的概念,教育目标方面的问题就能自然得到解决。基于素养的教育目标系统的建立和落实,是一项需要长期投入的系统工程。

(三) 核心素养与学科素养的关系

第八次课程改革实施以来,"学科素养"日渐成为我国课程标准与相关政策中的高频词。2011年颁布的修订后的19门义务教育课程标准中有16门提及学科素养在课程体系中的引领作用及课程体系对学科素养的支持作用。[30]有学者在系统分析了学科素养的国内研究现状后指出,已有研究主要集中在学科素养的构成要素方面,尽管学科素养这个概念在表征学科教学目标方面较之"双基"和"三维目标"更具综合性、更强调运用本学科知识和思维方式解决现实问题的能力,但由于在内涵阐释和概念界定上尚未达成一致,导致学科素养研究表面繁荣而实践乏力的困境。[31]将学科素养置于以素养为核心概念的教育目标系统的视域中进行考察,能够对其内涵、功能及地位形成更加明晰的认识,从而有助于破解上述困境。

从系统层面着眼,学科素养在教育目标层次上显然是核心素养的下位概念。在当前关于学科素养的讨论中,"学科核心素养"是很多人使用的表述形式。网络上广为流传的一份据说是源自新版高中课程标准草案的文件,也以《普通高中各学科核心素养一览表》冠名。[32]笔者认为,在核心素养相关话语体系内部,"核心"一词不应被滥用。学科素养一般被认为是核心素养的构成成分,核心素养是整体性的概念,核心素养的任何构成维度或成分均不能单独被称为核心素养。因此,笔者建议放弃"学科核心素养"的提法,改用"学科素养"。"学科核心素养"被广泛使用的现象,所反映的正是对核心素养内涵理解的偏误。正如钟启泉所说,"学科核心素养"与"核心素养"是自相矛盾的,在逻辑上不具备整合性,由此造成的"多核心"无异于"无核心"。[33]

众所周知,强调"跨学科"的综合能力是核心素养的一个突出特征。在核心素养之下直接讨论学科素养将会导致对这一特色的弱化,从而影响核心素养的落实。从当前国际课程与教学变革的现状来看,软化学科边界、发展"跨学科素养"是具有共性的追求。[34]席卷全球的 STEM(科学、技术、工程与数学)教育热潮便是明证。从国际趋势来看,作为"学科"和"学科素养"上位概念的"领域"和"领域素养"正日益受到重视。所谓"领域",可以视为相互联系较为密切的多个学科的集合,相比"学科",其边界更为模糊,其界定也更为灵活。例如:STEM 可以被视为领域,融入"艺术设计"内容的 STEAM 亦可以被视为领域,从连接科技与人文的角度出发的 STS(科学、技术、社会)议题也可以成为领域。随着"领域"概念的引入，将形成层次更为丰富的"核心素养—领域素养—学科素养"层级结构。这一结构的优势在于：一方面，体现了从抽象到具体、从共性到个性的层次过渡，解决了从"教育总目标"到"课程目标"落差过大的问题；另一方面，"领域"所具有的跨学科性和灵活性特征，与核心素养所传达的课程理念高度契合，有利于核心素养的落实。

综上所述，将素养作为构建教育目标系统的基本概念，形成"核心素养—领域素养—学科素养"的层次关系，有助于建构满足不同层级教育目标表述需求且在逻辑上具有内在一致性的教育目标表述体系。

四、 作为教育目标的核心素养之内容与结构问题

纵观当前国际范围内的诸多核心素养框架，核心素养的主要内容可谓"大同小异"，这表明国际上对于 21 世纪人才规格已经基本达成共识。但是在技术层面，即如何科学地表述核心素养，尚未达成一致。基于前文的分析，笔者在此尝试给出一种方案：以核心素养的领域内容和素养的结构成分所对应的学习结果类型为两个正交维度，建立用于规范核心素养内容表述的结构框架。

（一）核心素养的内容之维： 社会生活的领域

成功的生活与健全的社会是核心素养的价值追求，相应地，其主要内容涵盖了 21 世纪人类社会生活的各个基本方面。[35]2016 年我国学者对全球范围内 29 个核心素养框架的内容分析，可能是目前涉及范围最广的此类研究，通过对素养条目的梳理与归并，最终归纳出两类共 18 项内容(如表 2 所示)。[36]

表 2　对 29 个核心素养框架内容要素的分类

类型	内　　容
领域素养	基础领域：语言素养、数学素养、科技素养、人文与社会素养、艺术素养、运动与健康素养
	新兴领域：信息素养、环境素养、财商素养
通用素养	高阶认知：批判性思维、创造性与问题解决、学会学习与终身学习
	个人成长：自我认识与自我调控、人生规划与幸福生活
	社会性发展：沟通与合作、领导力、跨文化与国际理解、公民责任与社会参与

如表 2 所示，将核心素养的内容划分为"领域素养"和"通用素养"(亦称"跨领域素养")是当前核心素养研究中常见的做法。但是，这样的划分存在一个严重的问题：所谓"通用素养"并非是独立于"领域素养"而存在的一类素养，其实是融入领域素养的。从学习的角度来看，认知心理学与教育心理学已经明确指出诸如批判性思维、问题解决之类的高阶认知技能是不能脱离具体内容而单独学习和发展的。[37]从素养概念的"多维综合体"特征来看，脱离开领

域知识与技能基础的"通用素养",是无法称之为"素养"的。"通用素养—领域素养"的逻辑关系接近"一般—特殊",这显然不符合分类维度所必须具备的互斥性原则。既然核心素养是对教育总目标的具体体现,其内容也应该是具体的,因此,采用"领域"作为内容维度的分类依据是合理的。在这方面,具有借鉴价值的案例是法国新近出台的《新共同基础条例》,它被视为对基于欧盟核心素养框架建构的《共同基础条例》的改进和发展,以"领域"概念统领核心素养内容体系,是《新共同基础条例》的一大亮点。[38]

将"领域"作为核心素养内容维度的划分依据,只是从理论上迈出了第一步,接下来的任务将是结合我国教育总目标与经济社会发展的现实需求建立具体的领域类目,这将是核心素养框架体系研制工作的重要课题。

（二）核心素养的结构之维：学习结果的类型

如果说纵向维度的"领域"所反映的是"核心素养由哪些具体素养构成",那么横向维度就要回答"一种素养的构成成分是什么"的问题,这样两个维度的纵横交织,才能形成完整的核心素养表述框架。

由于"素养"源自人力资源领域的"胜任力"概念,且该领域对胜任力的构成成分有长期的研究积累和较为成熟的研究结论,较早出现的核心素养框架多借用胜任力的成分结构。欧盟核心素养是一个典型的代表,它将每种素养的构成成分均按照知识（knowledge）、技能（skills）与态度（attitudes）三个方面进行具体表述。[39]由于知识、技能及态度等概念在不同学科领域有着不同的界定和内涵,这种"拿来主义"的做法随着核心素养在教育领域的深入应用会产生一些问题。对于"可教可学"的核心素养,依据教育及心理学领域对于教育目标或学习结果分类的成熟理论来分析其构成成分,是一种较为合理的解决方案。

陈刚和皮连生从"素养"概念的心理学内涵出发,运用加涅的学习结果分类理论以及修订的布卢姆教育目标分类理论对素养的结构成分及其相互影响进行了解析。尽管笔者并不完全认同他们的某些具体观点（如对"核心"之内涵的认识）,但这的确是一种从专业视角对素养结构成分进行探索的有益尝试。陈刚和皮连生认为,应当树立"教学内容是广义知识"的认识,从而解决将"知识"与"技能"孤立对待所造成的混乱。在广义知识的前提下,加涅的言语信息（狭义知识）、智慧技能（辨别、概念、规则、高级规则）、认知策略（含反省认知）、动作技能及态度（包括认知、情感、行为倾向等）可以作为解析核心素养构成成分的重要参照。[40]从学习结果类型的角度对素养构成成分的解析,与胜任力研究领域著名的"冰山模型"和"洋葱模型"①是具有内在一致性的。此外,这种做法也能够在实践认识论领域找到其哲学根基,如波兰尼（Michael Polany）对明述知识（explicit knowledge）与默会知识（tacit knowledge）的

---

① 这两种模型都是将胜任力的构成要素按照从外显到内隐的顺序划分为狭义知识、技能、个人特质等若干层次,认为外显的层次较为容易通过学习而改变,内隐的层次则改变难度递增,但对人的胜任力表现起到关键作用。

区分，[41]以及赖尔(Gilbert Ryle)对"能力之知"(knowing how)①的论述等，篇幅所限，不再展开。

综上所述，以学习结果分类理论作为素养结构成分划分的参照框架，有助于避免由对知识、技能等概念的常识性理解而带来的混乱，有助于破解由忽视不同层级的学习结果之间的内在联系、孤立地讨论某些高级认知策略而造成的困境，这是保障核心素养框架的科学性、确保基于素养的教育目标系统及课程方案切实可行的必要条件。

五、 结语

作为教育目标的核心素养，既与社会经济发展动态关联，又对教育政策及实践具有直接影响，因此，核心素养研究是一个持续发展的过程，不应止步于某个具体内容框架的出台。核心素养的提出，反映了主导人们理解和制定教育目标的思维方式正在经历着从分析思维到系统思维的重要转向。以系统性、综合性的眼光看待核心素养，不仅有助于消除当前关于核心素养内涵的诸多误识，更是正确理解核心素养，全面把握以素养为核心概念的教育目标系统结构的基本前提。核心素养作为一个整体性概念，在内容维度上反映了个人生活与社会发展所必需的具有普适性的各领域成分，在结构维度上体现了作为学习结果的知识、技能与态度的综合。核心素养植根于文化基础、身心健康基础、道德品质基础等基础要素，为工作所需的专业/职业素养的发展提供"共同基础"。在实践领域，作为国家教育总目标的具体体现，核心素养在教育目标系统结构中发挥着"承上启下"的枢纽作用，特别是对于我国当前的教育目标系统来说，有助于解决从教育总目标到课程目标之间落差过大的问题。正确处理核心素养与学科素养的关系，建立"核心素养—领域素养—学科素养"的层级结构，有助于核心素养在课程与教学领域的落实。

当然，核心素养并非教育变革的"万灵丹"，作为具体概念的核心素养肯定存在其自身的局限性，同时也是在不断发展演化着的。或许，核心素养带给我们的更具深远意义的是重新审视教育目标系统并做出改变的机会以及系统性、发展性地看待教育目标的眼光。

参考文献：

[1] 林崇德. 中国学生发展核心素养：深入回答"立什么德、树什么人"[J]. 人民教育,2016(19)：14 - 16.

[2] European Council. Lisbon European Council 23 and 24 March 2000 Presidency Conclusions [EB/OL]. http://www. europarl. europa. eu/summits/lis1_en. htm. 2000 - 03 - 24/2017 - 03 - 23.

[3] [13] 裴新宁,刘新阳. 为 21 世纪重建教育——欧盟"核心素养"框架的确立[J]. 全球教育展望,2013(12)：89 - 102.

[4] [11] Working Group B. Follow-up of the "Report on the Concrete Future Objectives of the Education and Training Systems" [EB/OL]. http://www. sivistystyo. fi/eaea/policy/basicnov02. doc,2002 - 12 - 01/2017 - 03 - 02.

---

① 参见：郁振华. 论能力之知：为赖尔一辩[J]. 哲学研究,2010(10)：70 - 78.

［5］许锡良."核心素养"不核心[J].教师教育论坛,2016(10):90-91.

［6］成尚荣.核心素养:开启素质教育新阶段[N].中国教育报,2016-05-18(9).

［7］褚宏启.国民核心素养清单与重点[J].中小学管理,2016(6):57.

［8］石鸥.核心素养的课程与教学价值[J].华东师范大学学报(教育科学版),2016(1):9-11.

［9］［10］ OECD. Definition and Selection of Competencies (DeSeCo):Theoretical and Conceptual Foundations Strategy Paper [EB/OL]. http://hdl. voced. edu. au/10707/156754. 2002-10-07/2017-03-01.

［12］褚宏启.只讲"核心素养"是不够的[J].中小学管理,2016(9):61.

［14］黄伟.教学三维目标的落实[J].教育研究,2007(10):56-57.

［15］［30］林崇德.21世纪学生发展核心素养研究[M].北京:北京师范大学出版社,2016:33-34,33.

［16］裴新宁.学习科学研究与基础教育课程变革[J].全球教育展望,2013(1):32-44.

［17］Banks J. A. , et al. Learning in and out of School in Diverse Environments:Life-Long, Life-Wide, Life-Deep [EB/OL]. http://life-slc. org/docs/Banks_etal-LIFE-Diversity-Report. pdf, 2007-12-03/2017-06-14.

［18］［20］［39］ The European Parliament and the Council of the European Union. Recommendation of the European Parliament and of the Council of 18 December 2006 on Key Competences for Lifelong Learning [EB/OL]. http://eur-lex. europa. eu/legal-content/EN/TXT/PDF/? uri = CELEX:32006H0962&from = EN. 2006-12-30/2017-03-02.

［19］张华.核心素养与我国基础教育课程改革"再出发"[J].华东师范大学学报(教育科学版),2016(1):7-9.

［21］陶旭泉.当下,警惕美术核心素养的泛化[N].美术报,2017-01-07(13).

［22］《上海教育》编辑部.《中国学生发展核心素养》总体框架正式发布[J].上海教育,2016(27):8-9.

［23］崔允漷.追问"学生学会了什么"——兼论三维目标[J].教育研究,2013(7):98-104.

［24］杨九诠.核心素养与课程改革深化[J].教师教育论坛,2016(12):12-15.

［25］魏宏聚.新课程三维目标在实践中遭遇的尴尬与归因——兼对三维目标关系的再解读[J].中国教育学刊,2011(5):36-39.

［26］杨向东.核心素养与我国基础教育课程改革的关系[J].人民教育,2016(19):19-22.

［27］余文森."三维目标"就像一个立方体的"长、宽、高"[N].中国教育报,2007-04-20(6).

［28］尹后庆.核心素养要落地,学习方式必须变[N].中国教育报,2016-09-4(5).

［29］康双成.体育课岂能成为被核心素养"遗忘的角落"[N].中国教育报,2016-11-02(11).

［31］岳辉,和学新.学科素养研究的进度、问题及展望[J].教育科学研究,2016(1):52-59.

［32］学科网.普通高中各学科核心素养一览表[EB/OL]. http://www. zxxk. com/soft/5302021. html. 2016-05-19/2017-03-02.

［33］钟启泉.学科教学的发展及其课题:把握"学科素养"的一个视角[J].全球教育展望,2017(1):11-23.

［34］钟启泉.基于核心素养的课程发展:挑战与课题[J].全球教育展望,2016(1):3-25.

［35］Voogt J. & Roblin N. P. A Comparative Analysis of International Frameworks for 21st Century Competences:Implications for National Curriculum Policies [J]. Journal of Curriculum Studies, 2012(3):299-321.

［36］师曼,刘晟,刘霞,等.21世纪核心素养的框架及要素研究[J].华东师范大学学报(教育科学版),2016(3):29-37.

［37］［40］陈刚,皮连生.从科学取向教学论看学生的"核心素养"及其体系构建[J].湖南师范大学教育科学学报,2016(5):20-27.

［38］朱莹希,裴新宁.法国义务教育的"新共同基础"解读[J].比较教育研究,2016(8):36-42.

［41］迈克尔·波兰尼.个人知识——迈向后批判哲学[M].许泽民,译.贵阳:贵州人民出版社,2000.

课程改革一定要"核心素养"吗？
——兼评全球化时代的香港课程改革

尹弘飚

近二十年来,中国至少经历了两轮大规模系统性课程改革的洗礼,且这两轮课程改革都镌刻着全球化的深深印记。就改革实施而言,第一轮大规模系统性课程改革大体发端于2000年前后,三地不约而同地启动了理念与措施十分相似的课程改革,尽管一些改革措施被各自冠以不同名称。第二轮改革大约形成于2014年以来。三地又一次几乎同时启动了大规模系统性课程改革,但有趣的是,在本轮改革中,香港与台湾、内地的步调不再一致。为此,本文将在教育改革全球化的理论背景中梳理香港两轮课程改革的走向,并与内地和台湾地区近来的改革措施进行简要对比,进而对香港近来的课程改革路向和改革政策设计作出分析。

一、 2000年前后中国的课程改革

回首望去,2000年可谓当今教育变革研究与发展史中具有里程碑意义的一个年份,因为这一年诞生了第一份专门研究教育变革的国际期刊——《教育变革学报》(*Journal of Educational Change*)。在创刊号上,迈克尔·富兰(Michael Fullan)敏锐地指出,自1990年代中期以来,世界各国的教育领域出现了一股大规模改革的回归趋势(the return of large-scale reform),其显著特征便是改变以往零敲碎打的方式,转而关注整个教育系统的素质提升。[1]就教育变革实践而言,欧美各主要国家当时均已启动或准备迎接意义深远的大规模改革项目:英国正在经历由托尼·布莱尔(Tony Blair)领导的工党政府于1997年发动的"国家语文与数学策略"(National Literacy and Numeracy Strategy,简称NLNS);美国则很快迎来乔治·布什(George Bush)上任后在2001年末确定的"不让一个孩子掉队"法案(No Child Left Behind,简称NCLB)。回视东半球,受到经济合作与发展组织(Organization for Economic Co-operation and Development,简称OECD)于1996年发布的《以知识为基础的经济》(*The Knowledge-Based Economy*)的影响,各主要国家当时也在为知识经济、信息时代的到来,在教育与人才培养方面进行着积极的准备:新加坡于1997年发起了"思维型学校,学习型国家"(Thinking Schools, Learning Nation,简称TSLN)的改革,韩国也在2000年启动了第一个为期五年且持续至今的"信息时代的教育调适"(Adapting Education to the

Information Age，2000 - 2004)计划。

在这一波教育改革的全球化浪潮中，中国的表现十分抢眼。在内地，时称"新课程改革"的大规模课程改革自 1999 年启动，2001 年 9 月付诸实施，并在 2004 年迅速扩展至高中阶段。在台湾，1998 年 3 月颁布《公民教育阶段九年一贯课程总纲纲要》，并在 2001 年 9 月将"九年一贯课程"付诸实施，而经过数次修订的《普通高级中学课程纲要》也在 2008 年 1 月正式公布。在香港，自 1997 年回归就不断酝酿的教育改革终于在 2000 年揭晓：继教育统筹委员会 2000 年颁布《终身学习·全人发展：教育制度改革建议》之后，课程发展议会也在 2001 年颁布《学会学习：课程发展路向》，并在 2002 年出台了《基础教育课程指引——各尽所能·发挥所长（小一至中三）》，其高中阶段课程改革也在 2009 年 9 月付诸实施。结合世界范围内教育改革的发展脉络，中国在世纪之交启动的这些课程改革理应视为各自对这次大规模改革全球回归的响应。

所谓全球化，在教育变革领域，常被用来形容改革、政策与制度超越了国家边界，在各国之间的游走和流动。[2]若将 2000 年前后在中国兴起的课程改革浪潮视为一种全球化的体现，它需要具备三个方面的"不约而同"：一是时间与空间背景，二是实施策略或方式，三是改革理念或措施。[3]第一点无需赘述。就第二点来说，三地大规模变革的启动和实施都隐含了一个前提，即采取由政府或学校外部人士发起的、自上而下的实施策略。第三点最为重要，那就是三地课程改革"不约而同"地采取了许多颇为相似的理念和改革措施。近年来，对三地这一时期课程改革进行比较的研究文献逐渐浮现。[4,5]这些研究表明，尽管三地的课程改革在政策表述上存在些许差异，但改革方向与措施其实颇为雷同，如三地的课程改革都不约而同地提倡终身学习、注重全人发展、培养跨学科的共通能力（如交流、合作、问题解决、批判性思考等）等改革理念。在具体措施上，课程统整、多元智慧、形成性评价、建构主义教学等也成为三地课程改革的共同特征。显然，这一时期中国的课程改革步调十分一致，且具有教育改革全球化的鲜明特点。

二、 2014 年以来中国的课程改革

"变与不变"是教育及社会发展的一个永恒主题。在这个意义上，课程改革永无止境。时隔十五年后，中国又一次启动了大规模系统性课程改革。然而，不同于 2000 年前后的课程改革，这一次三地的"不约而同"仅表现在前两个方面，即时空背景与实施策略，而在最为重要的第三个方面，即改革理念与措施上，表现出了明显的分歧。

（一） "核心素养"课程改革的全球浪潮

众所周知，"核心素养"（core competencies）是 2014 年来内地与台湾地区课程改革中无可辩驳的主题词。2014 年 11 月，台湾颁布了《十二年公民基本教育课程改革总纲》，提出以三维九轴的"核心素养"作为课程发展的主轴，目前正将依据此"核心素养"框架设计的各科

课程纲要落实在学校层面。[6]同样是在 2014 年,内地开始了"核心素养"的相关调研,并于 2016 年 9 月公布了《中国学生发展核心素养》,其中包含"三个方面、六大素养、十八个基本要点",随之启动了"核心素养"指导下的课程设计与发展工作。[7]

若不拘泥于字面一致,"核心素养"不仅是内地与台湾课程改革的主题词,也是近年来不少主要国家大规模系统性课程改革的主题词,如美国 2002 年提出的"21 世纪能力"(21st century skills)、新西兰 2005 年颁布的四种"核心素养"、法国 2006 颁布的七种"核心素养"、新加坡 2010 年颁布的五类"21 世纪素养"(21st century competencies)。即使向来"不走寻常路"的芬兰,也在 2016 年颁布的新的国家核心课程中,提出要培养七种"广义素养"(broad-based competencies)。稍加考察,这些核心素养框架"尽管在分类上差异似乎较大,但深究这些框架分类之下的素养细目,就会发现大同小异,相似率很高,共识性很强"[8],其中批判性思维、问题解决能力、元认知能力、团队协作能力、信息素养、公民素养等在各国的核心素养框架中频繁出现。

为何近年来会有"核心素养"的全球课程改革浪潮?我们有必要回到本世纪之初。前文之所以将 2000 年视为当今教育改革研究与发展史中的一个关键年份,还因为当年发生了另外一件对全球教育改革影响巨大而深远的事件:OECD 推出了第一届每三年一轮的"国际学生评估项目"(Program for International Student Assessment,简称 PISA)。从 2000 年的 32 个参与国家与经济体到 2015 年的 72 个参与国家与经济体,PISA 对世界各国教育政策与课程改革的影响逐届增加。十余年来,六届 PISA 产生的巨大影响已使其发生了"倒果为因"的戏剧性变化,由最初针对学生学习成果的评估逐渐转变为当前许多国家制定本国教育与课程改革政策的圭臬。[9]更为重要的,随着新加坡与中国内地和台湾、香港地区等陆续加入,PISA 已经成为 OECD 除 1996 年《以知识为基础的经济》报告之外推动今天教育改革全球化的另一个重要工具。

无论针对"素养"还是"能力",PISA 仍然是一种学生评估,而设计评估的第一要务便是确定评估目标。[10]在这一点上,PISA 也不例外。因此,在启动 PISA 之前,OECD 早在 1997 年启动了"素养界定与选择"(Definition and Selection of Competencies,简称 DeSeCo)研究计划,最终于 2003 年出版了研究报告,确定"关键素养"(key competencies)的基本框架。2006 年 12 月,欧盟理事会通过《以关键素养促进终身学习的建议》(*Recommendation on Key Competencies for Lifelong Learning*),确定了八项关键素养在欧盟成员国的实施方案。这样我们就能理解为何近年来会有这么多国家和地区加入"核心素养"课程改革的潮流之中。同时,我们也不难看出,"核心素养"究其实质可视为 OECD 为 PISA 准备的一个目标框架。

(二)看不到"核心素养"的香港课程改革

香港近年来在课程改革方面有何举措?

2014 年,香港教育局正式颁布了新一轮针对小学阶段课程改革的《基础教育课程指引——聚焦·深化·持续（小一至小六）》。^① 由于这份课程指引秉承了课程发展议会 2001 年《学会学习：课程发展路向》文件的精神，因此在香港被称为"学会学习 2.0"。从文件命名来看，我们已经能感受到新的基础教育课程指引对之前的课程改革政策有着明显的传承。"学会学习 2.0"虽然开篇援引了 PISA 等国际学生能力评估项目的结果，但并未像当前许多国家那样，走上"核心素养"的变革套路。该文件指出，香港学校在过往十年课程改革中取得了不少进展，例如培育出一批更积极主动、学习能力更强和更具可迁移能力的新一代学生；课程教学实现了教学范式的转移，由教师主导转变为以学生为中心；学校的评估文化有所改变，更着重"促进学习的评估"（assessment for learning）；校内或跨校的教师协作有所增加，从而提升了学与教的效能。[11]因此，新的课程指引建议学校"可建基优势……进一步落实课程改革的要求，以达到'聚焦·深化·持续'学校整体课程发展"。[12]

概言之，就课程设计的核心范畴来说，"学会学习 2.0"主要在以下五个方面做出了改变。

第一，更新的七个学习宗旨。新课程指引沿用了以往课程改革在责任感、国民身份认同、阅读习惯、语文能力、学习能力、学习领域知识以及健康生活方式七个方面设置的学习宗旨，但对其中的部分表述加以调整，其中前三方面的调整尤其明显。例如，将原有的"明白自己在家庭、社会和国家所担当的角色和应履行的责任，并关注本身的福祉"改为"懂得分辨是非善恶，能适切地履行自己在家庭、社会和国家所担当的责任，并对多元的价值观，展现接纳与宽容"；将原有的"认识自己的国民身份，致力贡献国家和社会"改为"认识自己的国民身份，并懂得关心社会、国家和世界，成为负责任的公民"；将原有的"养成独立阅读的习惯"改为"养成广泛阅读的兴趣和主动阅读的习惯"。[13]

第二，优化的九种共通能力。原有的九种共通能力包括协作能力、沟通能力、创造力、批判性思考能力、运用信息科技能力、运算能力、解决问题能力、自我管理能力和研习能力。新的课程指引继续强调培养学生的九种共通能力，但把它们归纳入基础能力、思考能力和个人及社交能力三个类别，并使用"数学能力"、"明辨性思考能力"和"自学能力"分别替换原有的"运算能力"、"批判性思考能力"和"研习能力"。[14]

第三，拓展的价值观和态度。原有的课程指引强调培养学生五种基本的价值观和态度：坚毅、尊重他人、责任感、国民身份认同和承担精神。新的课程指引在此基础上又增加了两种：关爱与诚信[15]，主张在国民教育、《中华人民共和国香港特别行政区基本法》教育和人文价值观教育等相关教育经验培养这些价值观。

第四，强调自主学习。原有的课程指引倡导"以学生为中心"作为学与教的改革方向，而新课程指引则进一步对"自主学习"提出了明确要求，不仅在九大共同能力中列明"自学能力"，而且希望学校"进一步优化学与教，采取适切的学与教策略，以照顾学生的多样性，并协助他们培养自主学习的能力"。[16]为此，新的课程指引将"照顾学生多样性"、"激发学生的学

---

① 2017 年 5 月，香港教育局公布《中学教育课程指引（拟定稿）》，目前只有英文版本。从内容来看，《中学教育课程指引》与《基础教育课程指引——聚焦·深化·持续（小一至小六）》一脉相承。不过，由于该文件仍未最终确定，暂不将其内容列入本文讨论之中。

习动机"、"促进不同层次的思考能力,以发展学生的潜能"等作为有效学与教的主要原则。

第五,迈向"作为学习的评估"(assessment as learning)。在评估方面,原有的课程指引提出学校要改变评估方式,在"促进学习的评估"和"对学生的评估"(assessment of learning)之间取得平衡。[17]"学会学习 2.0"则指出,要加强"促进学习的评估"的效能,并且发挥学生在学习和评估方面的积极性,采用"作为学习的评估",因为"评估是让学生更积极联系学习与评估,从而发展自主学习的能力"。[18]

此外,"学会学习 2.0"在整体设计上沿用了 2002 年基础教育课程指引的框架,虽加入了一些新的改革内容,如 STEM 教育,但坚持了那些原有的主要改革措施,如三维课程架构、四个关键项目、九大共通能力等。可见,"学会学习 2.0"是对原有课程改革的继承与发扬。更为重要的是,纵览新的基础教育课程指引,我们无法找到"核心素养"的字样,以致于今天大部分香港的一线教师在听到这个术语时一片茫然,而不是像内地和台湾同行那样对"核心素养"耳熟能详——这一点和 2000 年前后的课程改革也有明显区别。当时,三地同行在交流改革经验时,尽管大家使用的术语不同,仍然能从各自的学校情境中找出与之相应的概念,但这一次,香港的一线教师根本无法在自己的知识储备中出找出与"核心素养"对应的项目。

于是,在当前内地、台湾的课程改革盛行"核心素养"的氛围中,香港走上了一条看不到"核心素养"的课程改革之路。这不仅使香港的课程改革成为异类,而且和当前全球化教育改革的主流也出现了明显分歧。那么,我们应该如何看待香港这次看不到"核心素养"的课程改革呢?

三、 课程改革一定要"核心素养"吗

对中国来说,2014 年以来的新一轮大规模系统性课程改革还只是刚刚揭幕,现在对改革实施的情况进行评价显然为时尚早。不过,我们可以结合教育改革全球化的背景,从课程政策的角度,对香港"学会学习 2.0"的政策属性与课程设计原理加以分析,然后对其适宜性作出判断。

首先,1990 年代后期以来,教育改革的全球化趋势愈演愈烈——这在很大程度上得益于 OECD 等国际组织及其发起的各类国际学生能力评估,对近年来各国的课程改革政策制定的影响越来越大,以至于越来越多的学者开始撰文反思与质疑 PISA 对各国教育政策的影响。[19,20]不过,全球化并不意味着要同质化,反而应珍惜其中蕴涵的异质性和多样性。[21]在教育改革全球化的时代,我们更应该鼓励各国家与地区的教育决策者们根据自己独特的社会、经济与文化生态对来势汹汹的全球化浪潮加以检视、反思,并做出地方性的调适。[22]近年来,由于香港前期课程改革实施中暴露出的一些问题(如通识教育科课程设计、全港系统性评估等),香港选择以"聚焦、深化、持续"的方式设计新一轮的大规模系统性课程改革,这显示出决策者对既有改革经验的重视和对本地社会与文化生态的尊重。从这个意义上来说,香港选择进行看不到"核心素养"的课程改革不仅无可厚非,反而值得赞赏。

其次，课程方案或改革政策的合理性对改革实施有着重要影响，因此，我们必须检视课程改革政策本身的属性。在这方面，政策属性理论为我们提供了一个备选的分析视角。我们可以从政策的明确性与复杂性、变革的必要性与实用性、权威与权力、一致性与稳定性等方面对课程改革政策作出分析。[23]在采用"核心素养"课程改革之前，决策者们不妨反思一下这些问题："核心素养"对教师来说容易理解吗？原本预定的变革目标是否当前已不合时宜？是否当前实施的改革无法培养学生的"核心素养"？新的改革方案是否具备充分的学理支持？"核心素养"与原有的改革政策之间有何关系？只有决策者对这些问题有清晰而适当的答案，"核心素养"才会更加顺利地落实在改革实践之中。无论如何，相对内地与台湾以"核心素养"为主题词的课程改革来说，香港这次选择了一条渐进性的、扬弃式的改革道路，这更容易配合学校情境中普遍存在的渐进性的教师改变。[24]

再次，上述关于课程政策属性的拷问要求我们必须关注新课程方案的学理基础，这涉及我们对课程以及课程设计范围的理解。通常来说，课程可被界定为教学科目、课程计划、目标或预期的学习结果和学习经验。[25]对比2000年以来的两轮大规模系统性课程改革，会发现在前后两轮改革中，课程方案的设计者对课程有着截然不同的理解。在2000年前后的课程改革中，设计者对"课程"有着更加丰富的理解：课程首先是一个包含目标、内容、实施与评估各项要素在内的"计划"，同时尊重学生在学习中独特的"学习经验"。因此，课程设计不仅要设定目标，同时要完成整套的课程指引。在2014年以来内地和台湾的"核心素养"课程改革中，课程被视为一套"目标"或"预期达到的学习成果"——无论采用什么内容、活动，无论学生具有什么"经验"，总之要培养学生的这些"素养"。课程设计的起点只是确定一个"核心素养"框架，至于这个框架如何转化为完整的课程指引，这是下一个阶段的工作——目前内地正处在这个阶段。这种做法貌似增加了实施者的灵活性，但窄化了课程设计的范围，并在"目标"走向"计划"的过程中增加了一个转化环节。在课程改革中，如果这两个阶段的工作是由不同的设计者群体完成的，更会增加政策脱节的风险。

最后，课程改革政策是否具有号召力，还取决于它提出的各项改革措施所依据的理论是否坚实、丰富和具有启发性。对比这两轮课程改革政策，我们不难发现，2000年前后课程改革中许多措施所依据的理论观点，如课程统整、经验课程、多元智能、建构主义、校本课程发展等，均经过研究者长期的学术讨论，具有丰厚的研究经验作为支持，且具备理智上的启发性和吸引力。相比之下，尽管当前的各种"核心素养"框架大都遵循了"证据为本"（evidence-based）原则，不少还有大规模数据分析结果作为支持，但其理论基础仍然过于单薄，也难在理智上给人以启迪。

综上所述，2014年以来，在设计新一轮大规模系统性课程改革时，虽然香港迥异于内地、台湾，决定进行一次没有"核心素养"的课程改革，但就改革路向和政策设计而言，香港这次在当今教育改革的全球化时代中可能做出了更为正确的选择。

参考文献：

[1] Fullan, M. The Return of Large-Scale Reform [J]. Journal of Educational Change, 2000(1)：5 – 28.

[2] Astiz, M. F. , Wiseman, A. W. & Baker, D. P. Slouching towards Decentralization：Consequences of Globalization for Curricular Control in National Education Systems [J]. Comparative Education Review, 2002(1)：66 – 88.

[3] 尹弘飚. 全球化时代的中国课程改革[J]. 高等教育研究,2011(3)：69 – 75.

[4] 王策三. 台湾教改与"我们的课改"[J]. 教育学报,2010(3)：3 – 15.

[5] 宋萑,李子建,程冬梅. 中国大陆与香港课程改革政策及其实施之比较[J]. 课程与教学季刊,2010(4)：1 – 40.

[6] 蔡清田. 台湾十二年公民基本教育课程改革核心素养的回顾与前瞻[J]. 教育学术月刊,2015(10)：105 – 110.

[7] 林崇德. 中国学生发展核心素养：深入回答"立什么德、树什么人"[J]. 人民教育,2016(19)：14 – 16.

[8] 褚宏启. 核心素养的国际视野与中国立场——21 世纪中国的国民素质提升与教育目标转型[J]. 教育研究,2016 (11)：8 – 18.

[9] Breakspear, S. How Does PISA Shape Education Policy Making? Why How We Measure Learning Determines What Counts in Education [R]. Melbourne：Centre for Strategic Education, 2014.

[10] [19] Stufflebeam, D. L. & Shinkfield, A. J. Evaluation Theory, Models, and Applications [M]. San Francisco, CA：John Wiley & Sons, Inc, 2007.

[11] [12] [13] [15] [16] [18] 课程发展议会. 基础教育课程指引——聚焦·深化·持续(小一至小六)[R]. 香港：政府印务局,2014：6,7,14,18,1,3.

[14] 课程发展议会. 学校课程持续更新：聚焦·深化·持续 概览[R]. 香港：政府印务局,2015：8.

[17] 课程发展议会. 基础教育课程指引——各尽所能·发挥所长(小一至中三)[R]. 香港：政府印务局,2002：4.

[20] Labaree, D. Let's Measure What No One Teaches：PISA, NCLB, and the Shrinking Aims of Education [J]. Teachers College Record, 2014(9)：1 – 14.

[21] Van Der Bly, M. C. E. Globalization and the Rise of One Heterogeneous World Culture：A Microperspective of a Global Village [J]. International Journal of Comparative Sociology, 2007(2 – 3)：234 – 256.

[22] Yin, H. , Lee, J. C. K. & Wang, W. Dilemmas of Leading National Curriculum Reform in a Global Era：A Chinese Perspective [J]. Educational Management Administration & Leadership, 2014(2)：293 – 311.

[23] 尹弘飚,李子建. 课程变革：理论与实践[M]. 台北：高等教育出版公司,2008：127 – 153.

[24] 尹弘飚,李子建. 课程改革中的教师改变[J]. 教育研究,2007(3)：23 – 29.

[25] 李子建,黄显华. 课程：范式、取向与设计(第二版)[M]. 香港：中文大学出版社,1996：1.

"核心素养"的隐喻分析：
意义与局限

| 高德胜

引言：作为研究方法的隐喻分析

人是语言存在，而语言中存在大量隐喻，甚至是没有隐喻，语言根本就无法成形。在这个意义上，说人是语言存在，也即标明人是隐喻性存在。语言既是交流、表达工具，也是思维工具。与语言一体的隐喻，也是人的一种基本思维方式。在隐喻研究中，有"思维贫困"说，即之所以使用隐喻，在于人的思维能力有限，不得不用另外一个事物来隐含性地说明其所要言说的事物。其实也谈不上"思维贫困"，只是人善于从自身出发，以自身为媒介来认识世界万物，这正是隐喻产生的原因。

正是因为人是隐喻性存在，个人或群体的语言表达充满了隐喻。隐喻是关系思维，即至少牵涉两个相关事物。两个事物通过隐喻联系在一起，说明这两个事物之间有相关性。当然，这种相关性既可能是客观相似性，也可能是我们的经验相关性。我们用一个事物来说明另外一个事物，有时候是因为两个事物之间确实存在着相似性；有时候是因为两个本来并没有明显关联的事物在我们经验中是相关的，即被我们主观建构为相互关联的。同时，我们之所以用"彼事物"来解释所要言说的"此事物"，就在于我们看重了这个事物的某种特性。也就是说，隐喻并不是价值中立的，而是反映了我们的价值偏好。隐喻中两个事物有了相关性，也就意味着我们超出单个事物进行思维，赋予两个事物一个共同的背景，把它们放在一个更大的图景（big picture）中进行审视。最后，隐喻的最大特性在于隐含性，即隐喻有字面意义，但更重要的是隐含意义，隐喻的功能就在于用"彼事物"来解释"此事物"所达到的意义关联性、延伸性、多样性、遗漏性。通过隐喻，我们用"彼事物"来揭示"此事物"，在两个事物之间存在着巨大的缝隙和空间可以用于意义建构。这一过程既是敞开的过程，也是掩盖的过程。正如约翰森所说，"一个隐喻概念所揭示的与其所掩盖的一样多"。[1]隐喻分析，就是要揭示出一个隐喻所蕴含的相关性、所体现的价值偏好、所建构的更大图景以及所隐含的意义。通过这样的分析，我们才能对一个隐喻有更深的理解，才能对其所揭示的与所掩盖的有一个清醒的认识。

"核心素养"①本身就是对教育目标，具体说来就是"培养什么样的人"的隐喻性思考。[2]作为隐喻概念，"核心素养"有其产生的大图景，通过对这大图景的分析，可以帮助我们认识其母体与渊源，认识其"嵌入"大图景的方式以及由此给自身带来的影响，认识其所追求的价值、所看重的教育取向，认识其所揭示和蕴含的意味。可以说，用隐喻分析对"核心素养"进行研究是适切的，是审视"核心素养"的一个新的视角。"核心素养"在当今教育理论与实践领域尤其是在教育政策领域大有席卷之势。有人甚至把"核心素养"当作医治当今教育问题的"万灵丹"，以为只要以"核心素养"作为政策与实践指导，一切教育问题都可迎刃而解。与此乐观信念形成鲜明对照的是，理论界对"核心素养"的思考相当贫困，缺乏应有的思想深度和反思力。对一个新出现的教育观念，我们一方面不能保守，要以开放的心态去欢迎、接纳；另一方面也要有理论与实践的审慎、警惕，在欢迎、接纳的同时保持清醒，以免被其局限性所误导。对"核心素养"的隐喻分析就是这样一种尝试，这种尝试不是拒斥"核心素养"，而是为对"核心素养"的建构与反思提供一个新的视角。

一、　"核心素养"的背景隐喻

　　有学者说，"'核心素养'是课程的DNA"，[3]照此逻辑，经济合作与发展组织（OECD）就是"核心素养"的"母体"。OECD于1997年末启动"核心素养"框架项目，Definition and Selection of Competences：Theoretical and Conceptual Foundations，简称"迪斯科"计划（DeSeCo）。该项目的直接目的是为 OECD 国家于同年启动的"国际学生评定计划"（Programme for International Student Assessment，PISA，简称"匹萨"计划）提供理论基础和评价框架。"迪斯科"计划于 2003 年发表最终报告《为了成功人生和健全社会的核心素养》，标志着 OECD"核心素养"框架的完成，从此，一个并非教育概念的"核心素养"概念在世界教育领域得到广泛传播，并成为世界教育领域的政策、理论与实践热点论题。可以说，没有 OECD 的"迪斯科"项目，就没有"核心素养"的风行。借助 DeSeCo 和 PISA，利用"软工具"，即发布比较数据和专家建议等，OECD 这一经济组织很快成为世界教育发展的重要推手，默默无闻的北欧小国芬兰一下子成了世界教育的成功典范和关注焦点。[4]

　　"血统论"、"出身论"有其局限，但也不是全无道理。既然"核心素养"脱胎于作为"母体"的 OECD，那么"核心素养"一定会从 OECD 那里继承一些"遗传因素"。从这个角度看，OECD 是一个什么性质的组织，至少可以看作是理解"核心素养"的一个相关因素。OECD 是以欧洲国家为主体的政府间国际性经济合作组织，经济合作与发展是这一组织的使命与底色。这一组织自诞生之日起，一直聚焦经济与社会政策。它的宗旨是对比各国经济发展经验，为各国在发展过程中共同面对的经济问题寻找答案，在国内与国际政策上通力合作，以

---

① "核心素养"在文中一律加引号，这样做的原因在于英文中"key competencies"与文中的"核心素养"含义区别很大，用"核心素养"来翻译"key competencies"并不恰切，但行文要兼顾中英文两个概念，只好加引号来加以标识，在需要的时候再以特别标明的方式来加以区分。

帮助成员国和非成员国应对日益全球化的世界。[5]虽然是经济组织，OECD关注的领域却不限于经济领域，也包括教育等其他领域。但作为经济组织，其对教育的关注不可避免地使用经济的眼光，即教育对经济发展能做出什么贡献。也就是说，他们不是从教育的立场来看教育的，而是从作为经济发展工具的立场来看教育的。对于这一点，OECD毫不掩饰。DeSeCo的关键人物瑞岑直接说，教育和能力发展，无论对个人和社会来说，都是"关键性投资"（crucial investment），DeSeCo项目对"核心素养"的聚焦，就是通过人力资源来促进经济增长。[6]列维和莫奈为DeSeCo项目所做的前期研究甚至直接从获得高收入所必备的能力（包括基本的文化和数学素养、沟通能力、高产工作、高情商、使用计算机的能力等）这一角度来归纳"核心素养"。[7]在DeSeCo的官方说明文件中，也是明确以"找到工作，跟上技术变化的能力"[8]作为"核心素养"的基础。除OECD之外，欧盟是另一个推崇"核心素养"的机构，与OECD一样，欧盟也是出于经济增长需要来推动"核心素养"框架的。欧盟的"核心素养"框架缘起于"里斯本战略"，出发点在于提高欧盟国家的就业率和科研投入，用"核心素养"统领欧盟教育和培训系统的总体目标体系，因此，其所确定的八大"核心素养"，基本上都是社会取向、就业取向的。[9]

除了机构"母体"，"素养"与"核心素养"还有"行业母体"，即职业培训机构和终身教育领域。几十年前，胜任力（competency）意义上的"素养"概念在普通教育领域还是踪影难觅，更多出现在工业、经济和商业部门，尤其是职业培训机构。这一概念一开始是职业资格培训用语，与劳动力市场紧密相连，是对特定岗位所需能力的清晰描述。直到20世纪90年代，才开始迁移到普通教育领域。[10]脱胎于职场与职业教育领域的胜任力意义上的"素养"，都是有特定职业岗位指向的，即一个人要从事某一职业岗位所必须具备的能力。一个职业岗位所要求的胜任力与另一个职业岗位所要求的胜任力是千差万别的。与"核心素养"的职业教育出身相联系的是其终身教育出身。职业教育本身就是终身教育的一个构成部分，即接续学校教育、在学校教育完结之后所进行的教育。DeSeCo项目本身就有一个终身教育的视野，即将学校教育所获得的"能力素养"与继续教育所发展的"能力素养"综合连结起来考虑的视野。有学者指出，DeSeCo一开始有这样一个动机，即通过"核心素养"的遴选与界定去发现哪些"核心素养"不是来自学校教育，而是来自学生家庭与社会优势地位，以揭示教育公平中的深层问题，为致力于弥补阶层差异所带来的教育不公的终身教育提供着力点。[11]

OECD所遴选与界定的"核心素养"，其二级指标中有"在大背景中行动"[12]（Act within the big picture）的要求。我们对"核心素养"的分析也要有"大背景"思维，即分析其是如何界定自己的"大背景"的。"核心素养"的倡导者、提出者都不是凭空提出"核心素养"的，而是将其放在世界图景中来论证其合法性与紧迫性的。"核心素养"提出者所描绘的世界是复杂、多样、多变、动荡、极具挑战性的世界。世界之所以如此，在于技术的日新月异，在于全球化、现代化的趋势。知识、技术的加速更新使得我们所生存的世界变得多变、复杂、挑战性加大；全球化、现代化使得我们所生活的世界交互性加深，变得更加多样和复杂。总之，在这样一个世界中生存和生活不是一件容易的事情，作为个体必须具备关键性的"能力素养"，否则就没有立足之地，就会被这个世界吞没。"核心素养"的"世界大背景"背后的逻辑是，世界如此复杂且具有挑战性，对生存的人提出了更高的要求，那么作为个体的人，要想在此世生存，就必须满足这些要求，具备这些要求所指向的"能力素养"。

"核心素养"对世界图景的描绘与对掌握"核心素养"之后理想未来的描画往往是成对出现的。在 OECD 的"核心素养"框架中，"成功生活"（successful life）与"运行良好的社会"（well-functioning society）是关键词。[13]字面上看，"核心素养"的获得是为"成功生活"和"运行良好的社会"服务的，前者是后者的基础与条件。但 OECD 的"核心素养"框架实际上也隐含着这样的思想，即拥有了"核心素养"，就能有一个"成功的生活"和一个"运行良好的社会"，起码是可能性大增。欧盟的"核心素养"文件也有同样的逻辑，即通过"核心素养"的培养，"从而在全球化浪潮和知识经济的挑战中实现个人成功和社会经济发展的理想"。[4]不难看出，"核心素养"的背景论述中都有这样一个对比性的修辞手法，即一方面是充满着"邪恶问题"（wicked problems）[15]的当下与未来的世界，另一方面则是对掌握"核心素养"之后的个人与社会美好前景的预期。

从"核心素养"产生的背景看，"核心素养"起码有这样一些积极意义：首先，社会机构，尤其是经济组织提出的"核心素养"概念以及基于这一概念的政策反映了现实社会对教育的迫切需要。现代教育运行到今天，虽然在各种变革力量的推动下有这样或那样的变化，但毋庸讳言，也有诸多惯性，比如自闭于社会需要，沉浸于知识传授和选拔考试，导致一定程度上的与社会脱节。教育不可能自闭于社会经济发展，与其他部门进行双向互动才是正常的。"核心素养"的提出，反映的是社会经济部门与行业对教育实用性的渴求，可以说是对普通教育的一种现实批判，是促动学校教育反思自身、进行变革的力量。第二，"核心素养"的提出基于对现实社会的分析，指向的却是未来社会的需要。可以说增强了学校教育的未来视野，推动学校教育重新思考培养什么样的人，赋予学校教育以未来想象力。第三，"核心素养"不是孤立地看待学校教育，而是在职业教育、终身教育的整体视野中审视学校教育，有利于将学校教育与职业教育尤其是终身学习综合起来进行通盘考虑。

从"核心素养"的出身背景来看，其局限性也很明显：第一，是对教育的工具化态度。无论是"核心素养"的机构"母体"还是行业"母体"，都是站在经济发展的立场上看教育，都视教育为经济发展的工具，而不是站在教育的立场上看教育、看经济。一方面，教育具有为经济发展服务的功能，但这不是教育的全部，教育还有经济功能之外的使命；另一方面，经济与教育应该是双向互动的，不是经济单向的向教育提出要求，教育只有响应的份儿；教育也可以向经济等其他部门与行业提出要求，这样才是一个健康正常的关系。第二，"核心素养"的职业味道比较浓，主要来自职业能力需要，但普通教育不是职业教育，将职业教育的使命迁移、下压到普通教育之中是有问题的。第三，"核心素养"对当下与未来世界的描述，对人与社会关系的预设并不全面。"核心素养"将当下与未来世界描绘成复杂、多变、多元、动荡的社会，这并不是无中生有，当然有一定的客观性。但如果从另外一面来看，科技的发展并没有让人的生活变得更加复杂、动荡，而是使生活更加方便、简单了。在"核心素养"的论证中，社会和人呈现出对立的关系，社会站在人的对立面，对人提出一个又一个的要求，人必须满足这些要求，否则就是没有胜任力。这里隐含的预设是，社会有权向人提出要求，人只有接受要求、满足要求，而不能向社会提出反要求。这一预设的局限性在于人改造社会的声音、能力被忽略和压抑了。第四，在界定"核心素养"的过程中，"成功生活"与"运行良好的社会"起着关键的作用，甚至可以说是"核心素养"的合理性、合法性依据。但对于什么是"成功生活"、什么是"运行良好的社会"，"核心素养"的机构"母体"和行业"母体"其实都是语焉不详的。从隐约透露出来的信息看，所谓"成功生活"就是成功就业、收入良好、适应社会。我们可以追问，一个人如果真的过上了这样的生活，就是"成功的生活"吗？不是有许许多多实现这种生活的人依然空虚，依然找不到生活的意义吗？所谓"运行良好的社会"大概就是经济繁荣、竞争力强的社会，对此我们一样可以提出这样或那样的疑问。

二、 "核心素养"的概念隐喻

如前所论，语言中充满隐喻，诸多概念本身就是由隐喻构成的，是隐喻性概念。对培养什么样的人，或者说受过教育的人应该具备什么样的品质、品性、能力，这是千古谜题。"素养"或"核心素养"是对这一千古谜题的再一次隐喻性解答。OECD及其他"母体"所用的"素养"概念是"competency"，如前所论，这不是一个教育概念，而是一个职场用语，意指"胜任力"，即足以做某种事的能力。从词源上看，"competency"由"com"和"petere"两部分构成，前者是"聚合"，后者是"奋力向前"，合在一起就是"聚集力量来应对环境要求"，即胜任环境或任务要求。[16]"competency"与"competition"（竞争）词出同源，都有"聚合力量以争胜"的意味，只不过前者是证明自己能够符合要求，后者是在与他人比拼中胜出。人是有限的存在，没有无限的能力，不可能胜任一切环境或要求，因此胜任力都是有指向、有内容的，对一个事务的胜任力与对另外一个事务的胜任力是截然不同的。胜任力之所以在职场和职业培训中得到广泛运用，就在于一种职业岗位有一种胜任力的特别要求，符合这些要求，一个人才能出色完成一个岗位所界定的工作。将来自特定岗位的胜任力概念运用于教育，作为应对整个世界的能力，即胜任在这个复杂、多变、挑战性的世界上生活的能力，本身就是一种隐喻性思维方式的结果，即拿具体的、明确性的事物来比照复杂的、模糊的、抽象的事物。一个岗位对应一套胜任该岗位的清晰要求，如果将在世生存视为"一个岗位"，那么对应"这个岗位"的那套要求是什么呢？这就是"素养"或"核心素养"思想背后的隐喻逻辑。这样的思维很有想象力，即将在世生存想象为"一个岗位"，如果能够获得符合"这个岗位"的胜任能力，那不是一劳永逸地解决了问题吗？不是巨大的成功吗？胜任力概念进入教育领域，一方面反映了商业与雇佣市场对教育的渗入，另一方面也反映了现代人的生存焦虑。当然，更多的是知识更新加快，教育与课程改革总是被动地被知识更新拖着走，没完没了，让人感到厌倦，因此产生了寻求根本性的、一揽子解决方案的冲动。[17]

用"素养"翻译"competencies"意味深长。"素养"在中文里的含义与英文"competencies"

的本义大相径庭，"平素生活所形成的修养"与胜任一个岗位的能力不相关。"素"本指白丝，引申为本色、单纯、本来、元素、向来等多种含义；"养"本指动物饲养，引申出对人的供养、培养和对心灵、精神的呵护，"素"与"养"合在一起，指的是通过日积月累所形成的修养。与胜任力一样，虽然"素养"从词源上看本身也是隐喻性的，但意蕴与所指相异。胜任力与特定岗位、特定任务相对应，以基本素养为基础，主要来自于在特定岗位、特定类型任务上的实践。而素养则来自日积月累，对应的是人的生活而不是特定的岗位或任务，良好的修养虽然可以作为胜任力的基础，但本身并不是胜任力，有良好的修养并不意味着有特定岗位的胜任力。此外，胜任力作为一种有特定指向的能力，更多的是有意识学习的结果，而素养则带有生活积累性，是有意识学习和无意识积累的共同结果。总体来说，从词源上看，"competencies"是人的一种带有特定指向的能力，而"素养"则是标识一个人的存在状态，即在世生活所达到的人格状态。有现成的"胜任力"可以准确传神地翻译"competencies"，放着不用，而选择了不相关的"素养"来翻译，也许翻译者下意识里已经意识到了"胜任力"的局限及其在中文世界里的格格不入？

　　"关键"与"核心"的翻译也是很有意味的。OECD 及其他"母体"多是用"key competencies"的表达方式，如果说"competencies"因为复杂而翻译为"素养"还可理解的话，"key"（关键）与"core"（核心）明显不同的两个词为什么一定要翻译成"核心"呢？作为限定语的"key"本身就是一个隐喻用法，喻指重要、关键，也指解决问题的办法。当取"重要"、"关键"的意义时，指的是一个事物本身内在部分之间的关系；当取"解决问题之办法"的意义时，则指两个事物之间的关系，即一个事物是破解另一个问题的"钥匙"。从 OECD 的叙事想象中，作为胜任力的"核心素养"，虽然有重要、关键的意义，但更多的是取"核心素养"是解决在复杂世界生存挑战的"钥匙"含义，是将胜任力意义上的"核心素养"当作解决当下与未来世界问题的办法来对待的。"核心"作为名字和限定语也是隐喻性的，是从有核果实那里引申出来的用法。"核心"一般是就同一事物的内部秩序而言的，即同一事物内部的不同部分不是同等重要的，而是有核心、有外围、有边缘的。由此看来，"关键"与"核心"的不同是明显的，用"核心"来翻译"关键"显然是遗失了一些东西。既然如此，那为什么一定要用"核心"来翻译"key"呢？除了语言与文化习惯之外，恐怕与"素养"有关。素养是整体修养，标识的是一个人的人格状态，本身不是一种工具化状态，不是用来解决问题的，无所谓"关键"或"不关键"。也就是说，"关键"与"素养"不是搭配性的用语，而"核心"则可与"素养"搭配，因为"素养"是整体的，但有内在结构和内在秩序，有"核心"、"外围"、"边缘"。

　　"Key competencies"意义上的"核心素养"（下文以"关键胜任力"来表达）是当今教育的热点和核心话题，对世界教育的影响相当广泛。能产生这样的影响力当然不是无来由的。客观地说，"关键胜任力"概念的意义起码有以下几个方面：第一，赋予教育以现实感和想象力。"关键胜任力"概念，不是从哲学和教育理论中推导出来的，而是从解决现实社会的问题出发提出的，并且参照了未来社会发展的需要，体现出了一定的社会想象力。第二，提供了思考教育目标的新维度。与以往以理想状态为依据的思考不同，"关键胜任力"是以教育结果,即"从学习结果界定未来人才形象的概念"[18]体现出一种务实的态度。第三,从特定岗位的胜任力出发,将在此世生活浓缩为"一个岗位",由此归纳出胜任"这个岗位"、生活得好(在读、写、算之外)的必要条件,虽然有点儿过于雄心勃勃,但也不失为一种大胆的、有想象力的尝试。第四,"关键胜任力"的立足点不是特定学科,而是作为人满足世界要求的能力,具有很强的跨学科综合性,为超出学科看教育提供了一个新的视野。众所周知,现代教育以分科教育为基本运作方式,其弊端日益显露,但却很难突破,原因在于分科教育的观念根深蒂固,不但是制度性安排,而且融化在了人们看待教育的思维方式之中。"关键胜任力"看待教育,没有学科负担与束缚,完全是从现实与未来世界对人的要求出发的,这不能不说是对学科思维定式的一个冲击。最后,"关键胜任力"还有另外一个综合性,即对知识、技能、态度的综合。正如瑞岑所说,"核心素养"是一种整合的能力模式,是满足复杂要求的能力,不能被还原为知识或认知维度。[19]客观地说,现代教育其实是专心于知识学习和认知能力发展的,态度也会提到,但往往是装饰性的。"关键胜任力"不在知识、技能、态度三分的旧有框架内看问题,而是在作为一个人如何胜任现代世界要求的综合维度上看问题。

　　承认"关键胜任力"的意义并不意味着无视其有限性。第一,如前所论,"competencies"本身就是一个战斗性词汇,是聚合全部力量以应对挑战,与"competition"同根同源。这个概念的战斗性,与"核心素养"倡导者对世界的多变、动荡、复杂描述是一致的。胜任力概念的隐含逻辑就是世界如此复杂、多变、动荡,一个人要成功应对这一极具挑战性的世界,就必须具备一系列战斗性的能力,否则就会无法立足和生存。在诸多"核心素养"的理论框架中都看不到"休闲"能力的踪影,这当然不足为奇,因为休闲、闲暇与充满"硝烟气息"的胜任力概念是格格不入的。一方面,我们生活的世界真的如此可怕吗? 如果真的如此,那么现代化的发展道路是不是错了? 我们别无选择地去过这种以争斗性为特征的生活,即使成功,是否值得? 是否是我们想要的生活? 另一方面,教育与休闲同源,在起源处教育就是休闲,就是不用为生存烦心的人用来修心养性的活动,如今被完全裹入为获得战斗性能力的轨道上,那教育还是教育吗? 第二,特定胜任力来自特定岗位,复杂多变的世界能否被浓缩为"一个岗位"? 如果答案是肯定的,那这个世界还是复杂、多变的吗? "核心素养"思考中的自相矛盾在这里又一次被暴露。如果答案是否定的,即这个复杂、多变的世界无法浓缩为"一个岗位",那又如何能"选择"、"界定"出应对这个世界的"关键胜任力"? 第三,"核心素养"倡导者的复杂隐喻、复杂思维是不是一种过度想象、一种现代人的"一厢情愿"? 有学者指出,复杂其实是相对的,对一个生手来说复杂的任务,对一个熟手来说可能是非常简单的。[20]从历史发展的角度来看,今天对我们来说简单的事情,对古人来说那是复杂得无法承受的事情;同样,我们今天觉得复杂恐慌的事情,对未来的人来说则可能是再简单不过的事情。因此,基于世界复杂性所推论出的"核心素养"也许是过度想象,体现的是今天人们因为对未来无知而产生的一厢情愿。第四,出身于特定岗位的"胜任力"却要摆脱特定岗位、领域的关联跃升为跨领域的"胜任力",不可避免地就会与"基本素养"相遇。DeSeCo 是将"关键胜任力"放在基本素养之上的能力,国内也有学者说"核心素养"不是基础素养,而是高级素养。[21]问题是正如有学者所指出的，OECD所选定的三类超情境的"关键胜任力"，包括能互动地使用工具、能在异质群体中互动、能自主地行动，这其实是空泛的"人文理想"，离作为人的基本素养很近，离解决复杂问题的胜任力很远。[22]第五，如前所论，用"核心素养"来翻译"关键胜任力"不妥当的另外一个原因在于"关键"不是"核心"，"关键胜任力"有三方面并列的能力构成，本身并没有一个真正的核心。如果非要找一个核心的话，那就是反思，用OECD文件的说法就是，"反思是关键胜任力的心脏"。[23]将反思作为"关键胜任力"的核心存在着逻辑上的问题，"核心"不但是居于事物内在结构中的中心位置，还具有本源性、根源性，即周围与边缘的成分是从核心派生出来的。显然，反思是三类胜任力的共有因素，但不是本源性的东西，三类胜任力及其亚类能力不是从反思中派生出来的。

最后，"关键胜任力"的最大问题是没有道德价值内核。无论是OECD还是欧盟的"关键胜任力"框架，都是从做事的能力上去界定和选择的，在二级指标中，虽然也有社会性、责任性要求，但都是基于完成任务的工具性考虑，而不是从作为人所应有的品德角度去考虑的。对于这一问题，OECD自己也承认"DeSeCo框架将个人品质与价值排斥在外"，但其分辩说，"个人品质和价值本身不是能力，而是能力发展的条件"。[24]基于这样的思想，"关键胜任力"的界定与选择不是以品德与价值为标准，而是以个人和社会成功为标准。当然，应该承认的是，这里面是有隐含的道德与价值标准的，是把符合道德价值作为不言而喻的前提的。但过于强调成功就容易走向"成功崇拜"，走向没有价值根基的所谓成功。如果没有清醒的价值意识，一种成功在另外一种价值标准下也许就是失败，比如希特勒的"成功"在人类正义价值之下就是巨大的失败。

如前所论，用"素养"翻译"competencies"，本身已经蕴含着对"胜任力"概念的戒备与修正，已经消解了"胜任力"的领域限定性。"素养"的中文概念还解决了"胜任力"里没有道德与价值的"空壳性"的问题，因为作为一种修养，道德是主要的、核心的成分。林崇德团队所研制的《中国学生发展核心素养》与OECD、欧盟的"关键胜任力"虽然都是"核心素养"概念下的体系，但已经大异其趣。《中国学生发展核心素养》在一级指标的三个方面还有"关键胜任力"的影子，但二级指标（人文底蕴、科学精神；学会学习、健康生活；责任担当、实践创新）[25]则离"关键胜任力"越来越远，变成了以中国人的修养为基础的理想人格构想。《中国学生发展核心素养》的选定思路是"把德智体美全面发展的教育目标细化为学生应形成的必备品格和关键能力的具体要求"。[26]这一从教育目标出发的思路与OECD、欧盟的思路是不同的，从中也可以看出品格是"核心素养"本身的要求，而不是作为"关键胜任力"的不言自明的前提来对待的。由此看来，"核心素养"的中文概念是有道德价值的、有核心的。只不过与"关键胜任力"以反思作为核心一样，《中国学生发展核心素养》以"'全面发展的人'为核心"也是强行以"非核心"作为核心。"全面发展的人"是整体教育目标，不能做"核心素养"的核心。单从文本上看，新加坡的"核心素养"体系是最为成熟完整的。这一体系以"核心价值"（尊重、责任、正直、关心、坚韧、和谐）为核心，以主要的社会与情感能力（自我意识、自我管理、社会意识、关系管理、责任决定）为基础，着力发展三类胜任力（公民素养、全球意识和跨文化技能;批判与创造性思维;信息与交流技能)。[27]

"核心素养"的中文概念因素养的本义,即来自平素生活的修养,对其使用方向有概念自身的限定,要求更多的从人的角度去看人的发展,而不是被动地从社会要求的角度去看人的发展,这也是"核心素养"中文概念不同于"关键胜任力"的地方,也是对"关键胜任力"偏向的一种纠正。此外,"核心素养"的中文概念揭示了素养的形成是意图性和非意图性的综合作用结果,也就是说有意图的教育活动并不能代替非意图性的自在生活在素养形成中的作用。虽然存在着这些优势,但并不意味着"核心素养"的中文概念没有问题。最大的问题是这是一个老概念,虽然借了国际教育热点的"东风",但还是没有什么新意,为教育理论和实践所能贡献的新思考并不多。如果说"关键能力"意义上的"核心素养"虽然竭力要拉开与基本素养的距离(实际上也没有拉开)的话,"核心素养"的中文概念基本上没有这种动机,几乎是一头扎进了基本素养的怀抱,化为基本素养了。这一转向虽然克服了"关键胜任力"的矛盾,但也使自身更加了无新意:热热闹闹的"核心素养"原来基本上就是"基本素养"、"基本素质"?这种分析如果是切中要害的,那有什么必要用"核心素养"去替代"三维目标"呢? 新课程改革经过十多年的努力,广大教师起码在观念上(实践上并不一定)得到了启蒙,即教育不单是传授知识、培养技能,还要追求态度、情感和价值观。这一点滴进步其实是弥足珍贵的,应该得到珍视、巩固、发展。如今却要用另外一套其实谁都没有说清楚的概念与话语体系来替代,让广大教师摸不着头脑,真的是明智的做法吗?

三、 "核心素养"的教育隐喻

"核心素养"不单是一个概念,还是一套教育思想体系。如果说作为概念的"核心素养"指向的是"培养什么样的人",那么作为教育思想的"核心素养"则包含着"如何培养人"的方向性思考。作为概念的"核心素养"包含着这样那样的隐喻,作为教育思想的"核心素养"同样是由一系列隐喻体现的。

在"核心素养"的相关文献中,"装备"(equipping)[28]是一个常见的隐喻,正是因为常用,其意义往往被忽略,实际上这是"核心素养"倡导者对如何培养"核心素养"的一种隐喻性理解。这一隐喻所蕴含的教育思想是"核心素养"是定义和选择好的,学校所要做的就是把这些"核心素养""装配"进学生身心。这不仅让人想到著名的"脑中之轮"(wheels in head)隐喻,"如果不是个人拥有了思想,而是思想拥有了个人,那么这一思想就成了人头脑中的一个轮子"。[29]具体到"核心素养",且不说是"核心素养"拥有了学生还是学生拥有了"核心素养",单说教育就是在学生那里"装备""核心素养",学校就是"装备""核心素养"的"车间",就有诸多可以再思考的空间。

从积极的角度看,如前所论,"核心素养"这一"轮子"从对教育结果的预期、从现实需要出发重新定义了教育目标,给教育实践以清晰的操作方向。但这一隐喻所蕴含的教育问题也是不能无视的。首先,"核心素养"的界定、选择、落实依然是相当老套的"自上而下"(top-down）的方式，与"核心素养"教育思想中的其他主张有矛盾之处。无论是 OECD、欧盟还是我们国家，"核心素养"的界定与选择虽然是基于研究的，但依然都是"专家话语"、"精英话语"，体现的是专家与精英对现实社会的理解。对于什么是最重要的素养或胜任力，不同的人群有不同的定义和选择。比如，对农民来说，种地的能力是最重要的素养，但没有任何一个"核心素养"的框架将种地的相关能力纳入其中。专家们也许会说，种地的能力只对特定的人群重要，不是跨领域的胜任力。问题是，我们每个人不都要吃饭吗？失去了种地能力，人的生存都是问题，从这个角度看，种地能力是符合"对所有人都重要"这一"核心素养"选择标准的。对一个将来以种地为岗位的人来说，为什么要具备在都市里生活所需要具备的那些复杂胜任力？也就是说，"核心素养"的界定与选择，本身就有不平等、不民主的教育意蕴。从学生的角度看，将来具备什么样的能力和素质，除了教育引导的一面外，还有自我探索的一面，现在却是"轮子"都准备好了，"装也得装，不装也得装"。这样的思路，不但有损于年轻一代的学习自主性，也与"核心素养"思想所包含的"学会学习"自相矛盾。从教育观念的角度看，"装备"隐喻实际上是把学生当作可操作的装备化"物品"、把学校当作"装配车间"。这与灌输把学生当作填充工具、把学校当作"灌输车间"如出一辙，都是对学生、对教育的扭曲与贬低。

　　"核心素养"从概念上讲是"核心的"、"关键的"，但从教育上讲就变成了"共同的"。从教育上讲，"核心素养"之所以是"核心的"、"关键的"就在于其是人人都应该具备的、共同的素养。"共同素养"也具有隐喻性，从字面上看，是人人应该也必须拥有的素养，不是特定人群、特定行业的素养，蕴含着一种平等性和民主性。但"共同素养"这一教育隐喻也包含着内在的矛盾。首先，"共同的"即人人都拥有的，往往是基础的。如果"共同素养"变成了基础素养，从教育的角度反而是易理解、易操作的。但如果是这样，那"核心素养"也就失去了其存在的依据。为了与基础素养区分开来，只能强调作为"共同素养"的"核心素养"是高级素养，"核心素养是高级素养或者高阶素养，不同于基础素养"。[30]问题是，如果人人都能拥有，那还是"高级素养"吗？反过来，作为"高级素养"还能人人拥有吗？"共同素养"的内在矛盾还不止于此。在教育中，共性和个性始终是一个矛盾，"基础素养"为共性与个性的统一留有余地，即教育既提供最基本的、每个人都需要的教育，在这个基础上也为每个人的个性发展留有广阔空间。没有这一空间，教育就会从将"生而不同的人培养成更加有个性的人"转向"将生而不同的人培养成千篇一律的人"这一末路。"共同素养"是人人都应拥有的，而且是高级素养，你有我也有（或许有水平差异），那人的个性在哪里？在"共同素养"之外还有什么？是不是由"共同素养"之外的东西构成人的个性？虽然所有的"核心素养"框架体系都强调素养的共同性，但没有哪个"核心素养"框架体系公开排斥人的个性。即便如此，客观地说，"核心素养"框架体系基本上都是对人的个性发展持放任态度的，似乎人的个性是由"共同素养"之外的东西构成的。果真如此的话，那"共同素养"的意义也就贬值了，因为个性在人的发展中的地位不言而喻，"共同素养"却与人的个性没有关联，那这"共同素养"还有什么可重要的？

　　"学会学习"是"核心素养"的重要思想和关键隐喻。"学会学习"用得多了，已经看不出其隐喻的意味，但究其来源，确是一种隐喻性表达，即对学习的学习近似于"授人以渔"。如前所论，"核心素养"由于其所无法回避的学习结果事先规定性和"包办性"，很容易受到不平等、不民主的指责，因此，"学会学习"是消除内在矛盾、中和专断性和"包办性"的重要依靠。而且，"学会学习"也是弥补"核心素养"逻辑缺陷的重要方式。如前所论，"核心素养"的逻辑起点在于世界的复杂挑战。面对世界的复杂挑战，实际上是没有办法事先预备好的，如果能够事先预备好，复杂挑战也就不复杂了。针对世界复杂挑战的不可预料性，"学会学习"是一种以不变应万变的"绝招"，即无论有什么样的挑战，有学习能力的人都能通过学习去寻找应对挑战的办法。无论是出于什么考虑，"学会学习"都是"核心素养"理论体系中最为闪光的思想之一。问题在于，"学会学习"受制于"核心素养"思想自身的内在矛盾性限制，施展的空间其实是有限的。自主是"学会学习"的前提，没有自主性，"学会学习"就会落空，受他人控制、主导的学习产生的更多的不是"学会学习"而是依赖。正是在这个意义上，维尔伯格说，"自主是连结学校、社会和未来的桥梁。教育的目的不是预测什么是未来有用且成功的，而是发展年轻一代的独立性。这样他们自己可以决定将来什么是有用的、成功的、伦理的"。[31]也就是说，自主不单是学习方式的自主，还是学习目的与方向上的自我选择性。"核心素养"思想的问题在于，一方面将要具备什么样的能力或素养都事先规定好了，学习者在学习目的和方向选择上失去了自主性；另一方面，人是精神性存在，对自身精神与心灵的探索既是学习的重要方面，也是进行其他学习的动力，"核心素养"思想陷溺于应对世界挑战的能力，其实关注的是人的功能性状态，而没有关注人的精神与心灵，这实际上是没有精神和心灵动力的。

"核心素养"还有一个"落地"隐喻，即探讨"核心素养"如何得到落实、在哪里得到落实。"落地"隐喻反映了"核心素养"的"自上而下"特性，再一次暴露了"核心素养""高高在上"的弊病。当然，这不是"落地"隐喻的关键问题，"落地"隐喻的关键问题是"一条腿走路"。如前所论，"核心素养"研究一开始有揭示哪些素养不是来自学校教育而是来自学生家庭与社会生活的。但在"核心素养"落地的问题上，已经忘记了素养来源的复杂多样性，只将"核心素养"落在学校教育上，本来是"多条腿走路"，现在变成了"一条腿走路"。就是在学校教育内部，"核心素养"也并不只是来自正规课程，而是来自正规课程和学校作为一种生活方式的全过程。但"核心素养"在学校教育中的落地，又是只落在正规课程上，在学校教育内也变成了"一条腿走路"。"核心素养""落地"的起点性工作是厘清当今学校教育所塑造和培养的素养到底是什么。以听讲主导的课堂学习、没玩没了的书面作业、受课程表限定的学习节奏、一次又一次的考试、对纪律的强化等基本教育活动所打造的"素养"（如果说是一种素养的话）到底是什么？不研究这些起点性问题，只把"核心素养""落地"的希望寄托在正规课程上，恐怕这"落地"也是悬空的。

参考文献：

[1] Mark Johnson. Moral Imagination：Implications of Cognitive Science for Ethics [M]. Chicago：The University of

Chicago Press, 1993：195.

[2][15] Rosemary Hipkins, Rachel Bolstad, Sally Boyd, Sue McDowall. Key Competencies for the Future［M］. Wellington：NZCER Press, 2014：4,22.

[3] 钟启泉. 基于核心素养的课程发展：挑战与课题[J]. 全球教育展望,2016,45(01)：3—25.

[4][11] Keita Takayama. OECD：Key Competencies and the New Challenges of Educational Inequality［J］. Journal of Curriculum studies, 2013(1)：67 – 80.

[5][7] Andrew Gonczi. The OECD：It's Role in the Key Competencies Debate and in the Promotion of Lifelong Learning［M］. Dordrecht：Springer, 2006. 105. 124.

[6][13][19] Dominique Simone Rychen. Key Competencies：Overall Goals for Competence Development：An International and Interdisciplinary Perspective［A］. In D. Maclean, Rupert and Wilson (Ed.), International Handbook of Education for the Changing World of Work［C］. Netherlands：Springer, 2005：2571 – 2583. Available Online at：https：//doi. org/10. 1007/978 – 1 – 4020 – 5281 – 1_169.

[8][12][23] OECD. The Definition and Selection of Key Competencies：Executive Summary［EB/OL］. Available online at：http：//www. oecd. org/dataoecd/47/61/35070367. pdf, 2005 – 05 – 27.

[9][14] 裴新宁,刘新阳. 为21世纪重建教育——欧盟"核心素养"框架的确立[J]. 全球教育展望,2013,42(12)：89 – 102.

[10] Gábor Halász, Alain Michel. Key Competences in Europe：Interprelation, Policy Formulation and Implementation［J］. European Journal of Education, 2011,(3)：289 – 306.

[16] 张华. 论核心素养的内涵[J]. 全球教育展望,2016,45(4)：10—24.

[17][28] Walo Hutmacher. Key Competencies in Europe［J］. European Journal of Education, 1997,(1)：45 – 58.

[18] 崔允漷. 追问"核心素养"[J]. 全球教育展望,2016,45(5)：3—10 + 20.

[20] Win Westera. Competences in Education：A Confusion of Tongue［J］. Journal of Curriculum Studies, 2001(1)：75 – 88.

[21][30] 褚宏启. 核心素养的国际视野与中国立场——21世纪中国的国民素质提升与教育目标转型[J]. 教育研究,2016,37(11)：8—18.

[22][31] Ilmi Willberg. The Problems of Competence' and Alternatives from the Scandinavian Perspective of Bildung［J］. Journal of Curriculum, 2015,(3)：334 – 354.

[24] OECD. The Survey of Adult Skills：Reader's Companion (Second Edition)［M］. Paris：OECD Pubishing, 2016：97.

[25] 核心素养研究课题组. 中国学生发展核心素养[J]. 中国教育学刊,2016(10)：1—3.

[26] 林崇德. 中国学生核心素养研究[J]. 心理与行为研究,2017,15(2)：145—154.

[27] Sdenka Z. Salas-Pilco. Evolution of Framework for 21st Century Competencies［J］. Knowledge Management and E-Learning, 2013(1)：10 – 24.

[29][美]斯普林格. 脑中之轮：教育哲学导论[M]. 贾晨阳,译. 北京：北京大学出版社,2005.